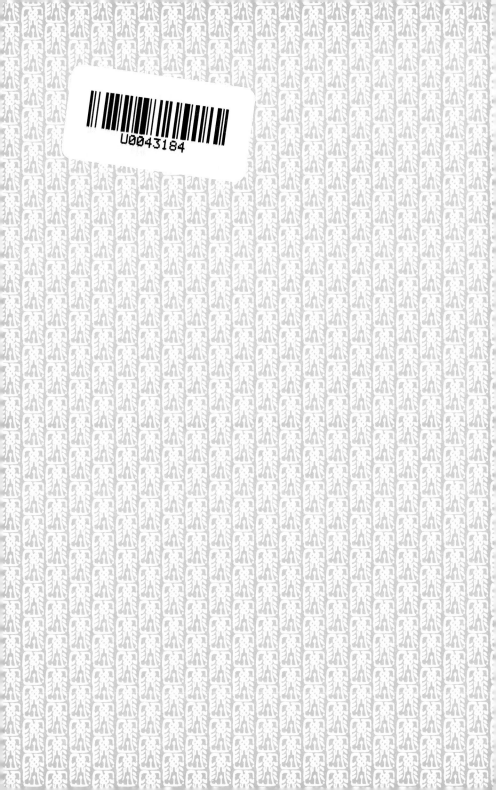

君師道合

晚明儒者的三教合一論述

魏月萍

序一

李焯然（新加坡國立大學雲茂潮中華文化研究中心主任）

三教合一的觀念，在中國已經有比較悠久的歷史。早在魏晉南北朝時代，三教融合的風氣便開始蔓延，至宋、元而更盛。南北朝以來，儒者傾向佛、道，或佛徒兼修儒、道的例子，不勝枚舉。唐代官方所舉行的三教講論，更促成了三教思想的交流和融合。宋代以後出現的「三教堂」，和一些寺廟供奉孔子、釋迦牟尼、老子的「三聖圖」、「三教圖」、「三聖像」，說明了三教合一風氣的流行。宋代的大儒，如張載、程顥、程頤、朱熹、陸九淵等，亦無不受佛、道思想的影響。這可見佛、道二教已普遍地在思想家的腦海中植根。而宋、元期間三教調和論者的著作，如沙門契嵩的《輔教編》、張商英的《護法論》、夏元鼎的《三教歸一圖說》、李純甫的《鳴道集》、陶宗儀的《三教一源圖》、劉謐的《三教平心論》等，加深了三教合一觀的理論建構，對明代三教合一思想的發展，有一定的開途作用。

三教合一觀念得以在明代推廣，明初帝王的贊助，有密切的關係。明初太祖及成祖，對佛、道二教都有所兼好，同時也是三教合一論的支持者。明太祖的〈三教論〉、〈宦釋論〉、〈釋道論〉等篇，明確指出釋、道「暗助王綱」，除了反映太祖對三教的態度，也表明了官方的立場，將三教合一論結合到政治的層面，對三教的融合有深遠的影響。明代提倡三教合一的思想家，如羅汝芳、管志道、楊起元、李贄等人，都曾徵引明太祖作為典範，可見官方的言論，對三教合一有一定的推動作用。

晚明是三教合一論的高峰，人才輩出，群芳爭豔，各說紛呈。如祝允明、陸西星、袁黃、焦竑等人，都曾經是學術界的研究對象，其中尤以有「三教先生」之稱的林兆恩，更受思想史、宗教史學者的關注。但因為眾說紛紜，加以一些學人的觀點長期未得到應有的重視，晚明三教合一論述的整體面目，仍亟待學術界去加以梳理。魏月萍博士的新著《君師道合：晚明儒者的三教合一論述》，便是要填補學術界的空白，並嘗試通過對管志道、楊起元、周汝登三人的三教合一論述，去闡釋晚明學者如何調整君、師道的關係。《君師道合：晚明儒者的三教合一論述》濫觴於月萍在新加坡國立大學的博士論文。新加坡國立大學的研究生課程仍保留英國學制的傳統，論文呈交了以後，指導老師及論文委員會便無權干預，論文是否通過完全由三名外審專家決定，而且外審專家名字保密，直至學位獲得通過才會公開。月萍的論文送審，很快就得到通過，當年外審專家之一，復旦大學葛兆光教授在報告中指出：「過去，余英時先生曾經認為，陽明學說由於對君主政治的失望，改變了宋代士大夫『得君行道』的取向，而轉向了『覺民行道』。這當然指出了陽明學的大體的轉向，也得到很多學者的贊同。但是，這一描述對於本論文指出的後期陽明學者在『三教合一』口號下的思想新變化，卻未能包含。本論文指出，管志道倡『三教合一』的基礎和前提在『位』，楊起元倡『三教合一』的基礎和前提在『德』，周汝登倡『三教合一』的基礎和前提在『心』。雖然互有差異，但是目的都指向了『君道』和『師道』的合一，他們注重『外部制度與秩序的建立』，指向『君師道合』的政治理想，或把『孝弟慈』作為重建家國秩序的基礎，要求回到明太祖的《六諭》，稱這是『君師的大成』，或仍然強調陽明提倡的『良知』，並把它當作三教的統體。但是，卻強調各種身分等級的人『盡分安心不生妄想』，強調帝王之心和帝王之道應『本於心』，仍然關注點在重建政治和社會秩序。因此，這三個人的共同取向，倒是證明了晚明的社會背景下，士大夫尤其是陽明後學中，由於立足於『救弊』立場之外，更有向政治力量傾斜的現象。於是又出現了強調『君師道合』，希望重新『得君行道』，即借助皇權即政治權力實現秩序理想的轉向。明末泰州這些陽明學者表現了重返政治中心的意味。這顯示了論文作者有意識溝通思想史和政治史的努力，也提出了一個有價值的新解釋。」葛教授的評語，精闢透徹的道出了月萍研究的價值和貢獻。

月萍畢業於馬來西亞的馬來亞大學中文系，獲榮譽學士學位，隨之負笈國立臺灣大學中國文學研究所深造，師從古清美教授，獲碩士學位。其後以優異成績考入新加坡國立大學中文系博士研究生課程，獲研究生院全額獎學金。在校期間成績優異，屢獲師長嘉許，並於研究生考試中，以全部甲等之優異成績，名列全班之冠，獲頒校內研究生中最高榮譽的「校長獎學金」。期間先後獲得國立臺灣大學—香港中文大學中國研究學人交流計畫獎助、台北漢學研究中心外籍學人來華漢學計畫獎助，以及蔣經國學術交流計畫獎助等。二〇〇五年她獲得新加坡國立大學研究生田野調查研究獎助，前往美國哈佛大學、普林斯頓大學及哥倫比亞大學訪學三個月，得以向余英時、William

Theodore de Bary、Peter Bol、Benjamin Elman等著名學人問學請益。後來余英時教授特別來信，稱讚她為年輕一代中不可多得者。月萍畢業以後仍然努力不懈，每年都到國外訪書問學。已故東京大學溝口雄三教授認識多年，當年在他東京練馬區的家吃餃子，在他的書房發現遍尋不獲的《聖朝破邪集》的喜悅，至今仍歷歷在目。溝口教授晚年甚少出門，我沒有機會再見到他，常引以為憾，反而月萍在溝口教授去世前，跟他有數面之緣，亦算是一段學術因緣。

《君師道合：晚明儒者的三教合一論述》是月萍過去十年學術研究的結晶，讀者閱讀是書，當發現其思辨精密，條理清晰，為晚明思想史的研究，開拓出嶄新的思路和圖景。我樂見其成，特此為序。

序二

呂妙芬（中央研究院近代史研究所所長）

月萍是我的學妹，但是在臺大中文所讀書時我們並未相遇，她小好幾屆。我記得尚未謀面前，就曾聽古清美老師提起最近指導一位馬來西亞僑生寫了羅近溪有關「破光景」的碩論，可以聽出古老師對論文頗滿意，還特別說覺得這位學生適合讀宋明理學。後來我和月萍見了面，幾次聽她說著自己博論的構想，我總會想起古老師的評語，覺得她確實適合讀宋明理學。多年來月萍一如學生般素樸而熱情地研讀理學，極有活力地參與各地學術研討會。許多人都覺得宋明理學抽象而困難，但月萍不同，她更常說的是讀書的快樂。她常說只要有書讀，就感到滿足快樂，或許正是這樣的個性，她特別適合研讀泰州學。

月萍在臺灣完成碩士後，到新加坡攻讀博士，受業於李焯然老師。她在博士生階段，就已走訪過美國、日本、中國等地，向許多學者請益。從她的書中我們看到她除了保持對思想義理的熱愛外，歷史和政治的脈絡、其他學者的研究心得都成為她思考的養分。《君師道合：晚明儒者的三教合一論述》一書是月萍博論改寫成的專書，她選擇對管志道、楊起元、周汝登三位晚明士人的思想進行深入研究，再比較分析，想要探究的是晚明關於三教合一的論述，及相關的歷史意涵。何謂「三教合一」？不同人對於「合一」的想法、對於「教」的界定有何異同？晚明士人以怎樣的態度來看待三教的關係？他們的論述，除了有自我生命、思想、宗教的意義外，是否也有現實政治的關懷，反映了怎樣的政教理想與藍圖？誠如月萍自己所說，本書想要探索晚明三教合一觀背後的「思想世界」與「歷史脈絡」。而月萍透過對管志道等泰州學者的研究，看到泰州學不僅有積極進取、重視師道的一面，也有強調君師道合、制衡師道的一面。我想即使這個看法未必能涵蓋全面，至少再次提醒我們：君權的特殊地位與合法性、三教的政治性意涵、晚明理學家對現實政教的關切等，都是研究晚明思想史不可忽略的重要面向。

晚明思想界活絡多元、三教關係交錯複雜。嚴格說來，人人各自成家，學派歸屬、思想異同、學風流變本就難辨，若再加上現實政治際遇、社會影響、不同歷史時期的學術建構與傳衍，所需考慮的層面就更複雜，這個領域的研究本自有其挑戰性。幾篇論文、一本書、甚至一個人畢生的研究，所能完成的工作都是有限的，而我們研究的成果大概也是為了引發更多的思考和對話，甚至是別人翻新改寫之作吧。或許也因為此，這個研究領域格外吸引人，近年來我們也見證了陽明後學逐漸蔚為顯學的變化。月萍在這塊園地耕耘多年，她守著自己心儀的思想家，一步步將研究的視角拉開，幾年來反覆思索著「三教合一」的理論與歷史意涵，她自己在學術耕耘的過程中所經歷的成長與滿足，我相信既是知識性的，也是精神性的，而且一路上有許多學友的切磋攻錯與祝福。在此，我除了恭喜月萍的專書出版外，也祝福她的研究成果能夠帶出更多的討論與對話。

目次

第一章
導論

「三教合一」的命題猶如一口古井，看似陳舊，往深處提煉，又可伸觸潛藏於井底的水脈，水理通達四方。正因為其豐沛的水源，學界累積頗為豐碩的成果。我所關注的不僅是長時段中三教交涉所呈現的不同形態，而是在不同的歷史階段中，究竟三教問題和哪些重要問題相互關聯，可供窺探儒者的時代關懷和思想實踐？在三教交涉或合流當中，三者如何溝通以及安排各自的位置？尤其是處於三教合流高峰的晚明時期，不同思想社群的三教思想和實踐，都有各自的思想依據和判準，實無法劃一而論。因此如何把握研究三教交涉的視野，提出新的問題思考，便至關重要。例如徐聖心在《青天無處不同霞——明末清初三教會通管窺》一書，以莊子思想作為三教會通的主要關注點，考察三教交涉間統攝、批判、取捨或兼融的基點，反思「三教」追求的是一個渾然的整體而非三者之間的整合。另外，該書也關注三教之間互相跨越的界限、概念的互文性，統攝的標準以及理與行的關係等議題，凸顯其嚴密的方法視野。這樣一種深潛文本的方式，勾勒出三教統攝的結構、判準與形態，不外是冀能解答其所念茲在茲的問題：「一以貫之的中樞究竟為何？」[1]

這實是大哉問。但我認為這樣的叩問，實際上提醒在處理三教會通或合一的問題時，不應滯留於三教語言表面的溝通，而是把問題內在化到思想肌理，把握貫通三教的「中樞」或「點穴處」。這讓人聯想到莊子的「道樞」觀念[2]，「樞」一詞有著轉動開關機樞的意思，而莊子的「道樞」更具體是指向「環中」，意味沒有固定中心的一種狀態，或是所謂的「無中之中」（the center of a non-center）[3]。把「道樞」的觀念引入三教的問題脈絡，旨在說明當三教處於相對化的關係，「彼」和「此」可以隨時轉化，形成沒有一個固定的主體。這樣的主體浮動現象，可以破除一種固定化視域拘限的詮說方式，重新找到詮釋的支點。這其實切合晚明三教合流的形態，過去所說的「內」、「外」的二分法，抑或外儒內佛、援儒重佛、軒佛輕佛等，雖能說明三教交涉的基本形態，但難以涵蓋其中多元、豐富和充滿歧義的層次[4]。

晚明三教交涉問題繁複、紛雜，皆因涉及許多不同的問題關懷，除了以上所論，欲考察貫串三教的樞紐以外，要如何潛入儒者「援佛道」或「資二氏」思想背後的動機和目的，也是不易的事。究竟三教合流者如何認知和安排三教的地位？是以其中一教為優越主體進而統攝二教，抑或三教皆具有平等的地位？再者，若論及「三教合一」，也須先梳理所謂的「合一」意涵，是否指向三個不

1 徐聖心，《青天無處不同霞——明末清初三教會通管窺》（台北：國立臺灣大學出版中心，二〇一〇），頁一一九。我在《青天無處不同霞》書評中曾指出：「作者更關懷的是『如何融攝』、『如何貫通』的方法論問題，扼言之，可以『統攝教法』貫穿全文。全書所拈出的『爐與均』、『過與無明』、『渾天與天均』、『病與藥』、『世孝與出世孝』、『夢與佛法』都是作者試圖用以解釋『會通』的關鍵詞。其中所能捕捉的重要詞彙感覺是，它具有貫通、統攝、綜攝之用，亦有圓通、渾全、不二的整體性意涵」，詳論請參拙作，〈三教交涉的詮釋法則難題——評《青天無處不同霞——明末清初三教會通管窺》〉，《東吳哲學學報》（台北：東吳大學哲學系，二〇一二年二月），頁一一一—一二二。

2 陳鼓應注譯，《莊子今注今譯》（香港：中華書局，一九九五），頁五四。

3 錢新祖，《思想與文化論集》（台北：國立臺灣大學出版中心，二〇一三），頁四六。

4 例如明儒馮從吾（一五五六—一六二七）曾說：「吾儒既曰：『可以兼二氏』，二氏亦曰：『可以兼吾儒』，彼此相兼，是混三教而一之也。欲以崇儒闢佛，而反混佛於儒，蹈三教歸一之弊」，說明儒佛交涉的複雜情況。馮從吾，〈右四十一章〉，《子墟集》卷一，《景印文淵閣四庫全書》第一二九三冊（台北：臺灣商務印書館，一九八三），頁二〇。

同教義的「整合」和「融貫」，還是趨向「同源」的意思？前者關注的是「同」（same）和「異」（difference）的問題[5]，後者則指向「道一」的概念。簡單而言，「道一」是指三教涵括在一個整體性的「道」以內，具有一個共同關懷的「道」的思想基礎，它是大部分晚明儒者的共同意識。

我在寫碩士論文〈羅近溪破光景義蘊〉時，未真正碰觸到「三教合一」問題，但仍脫離不了三教交涉的問題，尤其是羅汝芳（一五一五—一五八八）思想與禪宗的會通，於是論文其中一章，曾以「佛心與赤子之心」、「一念悟佛與一覺成聖」、「平常心是道與捧茶童子是道」及「頓漸相資」這四組概念的對比，探討羅汝芳如何借鑑禪宗「破執破空」和「破妄顯真」的工夫，以達致「顯現真性」和「真妄雙泯」的目的[6]。研究中發現不少儒者仍延續宋儒闢佛道的判準意識，攻擊羅汝芳的思想駁雜與不純。在儒家衛道者的眼裡，佛道是屬於「異端」，必須傾注全力捍衛儒家的正統性以及儒家思想的純正性。可是從羅汝芳以降，我們可以察覺出現一些新的思想變動。有關正統和異端之間的爭辯不再像以往那麼尖銳，換言之，「辨異」不一定占據最重要的位置。不但如此，不少認同三教合流的儒者，開始思及如何擬定合流原則、設立判準依據，以及建立規範意識。此外，晚明亦出現明顯的「三教合一」主張，標榜更明確的合一意識。這迫使我重新思考明中葉至晚明的三教合流和合一論述，是否只著重於義理或工夫的互涉、三教思維與語言的建構，還是另有機竅和門徑可探？特別是「三教合一」背後隱含的思想命題，以及和歷史、政治及社會文化的關聯，如何可以勾勒出晚明獨特的三教思想關懷與學術風潮。

第一節　syncretism與「合一」的歧義

可是在研究當中，首先會遇到三教語言理解和表述的難題。無論是在閱讀或詮釋古典文獻，都會面對語言困境的潛在難題，其中包括不同三教語言思維和邏輯，以及不同三教觀所對應的歷史現實。舉例而言：（一）從古代學者的典籍記載，可了解他們對三教關係有各種不同的表述方式，例如三教同源、三教為一、三教一致及三教合一等概念，究竟如何把握它確切的意涵？（二）當代學者在討論三教調和、會通、融合和合一等問題，如何保持高度的語言自覺，使不同的詮說能貼近文

---

5 例如任博克（Brook A. Ziporyn）從「同」、「異」以及「一」（one）和「多」（many）這兩組範疇來討論「合一」（oneness）的問題。任教授的論述，較為關注中國形而上學的思維和語言「形式」（form）的建構，其研討集中於先秦至六朝期間的思想，同時援引天臺宗和華嚴宗思想為主要參照系。而我認為宋明儒的「合一觀」，包括三教的合一問題，更多揭示了「道德實踐」（moral practice）的問題，主旨是為解決內在和外在世界之間的矛盾和衝突，以期在該時代找到思想困境的突破。縱然如此，任博克富有創造力的思考予人啟發良多，其書有許多可借鑑的地方，有興趣可參Brook A. Ziporyn, *Ironies of Oneness and Difference: Coherence in Early Chinese Thought, Prolegomena to The Study of Li*（Albany: State University of New York Press, 2012）；另一本著作為*Beyond Oneness and Difference: Li and Coherence in Chinese Buddhist Thought and Its Antecedents*（Albany: State University of New York Press, 2013）.

6 詳論可參拙作，〈羅近溪破光景義蘊〉，國立臺灣大學中國文學系碩士論文，古清美先生指導，二〇〇〇。

本情境、歷史和思想脈絡？儒釋道之間的溝通，無論是長時段的歷史演變或三教思維的建構，各有不同的形態，反思當代學界的三教論述，常發現文中使用的詞彙意義模糊，對於「融合」、「會通」、「混合」或「合一」的概念範圍缺乏嚴謹的界定，抑或嘗試回到歷史脈絡和思想內在理路去把握文本的脈絡意涵或語意範圍。例如對於 syncretism 一詞，在中文學界常被看待為會通、調和、融合或折衷等意涵。以下將通過錢新祖（Edward T. Chien）和卜正民（Timothy Brook）對 syncretism 詞彙把握的比較說明以上的問題。

錢新祖在 *Chiao Hung and the Restructuring of Neo-Confucianism in the Late Ming*（中文本譯為《焦竑與晚明新儒思想的重構》）一書，曾指出中國傳統思想有一個悠遠的「宗教折衷」（syncretism）的傳統。他以魏晉道士王浮（生卒年不詳）的《老子化胡經》為例，說明這本書可作為最早的「三教一源」和「三教合一」起源的文本依據[7]。在書中，他也指出：晚明的宗教折衷出現了新的融合邏輯語言，改變過去三教「分隔化」（compartmentalization）的現象，繼而走向「非分隔化」（non-compartmentalization）的路向。錢新祖以焦竑（一五四〇—一六二〇）為例，說明焦竑的「非分隔化」思想強調三教之間可以「兼存」（coexist）和「混合」（intermix）[8]。（余英時對這個說法則存疑，後文將詳述）有關「宗教折衷」一詞，實是錢新祖中文譯本的詞彙，主要是指焦竑不把三教分列為三，並嘗試作出調和和綜合的努力。有意思的是，當我們參照另一位西方學者卜正民對 syncretism 的看法，卻發現他的詮釋和錢新祖大不相同。卜正民認為 syncretism 這個詞彙，在西方語境裡，更多是用來解釋宗教的調和狀態，尤其是在基督教內部或「基督教和伊斯蘭教」之間的調和。

二者的根本性差異在於：(1)兩人對於syncretism的指涉認知不同，分別具「折衷」和「調和」的意思，這又和他們個別的宗教和思想視角有關；(2)對於syncretism所預設的思想基礎有所不同，關鍵在於把syncretism看成是一個漫長的「過程」，抑或是具有清晰目的的「結果」。明顯的，錢新祖關注前者，而卜正民則注重後者。錢新祖認為焦竑的三教觀，尤其是「天無二月」所揭示的「兼存」的看法，貫通儒釋，互為義疏，重構晚明的新儒思想。相反的，卜正民從嚴格的角度審視，他不認為中國曾經歷宗教調和的歷史進程，對他而言，syncretism發生在不同的宗教思想源流或系統的相互融合之中，一般上較強的宗教傳統將吸納或整合較弱的思想，最終調和的結果是：只有一種世界觀的宗教系統[9]。卜正民最基本的判別是，三教之間並沒有呈現「一體化」的體系，尤其是仍可以維持三教各自的世界觀。

其實西方學界使用syncretism一詞，向來是「雜而不純」[10]。卜正民在另外一篇題為Rethinking

7 錢新祖著，宋家復譯，《焦竑與晚明新儒思想的重構》（台北：國立臺灣大學出版中心，二〇一四），頁三。

8 Edward T. Chien, *Chiao Hung and the Restructuring of Neo-Confucianism in the Late Ming* (New York: Columbia Press, 1986), p. 15.

9 Timothy Brook, *Praying for Power: Buddhism and the Formation of Gentry Society in Late-Ming China* (Cambridge: Harvard University Press, 1993), p. 69.

10 Rudolph, K., "Syncretism: From Theological Invective to a Concept in the Study of Religion," edited by A.M. Leopold & J.S. Jensen, *Syncretism in Religion: A Reader* (New York: Routledge, 2005), p. 69.

Syncretism: The Unity of The Three Teachings and Their Joint Wordship in Late Imperial China論文中，重新思考中國思想脈絡中syncretism一詞的適用性。他把syncretism納入在中西宗教的比較語境，嘗試捕捉這個詞彙的確切意涵，特別是在中國多元宗教氛圍所可能呈現的形態。有意思的是，文中採取「否定式」的詰問方式，以「怎樣不是屬於融合」的排除法模式，解釋不同的三教融合狀態[11]。首先，他認為調和並非是「普世真理主義」（ecumenicism）。「普世真理主義」的立場在於相信真理是普世性的，不同宗教的世界觀被視為不同的傳統，它們並非在真理觀念方面有所分歧，而是在宗教實踐與論說方式「外在因素」（external element）有不同的看法[12]。其次，它並非是「包容主義」（inclusivism），「包容主義」原指當一個宗教系統被接受時，即意味其原有的系統比較低劣、不完整，抑或失敗於表達真理[13]。第三，融合論並非指向「功能主義」（compartmentalism），這種方式承認三種教義擁有三種真理觀，而且每個宗教傳統都擁有其特殊的功能。將這個概念置於中國思想場域，它們乃分屬三個平行的空間。卜正民認為這個概念，比較接近於中國思想中儒釋道和平共處的狀態[14]。第四，它也不是「折衷主義」（eclecticism），一種含有選擇性的揀選方式。它通常是把認為有用的宗教吸納進來，比如把不同的宗教傳統帶入個人的宗教生活，卻不會有意識調和兩種傳統。就以上幾種交流模式，卜正民認為中國思想的三教融合，都不能算是嚴格意義上的融合，重點是他們沒有試圖取消三教之間的差異，他稱這種合流狀態為三教之「寓所」（condominium）。因此卜正民認為中國的三教融合，最終沒有發展出宗教式的「調和主義」[15]。而他指出關鍵一點是：西方的宗教融合是一個「消除差異」而進行合併的「單一化思想結構」；而中國思想與宗教思想的融合，卻是一個「差異共存」的「多元化結構體系」。

卜正民所定義的融合形態，是否能適切解釋晚明思想的調和或融合形態，需要更多的研究來論證。也需要審視中西文化脈絡的差異，避免直接的比附與挪移，以致出現情境誤置的現象。但值得留意的是，卜正民文中以李贄（一五二七—一六〇二）、焦竑和袁宗道（一五六八—一六一〇）的融合觀為討論主軸，藉此鋪展晚明的融合脈絡，實際上也是跳躍了從王畿（一四九八—一五八三）

---

11 值得一提的是，卜正民的語言思維邏輯和錢新祖有高度的密合。兩人皆採取「反面的講法」，以一種「甚麼不是甚麼」（**what something is not**）的「圍繞式」的方法來圈出界定的語意範圍，例如錢新祖指說：「我們圍繞著茶碗這個東西轉，說茶碗不是飯碗、不是湯碗、不是玻璃杯、也不是咖啡杯，就等於是在茶碗這個東西的周圍畫一個圈，使茶碗這件東西能夠在一個有限的語意空間裡面呈顯出來，這也是說，當我們用『甚麼東西不是甚麼』這種反面的說法去說明一件東西的時候，我們是在整理規範一個語意空間（**create a semantic space or semantic enclosure**），使得我們要說明的東西能夠在這個語意空間裡呈顯出來。」錢新祖，〈老子：道與「無為」〉，《中國思想史》第八講（台北：國立臺灣大學出版中心，二〇一三），頁一四三。

12 Timothy Brook, "Rethinking Syncretism: The Unity of The Three Teachings and Their Joint Wordship in Late Imperial China," *Journal of Chinese Religion*, No. 21 (Fall 1993), p. 14.

13 同上注。

14 同上注。

15 Timothy Brook, *Praying for Power: Buddhism and The Formation of Gentry Society in Late-Ming China*, p. 69.

到李贄之前的思想脈絡，特別是陽明學派幾位重要學者的三教融合思想[16]。這樣的「跳躍」脈絡，恰是遺失了明中葉以後三教融合或合一歷史演變的重要線索。陽明學學者或受陽明學派思想影響的儒者，多半擁有三教融合或合一的經驗，並展現和王陽明不一樣的生命關懷與實踐方式，實不能「一躍而過」。

「合一」思想的詮釋潛力

由此可知，許多的詞彙意涵並非固定不變，或具有固定的意義。同樣的一個詞彙，在中文或英文學界也可能存有歧義[17]。本文採用「三教合一」的概念，也曾困惑於所謂的「合一」是指向unity抑或oneness的問題？它究竟是指三教「合併」為一、「貫通」為一抑或「包容」為一？余英時在《論天人之際：中國古代思想起源試探》討論「天人合一」問題時，曾說明中國思想的「合一觀」是指向人和天「合而為一」的精神境界，書中「合一」的英譯是union；另也指說西方宗教和哲學詞彙所表述「與神合一」的神秘經驗，則是mystical union或mystical oneness[18]。另外，任博克（Brook Ziporyn）在討論宋明儒的天理以及「理一分殊」的觀念時，則使用“oneness and differentiation”對應的思考模式，而oneness是指「理一」或「合一」的宇宙法則。不過我們不能直接把oneness等同於「合一」，因為oneness在不同的脈絡，又具「同」、「和」、「會」等不同意思[19]。

蔡振豐曾有感學界對於三教合、同之理論類型缺乏檢討，嘗歸納出「調和」、「同體」與「同歸」三種類型。「調和論」是指三教各有所長，皆有助於教化而可相互容納。「同體論」則由體用關係，主張三教「用」異而「體」同，並認為就「體之本」而言，三教之本體並無異致。另，「同歸論」則不從義理上言，而由修養工夫所得的最高境界立論，並認為三教之極致並無差別[20]。這使人聯想鄭宗義曾警惕人們切忌望文生義，以為「三教合一」就是把三教整合為一，而其在檢視王學的三教合一論時，認為它包含了兩個觀點：（一）是一道三教；（二）是三教歸儒[21]。另外，吳孟謙

---

16 荒木見悟先生曾從儒學思想史內部，試圖以「正統與異端」的分析架構，進而探究從宋代以來的「儒佛對立」，如何演變至明萬曆期間「儒佛調和」盛行之過程。詳論請見〈明末儒佛調和論的性格〉，《明代思想研究：明代における儒教と佛教の交流》（東京：創文社，一九七二），頁二六五—二八五。

17 另一個最顯著的例子，是宋明儒的「理」究竟要如何理解，在西方學界一直有多種不同的看法，例如把「理」解釋成原則、規律、形式、秩序，抑或一致性。可參 Willard Peterson, "Another Look at Li," *The Bulletin of Sung-Yuan Studies*（Princeton University, 1986), pp. 13-29.

18 余英時，〈「天人合一」的歷史演變〉，《論天人之際：中國古代思想起源試探》第六章（台北：聯經出版公司，二〇一四），頁一八九。

19 Brook Ziporyn, *Ironies of Oneness and Difference: Coherence in Early Chinese Thought; Prolegomena to Study of Li*（Albany: State university of New York Press, 2013）and *Beyond Oneness and Difference: Li and Coherence in Chinese Buddhist Thought and Its Antecedents*（Albany: State university of New York Press, 2013）.

20 蔡振豐，〈方以智三教道一論的特色及其體知意義〉，邢益海編，《冬煉三時傳舊火——港臺學人論方以智》（北京：華夏出版社，二〇一二），頁三七三。

21 鄭宗義，〈明末王學的三教合一論及其現代迴響〉，「國際明清學術思想研討會暨紀念蕭萐父先生誕辰八十五週年」會議論文，頁七。

在探討管志道（一五三六—一六〇八）的三教論時，也嘗分析「三教合一」的幾個層次，並叩問「『合一』是在什麼層次上合一？是有機一體、混合雜揉，還是並行不悖？」他認為「三教合一」作為一個寬泛的概念，可以整理出四個層面：三教一致、三教會通、三教並用和三教混融[22]。通過幾位學者的意見，理解以「三教合一」作為一種方法視野，可以開展出不同面向的探討，但以上所整理出的模式、類型或層次，如何有效運用到個別三教論者的合一觀，無法生硬的套用，而是讓這不同的理論準則能相互參照，最終仍得回到思想家本身的內在思維與語言特色，才能確切把握多元面向與層次的「合一」思想。

此外，檢索宋明儒的文獻，例如《朱子語類》、《宋儒學案》、《明儒學案》等重要文獻，嘗試梳理有關「人己合一」、「仁知合一」、「內外合一」、「知行合一」、「性命合一」等概念的「合一觀」和實質意涵，可發現宋明儒的「合一」思想實含涉四個層面——天人關係、心物關係、人己關係以及體用關係，由此開展出「理的世界」。所謂的「一」，乃是以「理」為原則和依據。而「合一」揭示的是各不同的對應關係——「天理／人性」、「理／事」、「公／私」和「主宰／流行」。因此論及「合」不只是單純的指合併、一致或歸一而已，例如：（一）對於「天理」和「人性」而言，「合一」是一種「交相致」或「交相養」的思想；（二）對於「理」和「事」而言，「合一」便是一種「不二」的狀態；（三）在「公」和「私」問題上，「合一」意味著「克私推人」；（四）針對「主宰」和「流行」，「合一」則多指向「歸一」。換言之，宋明儒的合一思想，從宇宙論基礎、工夫實踐，到具體人際關係的展開，提供了人的道德超越以及人格自我轉化的動力[23]。

有鑑於此，參照以上的論說，本書採取的「三教合一」概念，除了建立在本書研討思想人物的三教同源思想基礎上，有意思的是，由於晚明三教合流、合一的蓬勃，導致不少學者益發重視如何建立一套「分／合」論述，並拈出分合原則的規範意識，尤其特別注重「合中有別」、「分中有合」抑或「無分合」的問題探討。因此，本文希望能從文本情境和語意範圍，找到「三教合一」的詮釋潛力，以理解晚明儒者三教論說的邏輯思路，以及三教合一思想的現實關懷。

第二節　「三教合一」研究的多重視野

除了語言的問題以外，論及三教合流或合一時，究竟是要把它放入到哲學思想分析、歷史現象抑或宗教交流等視野來考察？三者如何可以規定更清楚的範疇，抑或打破方法的疆界，相互交融，也是研究者心頭所繫的問題。前面提到錢新祖的書 *Chiao Hung and the Restructuring of Neo-*

---

22 吳孟謙，〈批判與融貫——晚明三教論者管東溟的思想及其時代〉，國立臺灣大學中國文學系博士論文，鍾彩鈞先生指導，二〇一四，頁一一四—一一五。

23 詳論請參拙作“The Vision of ‘One-ness’ in Song-Ming Confucians”，論文發表於夏威夷大學東西方中心主辦有關 Confucian Values in a Changing World Cultural Order 國際學術研討會，二〇一四年十月八日—十二日。

Confucianism in the Late Ming，以思想分析角度考察焦竑的融合思想，藉以說明晚明出現新穎的折衷模式與結構邏輯變化[24]，採取的是思想史的途徑；柳存仁在"The Syncretism of the Three Teachings in Sung-Yuan China"一文則著重於歷史文化現象，說明宋元時期三教交涉的歷史演變為真實的思想歷史，並指說交涉是多元宗教、多元信仰社會的必然現象。有意思的是，他特別指出：交涉也是合流的前提，然而，交涉不必然導向合流，必須有外緣條件促使交涉走向合流[25]。另外，Judith Berling在*The Syncretic Religion of Lin Chao-en*一書，則把林兆恩（一五一七－一五九八）的三一教視為宗教交流模式，試圖建構儒家宗教化的工夫修煉，例如林兆恩強調的「始、中、終」乃以儒家為道德入門基礎、道教為修煉工夫、佛教為終極境界。而林兆恩向來採取的方式是：先調和佛道，之後再找適合於儒家觀點的方式來涵括它[26]。

以上三位學者都以syncretism為視角，開拓不同的討論方向，同時揭示了三教中有關「教」意涵的爭議。針對這個問題，日本學者小林正美（Kobayashi Masayoshi）早期在寫《中國の道教》時，對於如何規定「道教」的概念，如何確立議論的出發點，建立了一套理解法則，或可資為參考。例如他指出「歷史」的道教和「宗教」的道教，將導致不同道教範圍的規定[27]。同時也追問三教交涉中「教」的思想形態與觀念，進一步說明作為「稱呼」的教說與「宗教」的教法，是兩種不同的思想形態。此外，他從歷史文獻中爬梳「三教」名稱的使用與確切指向，提供我們了解歷史中三教稱呼的普遍流行以及其內涵的轉變過程[28]。日本學界有關三教交涉的成果十分豐富，例如久保田量遠（Ryoon Kubota）的《中國儒道佛三教史論》[29]、荒木見悟（Araki Kengo）《明末宗教思想研究——管東溟の生涯とその思想》[30]、《陽明學と仏教心學》[31]、三浦秀一（Shuichi Miura）《中國心學の稜線——元朝の知識人と儒道仏三教》[32]，以及麥谷邦夫（Mugitani Kunio）主編的《三教交涉論叢》[33]和《三教交涉論叢續編》[34]等書，都可看出三教交涉議題的多樣化，不僅關注儒佛關係，也深入考察儒道的相互影響。

檢視有關晚明三教交涉的中文研究，大致有以下幾種問題思考與研究途徑：一是從哲學理論方

---

24 C'hien, Edward T., *Chiao Hung and the Restructuring of Neo-Confucianism in the Late Ming* (New York: Columbia University Press, 1986)

25 Liu Ts'un-Yan, "The Syncretism of the Three Teachings in Sung-Yuan China," *New Excursions From The Hall of Harmonious Wind* (Netherlands: Leiden, 1984), pp. 3-95.

26 Judith A. Berling, *The Syncretic Religion of Lin Chao-en* (New York: Columbia University Press, 1980), p. 143.

27 小林正美，《中國の道教》（東京：創文社，一九九八），頁五—一一。

28 詳論請參小林正美著，王皓月譯，《六朝佛教思想研究》（濟南：齊魯書社，二〇一三），頁三〇五—三一一。

29 久保田量遠，《中國儒道佛三教史論》（東京：國書刊行會，一九三一）。

30 荒木見悟，《明末宗教思想研究——管東溟の生涯とその思想》（東京：創文社，一九七八）。

31 荒木見悟，《陽明學と仏教心學》（東京：研文社，二〇〇八）。

32 三浦秀一，《中國心學の稜線——元朝の知識人と儒道仏三教》（東京：研文社，二〇〇三）。

33 麥谷邦夫，《三教交涉論叢》（京都：京都大學人文科研究所，二〇〇五）。

34 麥谷邦夫，《三教交涉論叢續編》（京都：京都大學人文科研究所，二〇一一）。

面著手，如著重於儒釋道之間如何相互援用彼此的理論資源，又或對於佛教與道教修行方面的吸納，兼及理論與實踐，如《中國佛教與宋明理學》[35]、《明清之際道教「三教合一」思想論》[36]、《中國人思想之源——儒釋道思想的鬥爭與融合》[37]等，類似的著作多不勝舉，近期力作為《青天無處不同霞——明末清初三教會通管窺》[38]。二是針對特殊的山人與佛教居士群體，從文化史的角度討論這類群體出現的文化與社會意義，揭示晚明多元與圓融的社會氣象與形式，如聖嚴法師的《明末佛教研究》[39]，對於當時佛教居士群體進行量化的統計和討論。三是有關宗教化與通俗化的問題[40]。「三教合一」常被視為儒家宗教化與通俗化的理論依據，在於佛道二者的傳播廣泛流行於民間，其傳播的對象不限於士的階層。因此無論是儒者援佛入儒或援道入儒，為因應民間的需求，必將使儒家趨向「民間化」與「世俗化」，以能適應普羅大眾的吸收水準。例如江燦騰《晚明佛教叢林改革與佛教諍辯之研究——以憨山德清的改革生涯為中心》一書，便採取「世俗化」的角度，通過憨山德清（一五四六—一六二三）的叢林改革揭露明末的叢林問題，實際上牽扯當時多方的權力與社會力量，例如朝廷政治、寺廟經濟，以及不同思想學派之間的權力鬥爭等[41]。憨山德清借由良知學的興起，也旨在強化叢林和陽明思想學派的思想溝通，以獲得陽明學派的官僚士大夫的支持。四則是以主要思想人物，深研其三教會通思想，彭國翔《良知學的展開——王龍溪與中晚明的良知學》[42]以及劉海濱《焦竑與晚明會通思潮》[43]即是採取「以小見大」的方式，重新思索中晚明的三教思潮。

三教合一何以成為晚明最顯著的學術思潮，甚至是一個國家的治國意識形態，西方與日本學界關注甚深，其研究視角與中文學界有很大的分別。西方與日本學者的論述，多著眼於三教思想傳播與地方意識興起的關係、三教合一如何作為一種意識形態，以及提出三教合一背後的目的與動力等。很明顯的，中文學界重於梳理哲學思想問題，西方與日本學者則注重思想與歷史之間的互動，欲尋找在晚明思想變遷過程中，三教合一所扮演的角色。不過，西方與日本學者也傾向以人物來建構三教合一思想在晚明語境下發展的面貌，以此為代表的有Judith A. Berling的*The Syncretic Religion of Lin Chao-en*，錢新祖的*Chiao Hung and the Restructuring of Neo-Confucianism in the Late Ming*，荒木見悟的《明末宗教思想研究——管東溟の生涯とその思想》，以及Jaret Wayne Weisfogel的*A Late Ming Vision for Local Community — Ritual, Law and Social Ferment in the Proposals of Guan Zhidao.*[44]

---

35 陳運寧，《中國佛教與宋明理學》（湖南：人民出版社，二〇〇二）。

36 唐大潮，《明清之際道教「三教合一」思想論》（北京：宗教文化出版社，二〇〇〇）。

37 趙書廉，《中國人思想之源——儒釋道思想的鬥爭與融合》（長春：吉林文史出版社，一九九二）。

38 徐聖心，《青天無處不同霞——明末清初三教會通管窺》（台北：國立臺灣大學出版中心，二〇一〇）。

39 釋聖嚴，《明末佛教研究》（台北：東初出版社，一九九三）。

40 可參陳保良，〈明代儒佛道的合流及其世俗化〉，《浙江學刊》，二〇〇二年〇二期。

41 江燦騰，《晚明佛教叢林改革與佛學諍辯之研究——以憨山德清的改革生涯為中心》（台北：新文豐出版公司，一九九〇）。

42 彭國翔，《良知學的展開——王龍溪與中晚明的良知學》（台北：臺灣學生書局，二〇〇三）。

43 劉海濱，《焦竑與晚明會通思潮》（上海：華東師範大學出版社，二〇一〇）。

44 Jaret Wayne Weisfogel執教於美國哥倫比亞大學附屬學院，唯可惜英年早逝，於二〇〇五年四月二十五日逝世，享年三

等。

Judith A. Berling從社會階層的流動以及知識發展探討三教合一思想的傳播，並說明三教合一在明中葉熾烈展開的兩大理由：一是當時有許多因各種因素不赴官職，或在考試中落榜的儒者，轉而從事地方教育或講學。他們自視為儒家思想的闡釋者，在精神上獨立於官方所認可的國家正統，這些人往往是民間三教合一的有力推動者。二是整個知識階層的擴大，菁英思想世俗化擁有更多的讀者群，於是產生一種新的「大眾知識」，學者們欲在非菁英階層尋找更多的聽眾[45]。此外，她也注重於探討晚明儒者和宗教師角色之間的轉換。例如在*The Syncretic Religion of Lin Chao-en*書中指出林兆恩會通三教，旨在尋找一套平衡身心的修養工夫，因此其「治療師」的形象更加深入人心[46]。有趣的是，林兆恩過度注重治療的行為，曾引起管志道的批評。管志道認為林兆恩自負為「三教家長」[47]，卻未能徹悟三教源頭，且急於標名於世。不過若窺探林兆恩的思想風格，他原來的本意就不是建立一套哲學思想，他關注的是身心靈的事。林兆恩的弟子們，注重道教的修養工夫甚於理論思考，特別著墨於魂與魄的問題，間接論證林兆恩的教義和影響[48]。

林兆恩雖然只是「布衣學者」[49]，但他的三教思想在明中葉打開了三教融合的開放空間，不只承認聖人的普遍性，同時身體力行表現出真實的聖人生活與思想狀態。明中葉以後的儒者，類似林兆恩的思想性格，莫屬於泰州學派、羅汝芳的老師顏鈞（一五〇四—一五九六）。王汎森曾以顏鈞為例，指出明代心學家的社會角色，表現在社區的改善者、打破士庶分別的講學活動者，以及類似心理諮商或治療者的三種角色[50]。從這三種角色的描繪，可以了解當時儒者對地方事務的投入與參十九歲。Jaret Weisfogel是近年來少有對陽明後學，特別是管志道投入很大的心血和興趣。有關其生平與研究旨趣，可參由Robert Hymes和Sarah Schneewind共同撰寫的紀念文——"Jaret Weisfogel 1966-2005," *Ming Studies*, No. 50 (Fall 2005), pp. 12-14.

45 Judith A. Berling, "When They Go Their Separate Ways: The Collapse of The Unitary Vision of Chinese Religion in The Earlier Ch'ing," Edited by Irene Bloom and Joshua A. Fogel, *Meeting of Mind: Intellectual and Religious Interaction In East Asian Traditions of Thought* (New York: Columbia University Press, 1997), pp. 211-213.

46 Judith A. Berling, *The Syncretic Religion of Lin Chao-en*, pp. 137-143。或參鄭志明《明代三一教主研究》（台北：臺灣書局，一九八八），頁一〇四—一〇八。

47 管志道，〈林氏章第六〉，《覺迷蠡測》卷上，《四庫全書存目叢書補篇》第九六冊（濟南：齊魯書社，二〇〇一），頁六五七。

48 管志道，〈林氏章第六〉，《覺迷蠡測》卷上，《四庫全書存目叢書補篇》第九六冊，頁二二五。

49 「布衣學者」即今日我們所說的「民間學者」，他們不具有官職，在官方體制外傳播知識，且具有「學在民間」抑或「學術民間化」的精神。如泰州安豐場的王棟常受聘主持書院，並「集布衣為會」。參王棟，〈年譜紀略〉，《王一庵先生遺集》，收錄於袁承業編輯，《王心齋先生全集》崇禎四年刊本重印（上海：神州國光社，一九一二）。

50 王汎森，〈明代心學家的社會角色〉，《晚明清初思想十論》（上海：復旦大學出版社，二〇〇四），頁二一—二八。其他有關顏鈞的研究，可參鍾彩鈞，〈泰州學者顏山農的思想與講學——儒學的民間化與宗教化〉，《中國哲學》第一九輯（湖南：嶽麓書社，一九九八），頁二二—四四。；陳來，〈明代的民間儒學與民間宗教——顏山農思想的特色〉，《中國近世思想史研究》（北京：商務印書館，二〇〇三），頁四五六—四八〇，以及祝平次，〈社會人倫與道德自我——論明代泰州平民儒者思想的社會性〉，鍾彩鈞、楊晉龍主編，《明代文學與思想中之主體意識與社會——學術思想篇》（台北：中央研究院文哲研究所，二〇〇四），頁九一—一四一。

與，顯示出他們在民間蓬勃的活動力與草根性格，而這又與明中葉以後地方意識興起大有關係[51]。

因此，「三教合一」不只是成為民間的一種普遍的信仰，錢新祖也嘗試從學術與政治權力交鋒角度，提出「三教合一」在晚明已成為當時政治派系的象徵：一、他認為焦竑的三教觀，是在反對宋代程朱排佛觀點基礎上形成的。焦竑曾經借齊物論來批評朱子，繼而提出他的「折衷觀」。二、焦竑援入佛道，是建立在程朱與陸王論爭基礎上。換言之，討論焦竑乃至於晚明三教融合問題，它背後所產生的動力，就必須置放在程朱與陸王思想競爭底下的思考框架才能看得清楚。焦竑的三教融合思想，其實就是對作為國家正統思想的程朱學說的一種「反動」（revolt）[52]。

錢新祖的看法，和荒木見悟的說法可謂不謀而合。荒木見悟曾經指說，程朱所開展的「理學」

---

51 有關明代學者對「地方性」的轉向與認同的討論，可參 Peter K. Bol, "The 'Localist Turn' and 'Local Identity' in Late Imperial China," *Late Imperial China*, Vol. 24, No. 2（December 2003）, pp. 1-50.

52 Edward T. Chien, *Chiao Hung and the Restructuring of Neo- Confucianism in the Late Ming*, pp. 25-28. 錢新祖這本書，余英時寫了近六十頁的書評批評，引起一場不小的學術論辯。余英時在"The Intellectual World of Chiao Hung Revisited"（*Ming Studies*, No. 25, Spring 1988）一文中的批評，一是涉及方法途徑問題，二則有關焦竑融合思想原創性（originity）的問題。第一點，有關方法論的問題，余英時認為讀錢新祖的論述，猶如高飛在抽象的外太空，沒有把論題清楚地和晚明的現實與思想連結。錢新祖採取的是一種「對話」的方式，導致越過所謂的「重構」而傾向「詮釋學」的演繹。余英時認為這存在危險性，因為當我們把古人當作一個「沉默的夥伴」時，詮釋有錯誤，古人也無以糾正。況且錢新祖全文充滿對「結構現象邏輯學」的偏見。反而是有關語言、論述的模式與結構，隨處可見，這與迦達瑪、德希達和傅柯的哲學又極其有關。余英時認為，這種做法是把新儒家變成一種「語言的遊戲」，於是指錢新祖追隨傅柯的「考古學」，試圖使論述脫離社會位置，只為能發現控制著語言本身的結構規則。第二點，是有關焦竑個人思想的表述。余英時也指出，錢新祖過度依賴黃宗羲的資料，同時也過於注重二手材料，以致忽略與焦竑同時期學者的看法，包括像沈德符的史料也少被援用。另一點，余英時指出無論在展開新儒家融合觀、程朱與陸王學派的爭議，抑或晚明對清初考證學的影響，若以焦竑作為討論對象，就不可忽略他同時擁有的幾種「身分」：一、泰州成員；二、狂禪者；三、激進派的學者。第三點，則是該如何從歷史角度來探討焦竑的融合觀。余英時不認同錢新祖把晚明的融合觀作一種「非區隔化」（non-compartmentalization）的表述。他舉出被喻為「三教主」的林兆恩建了三間房舍，分別供奉孔子、老子與釋迦，意味著他不視三教為「一」，焦竑亦然。因此從「區隔化」到「非區隔化」趨向的提法，實缺乏有洞察力的說明，故質疑焦竑的三教融合觀到底有沒有產生新的意義。余英時又指出：一、作者缺乏進行「歷史重構」的過程；二、作者沒有追溯明代三教合一的起源，特別是忽略了王陽明與王畿的三教觀，因為無論是焦竑或李贄的融合觀，都離不開王陽明與王畿對三教問題思考的思想脈絡。而錢新祖最大的問題，是越過王畿不談，忽視王畿對陽明後學或泰州學派皆有很深的影響。第四點，是對明末興起的考證學之說缺乏證據。余英時不認同錢新祖從「氣」與考證的關係，把焦竑與戴震、章學誠關聯起來，並認為清初考證學的興起與陸王學派有關。同時也指出錢新祖對戴震嚴重的扭曲，只為符合其「對話」目的。余英時引章炳麟的說法，指戴震的理氣學實源自羅欽順，至於章學誠，他並不重視「氣」。於是余英時再強調，必須掌握焦竑作為哲學家、文學家與考證學家三種身分。

錢新祖在回應文中"Neither Structuralism Nor Lovejoy's History of Ideas: A Disidentification with Professor Ying-Shih Yu's Review As a Discourse"（*Ming Studies*, No. 31, Spring 1991），開宗明義即指余英時將其文視為「後結構主義」及類近傅柯的「考古學」的方法是一種「誤讀」（misreading）。錢新祖也再次強調，焦竑的融合觀，確實嶄露一種新的融合邏輯，而他在意的，是為什麼有這種「改變」，所以並沒有如余英時所指，過分強調焦竑思想原創性問題。錢新祖也解釋，王陽明雖然浸淫佛道不淺，但他並非是以一名融合者的姿態出現，王陽明對佛道的寬容，實際上是要加強儒家傳統，特別是良知的特色。但在晚明，許多儒者都以一種高度自覺的獨立意識，要進行三教融合工作，他們不只是強調三

在明中葉後已失去了提供價值意義的功能，陽明心學漸趨取代之。後來的陽明後學，卻走上了以狂宗掃孔矩的路途，導致像管志道這般學者，開始向禪學心學派中尋求支持資源[53]。不過錢新祖所重視的是程朱與陸王如何競爭「權威」，而荒木見悟所關注的是主張三教合一儒者，如何通過三教合一來展示他們的「經世」與「拯救」思想。例如，荒木見悟曾就「儒佛調和」問題，從社會功能、致用的角度歸納出三種思想類型：一、是著重於改善官僚體制，注重職業功能與倫理的楊起元（一五四七—一五九九）、周汝登（一五四七—一六二九）與焦竑，他們嘗把儒家的明德合於佛家的明心見性。二、是不認同於官僚制度的偽善，不迎合社會的主流，試圖擺脫世俗的繫縛，故在言論與舉止皆傲岸不羈，這一派是以李贄、鄧豁渠（一四八九—一五七八）為代表。三、是欲肅正當時名教倫理與階層秩序混亂的管志道，他所採取的是超越朱子與陽明學的「第三種立場」，對「陽明—王艮—汝芳」這一脈的思想系譜多有批判[54]。另外，他也從李贄、管志道、楊起元等人的哲學立場，將之形容為左派、右派及中間派，藉此說明晚明思想的多元，指出在廣義的陽明學派當中，也存在儒佛交涉關係認知的分歧和差異[55]。依循荒木見悟的思考脈絡，我們可以理解儒佛的融合，不只具有哲學層面的意義，在抑制陽明後學過於激進的思想與行為背後，更含有為解決學術與社會道德價值危機的目的。「合一」的出發意圖，是從一個救弊與致用角度上著眼。

荒木見悟的銳利觀察，早在一九七〇年代便已提出。這樣的論說，提供給我們重新審視對晚明三教合一思潮解釋的依據點。在閱讀與爬梳大量明儒的文集後，才接觸荒木見悟的文章，對他所提出的觀點深感認同。晚明面對的是多元思想競爭與紛雜的社會危機，當時學者為尋找一套新的道德法則來維持社會與道德秩序，導致他們必須重新審視自己的道德資源。當時主張三教合一的儒者，不只重新詮釋了理欲觀，如李贄提出「穿衣吃飯，即是人倫物理」[56]，也重新檢討自宋以來建立起

教「兼存」，而是更進一步進行「混合」。更重要是，對佛道的接受，也意味打開了對作為國家正統意識的程朱學說的批評空間，因為焦竑的問題意識，源自於對程朱與陸王思想競爭的關心。另外，在一九九八年，《臺灣社會研究季刊》第二十九期的主題，即以「認同與主體：錢新祖先生紀念專號」為專論，在以上爭論十年以後，重新探討錢新祖書的觀點，如梅廣〈錢新祖教授與焦竑的再發現〉，宋家復〈思想史研究中的主體與結構：認真考慮《焦竑與晚明新儒家之重構》中「與」的意義〉，以及魏偉森（Thomas Wilson）"The Indelible Mark of an Overlooked Scholar: Toward a Restructuring of Sinological Hermeneutics"，李朝津譯〈一個被忽略學者所留下之不可磨滅印記：漢學詮釋學之重構〉等。有意思的是，魏偉森把余英時和錢新祖的論爭置放在北美新儒家研究的視野框架，指出說：「白令（Judith Berling）與余英時著重調和主義如何打破三教的界限，而錢氏則把調和主義看作是複雜的形式」，一語中的道出三位學者差異的三教視野。有關北美思想史的爭議，可參許齊雄，〈近五十年北美地區明代思想史研究之回顧〉，新加坡國立大學中文系碩士學位論文，李焯然先生指導，二〇〇一。

53 Araki Kengo, "Confucianism and Buddhism in the Late Ming," edited by Wm. Theodore de Bary, *The Unfolding of Neo-Confucianism* (New York: Columbia University Press, 1975), pp. 48-49.

54 荒木見悟，〈明末儒佛調和論的性格〉，《明代思想研究：明代における儒教と佛教の交流》（東京：創文社，一九七二），頁二七四—二七九。

55 Araki Kengo, "Confucianism and Buddhism in Late Ming," edited by Wm.Theodore De Bary, *The Unfolding of Neo-Confucianism*, pp. 51-52.

56 李贄，〈答鄧石陽〉，《焚書》卷一（台北：漢京文化事業有限公司，一九八四），頁四。

的道統觀，如管志道的〈為孔子闡幽十事〉，便可看作是一篇為孔子作為「師」的角色重新定位的重要文論。此外，儒家一些重要的命題如群龍旡首、無善無惡等，也在晚明語境下被賦予不同的思想意義。這一切是否印證了溝口雄三（Mizoguchi Yuzo）所說的，當時一些學者皆面對來自內在「飢餓感」[57]的催逼？這種飢餓感源自個人對生命安頓焦慮的內在需求，也關係個人如何與社會保持和諧的關係，換句話說，即要在個人秩序與社會秩序之間達到一種平衡狀態。

溝口雄三所指出的飢餓感，意味著援引佛道背後的「動力」。無論是布衣或官僚學者，涉入三教合一的課題背後的確存在某種推動的力量。這種自覺的飢餓的強烈意識，排除了三教的境界，境界排除了以後，儒釋道的藩籬才能拆除[58]。於是我們可以理解，這樣的飢餓感最終暴露的是：晚明學者注重建立一套適合於現實情境的道德與精神法則，是受到內在深刻的危機感所趨使，而三教合一成為當時尋求思想出口或重整道德秩序的契機。它同時也是當時學者對不同思想與精神需求的一種表現，像方以智（一六一一—一六七一）主張「合治藥之藥」，即是把三教合一視為一種救弊的標誌[59]。

可是這樣的議題一直未獲得很好的理清。比如說，三教合一論述的主要命題是什麼？這些命題背後的思想動機又是什麼？也有些學者把目光拘限於把三教合一作為狂禪的重要特質，繼而將之冠為王學末流的禍因，皆恐失之一隅，也有脫離社會與歷史語境之嫌。至於西方與日本學界研究「晚明」時期，無可避免受到「現代性話語」的限制。特別是早期的研究成果，背後都有一個「現代性」與「近代性」[60]的思維框架。這使研究前提的問題假設，不自覺的掉入在尋找現代性或近代性的陷阱裡，比較不重視研究對象的社會面向。由此可知，三教合一思潮，是理解晚明社會的重要思想背景，學者們以何種論述方式提出合一主張，維繫於他們對該時代所產生的問題意識。

綜觀以上，我們大致對三教交涉以及明中葉以後的三教融合的研究傳統、脈絡及方法，具有宏觀式的把握。值得思考的是，注重長時段的研究，也要把握明初、明中葉與晚明所開展出來不同的問題意識和語境，避免以偏概全。因此在談明代的三教合一思想的發展，必須落實到具體的歷史脈絡，才得以把握它的發展動態。另外，勾勒出晚明三教論述的思想世界時，也不能忽略各別三教合一主張者的立場與其職業功能所發揮的影響。儒者們自立於「民間」與「廟堂」不同立場，也將影響其三教合流形態。前者可以布衣學者為主，如林兆恩、顏鈞、鄧豁渠為主，後者則如羅汝芳、管志道、楊起元等。然而「民間」與「廟堂」，二者並非絕對對立，只是立場與位置的不同，將決定

---

57 溝口雄三著，龔穎譯，《中國前近代思想的演變》（北京：中華書局，一九九七），頁五四—五八。

58 溝口雄三進一步指出說，三教的境界即等於既成的秩序、道統觀與社會共識等。同上注，頁五五。

59 彭俊豪，〈方以智「三教合一」思想研究〉，新加坡國立大學中文系碩士論文，李焯然先生指導，二〇〇二，頁一五五—一六四。

60 「尋找近代」似乎是日本思想界揮之不去的「魔咒」，子安宣邦曾指出：「尋找近代」在日本學界語境裡是一個歷史思想的問題。近代的達成，不是以社會的經濟性或產業性為檢視指標，而是從近代性精神的轉換，試圖在近代性思維成立中尋找真正的近代，進而體認日本的近代化應是內在的文明化而非外在的文明化。詳論可參子安宣邦撰，朱秋而譯，〈作為事件的徂徠學——思想史方法的再思考〉，《臺大歷史學報》第二九期，二〇〇二年六月，頁一八一—一八七。

他們如何看待與運用三教資源。

所以，今日我們若嘗試建構晚明「民間的三教」與「廟堂的三教」的思想圖像，可發現其中存在許多差異，但又有所交涉。這些差異不只表現在思想形式上，也涉及背後所支援的觀念系統。像流行於民間的三教思考，多元混雜且百花齊放，它是老百姓日常生活的道德與價值支撐，如因果報應論與功過格等，是一種普遍的生活價值意識。在民間傳播三教思想或修行者，以不仕的布衣學者居多，他們以三教為道德資源，建立「善」的體系以維持社會的道德秩序。至於廟堂上認同三教合一觀念的官僚學者，他們的「三教合一」更著重於治世和經世，也因為如此，本書無法採取純粹的哲學或思想史方式，只著重處理儒與佛道之辨，或三教本源問題。它更需要一種不斷轉換的「交叉視野」來避免詮釋上的狹隘與偏見，使三教在思想、社會與歷史脈絡中，形成一種隨時移動與轉換的視點，這樣便有助於避免受到「研究偏見」和「粗暴的理解」的影響，才能探索當時處於不同政治和社會位置的儒者，如何為某種思想概念的提出，調用三教思想的資源來奠定其思想基礎，並回應他們所面對的時代和思想危機。

第三節　本書主要問題意識

如前所述，個人最早的三教視域源自羅汝芳，此後持續關注其所隸屬的泰州學派和晚明思想變遷，以及三教交涉問題。這之後，頗有一段時間備受學派建構問題的困擾。一直以來，學界受到黃宗羲（一六一〇—一六九五）《明儒學案》〈泰州學案〉的影響，對泰州人物向來有一種「英雄想像」，把焦點放在他們的道德勇氣與行動，像王艮（一四八三—一五四一）、何心隱（一五一七—一五七九）、顏鈞和李贄，或以個人氣魄承擔社會責任，或以任俠姿態行於民間，符合黃宗羲對泰州人物「以赤手搏龍蛇」[61]的概括。但有關學派建構問題，歷年來皆有爭議，各學者判準也不一，「泰州學派」是否是一個具有嚴格意義學派的疑問，亦難有定論。美國學者狄百瑞（De Bary）曾提出以「思想社群」來取代「學派」之說，我覺得有助於擺脫學派的定義、建構與師承的困擾。「思想社群」是一個「學術共同體」的概念，它讓我們重新思考：第一、在不同的地域，是怎樣的一種動機與環境影響，使一群思想家成為一個「可辨識的特殊群體」？第二、是什麼因素使他們聚集在一起？第三、他們之間的思想信仰是什麼，以致凝聚成一種「社群意識」，並具有某種身分自覺？因此，重新挖掘他們之間的共同「話語／論述」（discourse），理解他們究竟在關心什麼議題，彼此討論什麼問題，具有怎樣的共同語言，有助於了解當時學術圈之間的對話基礎。

選擇管志道、楊起元和周汝登為本書論述主要對象，大致有以下幾個原因：（一）他們是廣義的陽明後學，在學承和個人學習經驗有所交錯，例如羅汝芳是楊起元的老師，但管志道和周汝登二人，亦深受羅汝芳啟發；（二）三人皆有深刻的三教思想關懷，而其三教思想扣緊著當時的政治、

61 黃宗羲，〈泰州學案一〉，《明儒學案》卷三十二（北京：中華書局，一九八六），頁七〇三。

社會與學術重要問題；（三）彼此有深刻的論學往來，其中以管志道和楊起元，以及楊起元和周汝登的情誼最深。不僅有書信來往，也常互贈詩歌；（四）三人活動的時間，集中於隆慶、萬曆期間，並且都是南京學圈的重要儒者。最為關鍵是，三人獨特的三教觀和論述，有所交鋒又各有側重，因此適切成為理解晚明三教論述建構與發展的思想社群。值得留意的是，在《明儒學案》〈泰州學案〉黃宗羲摘錄了楊起元和周汝登的學說，但管志道僅有一小段傳記。而在當代學界，周汝登在思想史上頗有「能見度」以外，管志道和楊起元的思想鮮少被注意，可說已長久成為哲學史或思想史的「失蹤者」[62]。這些不被看見或重視的身影，是否與研究視角有關，以致難以將它們歸類在哲學範疇或宗教論述的視野？再者，時下論者一般視晚明為師道復興時期[63]，對於晚明出現另一種聲音——擁護三教立場，維護「君道」，甚至提倡帝王之學，因而否定之。然而，他們的三教合一論述，不僅涉及學術思想、宗教、時代或自身的生命關懷，同時具「政教化」的複雜面向，在晚明思想語境甚具特殊意義。

因此本書主要的論題核心在於探索晚明的三教合一論述，探討「合一」觀背後的「思想世界」與「歷史脈絡」，找出合一思想的現實關懷，究竟和儒者所面對的時代和思想危機有什麼關聯，以此建構晚明三教合一的論述場域。書中揭示中晚明三教合流思維的演變，以及儒者三教合一觀所包含的君道與師道的競爭關係。此外，追問三教合一論述又如何安頓政治權力與道德權威等問題。尤其關鍵的是，從一些儒者對明太祖的歷史記憶與政治認同，認可政教的統合對學術統合將形成有力的推動與影響，迫使我們進一步追問：以「三教觀」來鞏固君道立場的學者，在晚明的思想語境到底說明了什麼？這些都是值得關注的議題。本書採取「論述」的概念，也是在前文討論的反思基礎上，認為「三教合一」不僅只是一個思想概念，或者是一種思想整合的複雜形態，圍繞著三教合一的各種話語如「出世法」、「君師道」及「治教」等，是晚明儒者的共同關懷，彼此的討論和回應形成重要的論述場域。晚明儒者在某種「批判視點」上嘗試「建構」或「再詮釋」，他們所論及的三教問題實牽涉「詮釋與權力」，背後有一套思想合法性的體系支持。如此說來，「三教合一」不僅僅是一個思想或宗教課題，這裡頭是否也蘊含「以三教作為一種統合手段的目的」，也值得關注。不僅如此，我在閱讀眾多明儒的合一論述後，發現他們談論三教背後其實存在一種積極的拯救動力。倘若以「三教合一」作為一種話語，置於晚明思想脈絡當中，它明顯的發揮了兩種功能：

62　比較管志道和楊起元二人，管志道和東林學者顧憲成的「無善無惡」論辯，較常受到學界的關注，例如吳震《陽明後學研究》一書，亦有不少篇幅論及此論爭。可參《陽明後學研究》（上海：人民出版社，二〇〇三），頁七九—八八。筆者博士論文完成於二〇〇八年，當時深感在中文學界，研究管志道和楊起元的中文專論或學位論文寥寥無幾，但二〇一〇年以後，已陸續讀到相關的研究成果，例如：魏珮伶，〈管志道年譜〉，國立臺南大學國語文學系碩士論文，王琅先生指導，二〇一〇；劉守政，〈管志道研究現狀綜述及其三教合一觀本體論淺探〉，《世界宗教研究》，二〇一〇；王碩，〈無善無惡：管志道與顧憲成之論辯〉，北京清華大學碩士論文，彭國翔先生指導，二〇一二；吳孟謙，〈批判與融貫——晚明三教論者管東溟的思想及其時代〉，國立臺灣大學中國文學系博士論文，鍾彩鈞先生指導，二〇一四；黎大偉，〈明儒楊起元生平及思想研究〉，上海復旦大學中國古代史碩士論文，鄧志峰先生指導，二〇一二。

63　相關討論可參鄧志峰，《王學與晚明的師道復興運動》（北京：社會科學文獻出版社，二〇〇四），頁一八〇—二一三。

一、表彰君師道合一的思想；二、發揮了教化統合的功能與意義。這些都是屬於儒家的重要命題，只不過它在與佛道合流後，在三教合一底下的「救世意識」，往往隱而不顯。以下將簡述之。

就第一點而言，君師道合，是自古以來治教合一的最高理想，象徵集政治權力與道德權威的一種聖王統治。自周朝以降，教化的擁有合法權力便落入士大夫手中，至韓愈（七六八—八二四）提出「原道」，拈出仁義之道，為宋儒的「道統論」奠定基礎。但從孔子時代開始，君道與師道截然二分，治教受到道統的制衡。明中葉王陽明（一四七二—一五二九）崛起後，以「愚夫愚婦皆可成聖」為良知實踐的主要訴求，把「道之承傳」的權力進一步擴大到老百姓階層。至泰州王艮，鼓吹「出為帝王師，處為萬世師」，進一步掀開晚明師道復興的序幕，遂引發好為人師的爭議。管志道起而批判這種喜好「立道標，熾講學」的張皇風氣，抨擊霸儒與霸禪不遺餘力。

管志道提出「乾元統天」和「群龍无首」，作為三教合一主張的綱領與條目。他把三教之旨寄託於中庸之道，重新詮釋道統與師道，導致出現以下幾個重要現象：一、傳統道統與師道論的變化；二、孔子思想與形象的重構；三、張揚君道，主張君師道合；四、政治權力優先於道德權威。管志道的身上反映出一股不同的思想力量。而以上這些思想傾向，也同樣表現在楊起元與周汝登身上。當時許多思想問題討論背後，如「群龍无首」、「經世與出世」、「無善無惡」等，實涉及道統、君道、師道及治權、教權的複雜問題，甚至有維護君道與重振「帝王之學」的意圖，這一些議題較少被當代研究者所注意。另外，晚明儒者和僧人皆常援引《易經》「群龍无首」來談三教問題，到底晚明《易經》的流行和三教的關係是什麼，也值得探討。此外，我們亦可以發現，晚明持三教合一觀念的學者，重新挑戰及檢視自韓愈以來道統觀的「正統性」，甚至重新賦予孔子「師」的意涵。由此可看出，晚明的三教思想論述有「政教化」的傾向。三教論說不只發展成一套權力話語，背後透露某種政治理想訴求，同時引發了「道統」詮釋權的爭奪[64]，而這一些乃是通過對儒家經典和思想的再詮釋而展開的。

因此，把「三教合一」重新「問題化」，希望能藉此牽引出其更內在與複雜的問題意識，同時避免把三教合一的討論，過於導向「世俗化」與「宗教化」的方向。除了通過管志道、楊起元和周汝登的三教合一論述，重構晚明三教合一論說的思想場域，挖掘論說背後所蘊含的重要命題之外，也希望能夠凸顯他們所面對的社會與學術情境，以證明他們所提出的三教合一思想，除了立足於「救弊」立場以外，更有向政治力量傾斜的現象。在合一的背後，不但具有積極的入世動力，過程中更凸顯了儒釋道之間的張力與緊張感。如此說來，對於晚明的「三教合一」是否被看待為一種解決危機的工具與策略，便具有進一步了解的管道。扣緊以上的思考，本書嘗試回答以下幾個主要的問題：

64 明末時期出版了許多有關敘述學術正統及宗傳的著作，都旨在爭取學術道統的承認。如周汝登的《王門宗旨》、《聖學宗傳》、孫奇逢的《理學宗傳》、姚舜牧的《性理指歸》，以及過庭訓的《聖學嫡派》等。也有一些以一種學說發源地為名的如《閩學宗傳》等。

一、晚明儒者如何建構三教合一論述，使之成為當時重要的思潮，而其三教思維邏輯如何展現晚明的獨特思路？

二、晚明的三教合一論述與政治權力（君道）與道德權威（師道）的關係是什麼？

三、晚明三教論述背後所要回應的問題是什麼？或要解決怎樣的危機？

四、晚明三教論述是否重構了儒家的思想傳統？

第四節　各章論述結構

以下為本書各章的結構安排和論述重點。

第一章為導論。首先提出本書的問題反思，尤其是針對syncretism「合一」詞彙的歧義難題，同時檢視「三教合一」研究的多重視野，把握其研究脈絡，最後再從題目和人物選擇考量說明，進一步勾勒出本書主要問題意識，希望讀者對於時下的「三教合一」研究具有整體性的把握。第二章為「明中葉三教合流之衍變」，主要提供三教交涉的長時段演變背景，並且以王陽明作為主要分界點，探討其如何開拓包容性的三教觀，而後來學者在此思想基礎上，如何找到思想出路，以致跨出良知學話語，建立自己的思想關懷和立場。因此，第一部分重點在於鋪展出三教交涉的歷史演變，扼要勾勒出自漢以來的三教合流，尤其在儒釋關係中，護法和闢佛的聲音如何相互競爭。第二部分則重點討論王陽明的「道一」思想，探索其如何成為「道一教三」的重要基礎，而明中葉儒者又如何詮釋「道一教三」。另外，從王畿的「以良知範圍三教」，進一步論及其援道教調息法入儒，推進了陽明的良知學說。也從顏鈞、羅汝芳和耿定向的三教觀，論說明中葉以後，三教觀的多元表述。最後以管志道拈出三教和生死、修德的關聯，初步點出晚明三教問題背後的實際關懷。

了解了明中葉以後的三教合流的演變，第三章便轉而探索管志道的「乾元統天」之學。管志道在陽明後學群體之中，是位特立獨行的人物，他可說是泰州學派最主要的反對者。他的學生錢謙益（一五八二—一六六四）曾說：「姚江以後，泰州之學方熾，則公之意專重於繩狂。泰州以後，姚江之學漸衰，則公之意又專重於砭偽」[65]，一針見血點出其鮮明的批判者身分。管志道花費很大的力氣，在許多與友人通信中批評王艮「出為帝王師，處為萬世師」的思想，以為這是「以見龍局孔子」，恐使人動輒稱說握有道統。當時不少儒者抑或假借孔子為「群龍之首」，以講學緣飾名利，頃時「尊孔」與「講學」將動搖社會與政治秩序。管志道提出「群龍无首」之說，反駁孔子為「見龍」，主張「以潛龍之心，行惕龍之事」的「中庸遯世之學」，冀能遏止泰州學派的流弊。再往深一層思考，管志道對「出為帝王師，處為萬世師」的嚴厲批判，也出自對過度張揚師道的不滿。此

65 錢謙益，〈湖廣提刑按察司僉事晉階朝列大夫管公行狀〉，《牧齋初學集》卷四十九，《錢牧齋全集（貳）》（上海：上海古籍出版社，二〇〇三），頁一二六五。

外，主張「君師道合」，即是要把治權與教權並為一，把道統重新歸還給天子。他在〈為孔子闡幽十事〉淡化孔子「師」的角色，表彰其為「臣」的身分，便旨在把教化權力統合在政治結構，進一步鞏固君權的地位。然而，「君師道合」政治理想如何與「三教合一」主張發生關係呢？

管志道的「三教合一」思想，主要是以《易》的「乾元」為三教總根源，作為收攝佛道的基礎。管志道認為「乾元統天」是孔子的至寶、儒家的出世法，因此主張「以孔矩收攝二氏」。另一方面，「乾元」又是君主政治權力與道德權威建構的哲學理論。他把君主的權力與權威的合法基礎，上升到以「乾元」為權力基礎的宇宙本體，很類似我們今天所講的「自然法」，一種先驗的法源基礎。如此而言，「三教話語」不能僅僅視為單純的三教融合行為，它已牽扯更複雜的政治權力與道德權威（教化權力）的問題。管志道曾提說：「聖祖以天子持三教之衡，而斯文之統合於上，此又宇宙一變局也。蓋君師之道分，三教隨之而分；君師之道合，三教亦隨之而合，實有天命隨行其間，而非乘龍御天之至聖，孰與總持而立其極。是故堯、文之後，於斯為盛矣。世儒類知孔子集群聖之大成，而不知聖祖尤集孔子與佛老之大成。其妙在於以圓宗出方矩，使三教各循其脈；因以方矩入圓宗，使三宗同返其源。主賓互用，而不相妨；權實兼綜，而不相濫。」[66]這無疑說明了「三教合一」與「君師道合」的關係。「群龍旡首」，表面上意在遏制師道與道統說的氾濫，在深層意識裡，它也是重振君道的方式之一。把「道」的詮釋權歸還到天子的手中，讓天子握有「治」權與「教」權，並且主張效法明太祖以三教治國，便是他所謂的君師道合的理想境界。

第四章則將以楊起元「孝弟慈」大成之學為討論主軸。楊起元以「倫理」來凝聚三教，賦予

《孝經》感應能力，從道德倫理層面建立一個以「孝」與「感」為主的倫理體系，並將之統合在國家綱常底下，進一步把「孝」政治結構化。楊起元曾言：「孝弟慈即東土出世法」，又認為二氏為正道，其「彼其齋居素食、習威儀、閑音樂，以交於神明。上為朝廷祝釐，下為兆姓禳禱，孰非忠敬孝慈之用哉？」[67]他把「孝」當作眾人與神明溝通的媒介，這不但揭示「孝」的宗教意涵，它也是上層朝廷與下層百姓之間的橋梁。這樣的言說，莫不吻合明太祖的三教政策，如他所說：「太祖高皇獨以孝弟慈望之，人人而謂天地命脈全在乎此者，則真千載而一見者也。」[68]

楊起元也曾經注釋明太祖的《訓行錄》，通過對《訓行錄》的闡釋，借明太祖對二氏的寬容態度，反駁眾人以為佛道遺失倫理與不可治天下的兩項指責。最後更指出「德統君師」，視明太祖為政治權力與道德權威的來源基礎。楊起元肯定二氏具倫理思想，從務實的角度把三教立基於「治」（用）的層面，如他所說「三教皆務為治耳」。楊起元認為明太祖以三教定治之意，以仲尼之道來擬定典章制度，以佛仙之幽靈暗助王綱，是一種精細的政策。更何況佛道具有神秘的宗教色彩，有感通天人之間的能力，亦可為君主的道德權威增添神權的色彩。

66 管志道，〈讀耿先生贅言有省漫述〉，《師門求正牘》卷上，《管東溟先生文集（九）》（台灣中央研究院中國文哲研究所圖書館藏，據日本尊經閣藏萬曆刊本影印本），頁三七—三八。

67 楊起元，〈筆記〉，《太史楊復所證學編》卷一，《續修四庫全書存目叢書．子部．雜家類》第一六七冊（濟南：齊魯書社，一九九七），頁三四九。

68 楊起元，〈六諭論〉，《太史楊復所證學編》首，《續修四庫全書存目叢書．子部．雜家類》第一六七冊，頁三二四。

第五章則論周汝登的「三教統體」之學。相較於管志道和楊起元，周汝登對君師道問題的回應，透露出比較迂迴的看法。他以「一心」作為思想最高原則，藉此打破三教之間的壁壘。帝王與聖賢，或聖賢與凡人之間的差異，亦可通過「此心」的調和而沒有差別。面對佛道，周汝登一再強調沒有分合可言，他採取普遍主義的視角來看待三教的「心」，以水的屬性與功能說明分合皆不然，江與河雖為二，又實為「一」，由此點出「心性之根宗無二」為「一」的根本基礎，故勸人不要以「分合論」來解析三教，以避免掉入相對論的陷阱之中。周汝登持「一心」的立場，在《佛法正輪》中提及「**教雖有三，則惟一心。一是實名，三是虛名**」[69]，成為他主要的判斷準則。周汝登立基於「萬物統體」的思想，再將之收攝到「一心」，例如在分析周敦頤（一〇一七—一〇七三）的太極義，不同於管志道強調太極本源的「一」，周汝登注重的是「分殊」，即指向「物物之太極」。他嘗用「一室千燈」與「一燈之光」的對照，指出無論是「一」或「多」，雖來自同一本源，但它本身是具自足性的，所以一即是多，多即是一。

另外，從周汝登選錄在《聖學宗傳》個別人物的語錄，可知他認為治道與道統的權威亦是本於心。他曾經對楊起元注釋明太祖《訓行錄》的出版表示認同，間接證明他對聖祖的態度。再者，他注重階層本位，謹守隸屬於社會階層「職業身分」的倫理規範，提出「素位安分」的觀念，所以說：「**宰官身、居士身、比丘身，各各隨緣，不相混濫。**」[70]周汝登與湛然圓澄（一五六一—一六二六）在討論戒殺與酒問題時，便曾指出說：「**因緣在釋，則守釋之戒**」、「**因緣在儒，則守儒之教**」，所以「**不必捨儒而徇釋，亦不必處釋以病儒**」[71]，兩者各適其位。

第六章為結論。從管志道、楊起元與周汝登三教合一論述的比較，總結其如何蘊含「政教化」傾向。此外，也扼要提出學界較為忽略，且可成為進入晚明三教思想論述的問題意識：（一）三教思維邏輯中的圓融與規範意識；（二）君道與師道的統合關係；（三）制衡師道與世俗化的保守力量。

---

69 周汝登，〈玄門諸語〉，《佛法正輪》，《中國古籍海外珍本叢刊．哈佛燕京圖書館藏中文善本匯刊》（桂林：廣西師範大學出版社，二〇〇三），頁一三三一。

70 周汝登，〈新安會語〉，《周海門先生文錄》卷三，《四庫全書存目叢書．集部．別集類》（台南：莊嚴文化，一九九五），頁二〇七。

71 周汝登，〈剡中會語〉，《周海門先生文錄》卷三，《四庫全書存目叢書．集部．別集類》，頁一九八。

第二章

明中葉三教合流之衍變

關於三教之間的交涉，最早可以追溯到東漢末年牟融的《理惑論》。《理惑論》反映的是佛教東傳初期的思想狀態，當時人們多以黃老道家的視野來理解佛教，甚至以《老子》之說來批判道教和神仙方術。而漢代道教經書如《太平經》和《老子想爾注》則吸收不少儒家思想，前者著重「尊陽陰卑」、三綱六紀的思想，後者把忠孝仁義等道德規範，都納入在「道」的統屬之下[1]。魏晉南北朝時期，三教之間的認識相應提高，義理的互涉和交融，才有實質的開展，但爭論也益發激烈。西晉道士王浮以《老子化胡經》揚道抑佛，東晉釋慧遠（三三四—四一六）的〈沙門不敬王者論〉則為佛教尋求超脫世俗的獨立地位。這時期佛教備受儒道批評，出現大量反佛和護佛的文章。縱然如此，亦有不少主張三教一致和融合的聲音，例如釋道安（三一二—三八五）在〈二教論〉說：「三教雖殊，勸善義一，途跡誠異，理會則同」[2]、宗炳（三七五—四四三）〈明佛論〉言：「孔、老、如來，雖三訓殊路，而習善共轍也」[3]，道士陶弘景（四四四—四九七）也認同「百法分湊，無越三教之境」[4]。

至唐代，無論是官方或民間都熱中於佛道，尤其是官方舉辦的講論活動更促進了三教的交融，遂引起儒家衛道者的批評。韓愈嚴厲批判佛道，以〈原道〉一文樹立儒家仁義之道，以區別於佛老之道。李翺（七七四—八三六）的《復性書》，融三教於道德修養，對宋明思想影響深遠[5]。宋代以後，不少儒者都有「出入二氏，返回六經」的共同經驗，一方面吸收佛道的思維和工夫，一方面又闢佛道，尤對佛教嚴苛，其理由是：（一）佛教是出世之學，遺棄人倫；（二）佛教視天地為幻妄；（三）佛道以生死動人（老氏貪生，釋氏畏死），例如朱熹（一一三〇—一二〇〇）曾言：「釋老，其氣象規模大概相似。然而老氏之學，而自理會自家一箇渾身，釋氏則自家一箇渾身都不管了。」[6]因此在宋元時期，不少代表性的著作，如契嵩（一〇〇七—一〇七二）《輔教編》、張商英（一〇四三—一一二一）《護法論》、夏元鼒（生卒年不詳）《三教歸一圖說》以及陶宗儀（一三二〇

1 唐大潮，《明清之際道教「三教合一」思想論》（北京：宗教文化出版社，二〇〇〇），頁九六。亦可參洪修平，《中國儒佛道三教關係研究》（北京：中國社會科學出版社，二〇一一）。

2 釋道安，〈二教論〉，收錄於唐釋道宣撰，《廣弘明集》卷之八（台北：新文豐出版公司，一九八六），頁九二。

3 宗炳，《明佛論》，收錄於梁僧佑譯，《弘明集》卷二（台北：新文豐出版公司，二〇〇一），頁九〇。

4 陶弘景著，王京州校注，〈茅山長沙館碑〉，《陶弘景集校注》（上海：上海古籍出版社，二〇〇九），頁一九一。

5 陳弱水先生曾指說，《復性書》的篇幅不大，卻牽動許多思想潮流。例如有關《復性書》的思想淵源，一般存在著四種說法：（一）《復性書》的基本思想來自佛教；（二）《復性書》的思想理解是以儒家的性命之學為基礎；（三）「復性」的基本觀念出自道家；（四）《復性書》許多思想的來源是魏晉時期玄學化的儒經注疏。陳弱水則認為李翺的成德之道，確實吸收了佛家和道家道教傳統，在這當中佛教占較小部分。但「援佛道入儒」並不意味所謂的「陽儒陰釋」或「陽儒陰道」，相反的，李翺是要尋找一套可和佛道抗衡的理論。陳弱水對李翺的分析和論說，似乎也可適用於晚明主張三教融合的儒者，無論欲抗衡或融合佛道，他們的思想不一定踰越儒家的核心關懷。詳細論述請參陳弱水，〈《復性書》思想淵源再探——漢唐心性觀念史之一章〉，《唐代文士與中國思想的轉型》（桂林：廣西師範大學出版社，二〇〇九），頁二九〇—三五六。

6 朱熹，〈釋氏〉，《朱子語類》第一二六卷（北京：中華書局，一九八六），頁一〇。有關這方面的研究，可參蔣義斌，《宋儒與佛教》（台北：東大出版社，一九九七）、《宋代儒釋調和論及排佛論之演進——王安石之融通儒釋及程朱學派之排佛反王》（台北：臺灣商務印書館，一九九七）。

—一四〇二）《三教一源圖》等書，都帶有護教的色彩[7]。此外，宋代道士張伯端（九八七—一〇八二）融三教於道教修行思想，提倡「三教歸一」理論；另有融合儒家「大中至正之道」和佛教「明心見性」的道教宗派淨明道。而金代道士王重陽（一一一三—一一七〇）隨後更創立了三教同源的全真道。由此可知宋儒嚴厲闢佛，佛道之間卻相互吸收，甚至融合儒家義理來豐富自己的內容。

三教交流在明代又有另一種轉向，明太祖以三教合一理念為治國意識形態[8]，並著有《三教論》、《釋道論》等以宗教信仰立說的著作，以佛道思想輔助王道，開啟明代「三教合一」政教化的端緒，對後來的政教發展影響深遠[9]。之後明儒沈士榮（生卒年不詳）《續原教論》、屠隆（一五四三—一六〇五）《佛法金湯錄》、雲棲袾宏（一五三五—一六一五）《緇門崇行錄》等均主三教調和之說，儒釋道之間相互援引的風氣，已蔚為風潮。明中葉以後，三教合流可以說已進入一個巔峰時期，「合一觀」儼然成為明中葉以後的思想基調[10]。這時期出現了像林兆恩這等人物，試圖把三教合一變成一種「正統思想」[11]，推廣至各個宗教領域與社會階層，以致後人多半把他看作是一名「宗教家」而非「思想家」[12]。當時主張三教融合最大的儒者群體，應屬陽明學一脈諸子。他們除了涉足三教以外，與僧人道士也有頻密的互動，尤其是不少儒者和僧人的密切關係，使儒佛儼然形成一種「聯盟關係」。當時屬陽明學派的儒者與僧人的交往，除了論學與聯誼以外，也在思想情感上互相支援，攜手抑制在「朱子學」影響下所產生的強大排佛壓力[13]。這樣的一種聯盟關係，無疑更加速了三教合流的狀態。從義理角度而言，陽明學者和佛教的親合關係，可從「良知」和「無善無惡」了解二者相似的內在思維邏輯。此外，不少陽明後學感悟良知失去抗衡現實的能力，而程朱之

7 彭國翔，《良知學的展開——王龍溪與中晚明的陽明學》（台北：臺灣學生書局，二〇〇三），頁四七二。

8 有關明太祖三教合一思想的討論，請參 John D.Langlois, Jr. and Sun K'o-k'uan, "Three Teachings Syncretism and the Thought of Ming T'ai-tsu," *Harvard Journal of Asiatic Studies*, 43.1（1983.6）, pp. 97-139.

9 在這當中，特別是孔子在朝廷的地位一直為儒者所關注，然有論者認為三教雖作用相同，但顯而易見，儒仍為領袖，此亦可作為明太祖信孔與崇孔的例證。有關明太祖對孔子崇拜的詳細討論，請參朱鴻林，〈明太祖的孔子崇拜〉，《中央研究院歷史語言研究所集刊》（台北：中央研究院，一九九九），頁五二四。

10 Judith A. Berling 曾梳理過明代「合一觀」的發展，發現三教合一在經過晚明高峰後，在清初有漸趨疲弱現象，他甚至用了「瓦解」這個詞來形容清初的三教合一觀的崩潰，詳論請參 "When They Go Their Separate Ways: The Collapse of The Unitary Vision of Chinese Religion in The Earlier Ch'ing," Edited by Irene Bloom and Joshua A. Fogel, *Meeting of Mind: Intellectual and Religious Interaction in East Asian Traditions of Thought*（New York: Columbia University Press, 1996）, pp. 211-213.

11 同上注，頁二一二。

12 鄭志明，〈林兆恩與晚明王學〉，收錄於淡江大中文系主編，《晚明思潮與社會變動》（台北：弘化文化事業股份有限公司，一九八六），頁九四。另有關林兆恩的三教同論，請參 Judith A.Berling, *The Syncretic Religion of Lin Chao-en*（New York: Columbia University Press, 1980）; Kenneth Dean, *Lord of the Three in One: The Spread of a Cult in Southeast China*（New Jersey: Princeton University Press, 1998）.

13 江燦騰在其研究中曾提供了有關憨山德清與泰州諸子廣泛接觸的線索，讓我們得以理解在改革晚明叢林過程中，憨山德清如何藉「良知學」的興起，強化叢林與陽明學派的思想溝通，積極拉攏陽明學派的官僚士大夫的支持，作者寫道：「以鄒元標來說，德清不但在流戍途中，親自登門拜訪他，到嶺後亦屢通音信。德清在信中不只談自己在嶺南又遭中傷的事；也將鄒元標和羅汝芳、楊起元兩人，對禪悟體驗深淺作比較。這種交誼，一方面是談禪論道，另方面，在必要時，也可獲支持。」江燦騰，《晚明佛教叢林改革與佛教諍辯之研究——以憨山德清的改革生涯為中心》，頁四〇。此外，也有論者認為：「與憨山德清思想交流最密切的晚明士人，皆為管志道一系」，意指曾受業於管志道的焦竑、瞿汝稷

「理」又失去約束力，因此轉向佛教尋求思想資源，並強調「學佛以知儒」[14]。另一方面，佛教尋求復興過程中，也吸收陽明一脈的心學抑或儒家義理，以達到「學儒知佛」。無論是宋代僧人智圓（九七六—一〇二二）、契嵩（一〇〇七—一〇七二）或於明中葉以後致力於佛教改革的憨山德清、紫柏真可（一五四三—一六〇三）等僧人都具有「援儒解佛」的思想特色[15]。

面對佛教和朱子學復興的挑戰，晚明的三教合流趨向，無論在哲學或宗教的層面，都呈現高度的繁盛，管志道弟子鄒匡明（生卒年不詳）便曾道說：「近時伏見士大夫半皈依佛法，或真修密證，不減苦行頭陀；或卓識名言，真有古德之意，可稱我明一時之盛。」[16]王畿弟子丁賓（一五四三—一六三三）也曾指說，屬江右之學，且排斥佛道的羅念庵，亦曾與王畿「聯床趺坐，往復證悟，研二氏、究百家」[17]。由此可知，縱然在學術主張上不鼓吹佛道思想，「參二氏」已然成為普遍的風潮。這時候，傾向朱子學的儒者雖仍力拒佛教，反對儒釋合流，像東林學人高攀龍（一五六二—一六二六）曾多次和管志道書信辯論「無善無惡」，拈出「以善為宗」[18]，藉此判別儒釋之異，就是要力挽三教之狂瀾，但終究舉步履艱，難以抵擋三教合流的風潮。這不僅僅是因為儒佛之間的親密關係，不少儒者實也深契於道教修養工夫，如內丹學、調息法等，甚至深信因果報應論、功過格[19]、

和錢謙益，此觀點值得留意。詳論請參王紅蕾，〈憨山德清與晚明士林的文化精神〉，《憨山德清與晚明士林》第五章（北京：中國社會科學出版社，二〇一〇），頁二〇三—二一四。

14 Araki Kengo, "Confucianism and Buddhism in the Late Ming," edited by Wm. Theodore de Bary, *The Unfolding of Neo-Confucianism*, pp. 44-47.

15 有關儒佛交涉的論著，可參羅永吉，《良知與佛性：陽明心學與真常佛教之比較研究》（台北：萬卷樓，二〇〇六）；洪淑芬，《儒佛交涉與宋代儒學復興》（台北：里仁書局，二〇〇八）；蔡金昌，《憨山大師的三教會通思想》（台北：文津出版社，二〇〇六）；范佳玲，《紫柏大師生平及其思想研究》（台北：法鼓文化，二〇〇一）。

16 管志道，〈再錄鄒子尹來書〉，《酬諮續錄》卷四，《管東溟先生文集（十八）》，頁四三。

17 丁賓，〈與謙所在〉，《丁清惠公遺集》卷八，《四庫禁毀書叢刊．集部》第四四冊（北京：北京出版社，二〇〇〇），頁二九〇。

18 高攀龍曰：「三教各自為宗，故起因結果絕不相同。人但知性之不異，不知學之不同。夫子曰：性相近也，習相遠也。學習不問一者，不得不三，非性之有三，習使然也。至於談良知者，致知不在格物，故虛靈之用，多為情識，而非天則之自然，去至善遠矣。吾輩格物，格至善也。以善為宗，不以知為宗也，故『致知在格物』一語，而儒釋判矣。」高攀龍，〈答王儀寰二守〉，《高子遺書》卷八（上海：上海古籍出版社，一九九三），頁四九九。

19 可參 Brokaw, Cynthia J.（包筠雅），*The Ledges of Merit and Demerit: Social Change and Moral Order In Late Imperial China* (New Jersey: Princeton University Press, 1991)。包筠雅著重於探討明清社會的道德秩序，並凸顯功過格作為一種道德日記以及累積個人功德的工具，在經過不同學者的撰寫與形塑過程中，強烈滲透大眾的心理，最後形成以「因果報應」為依準的道德修行論。書中仔細梳理功過格體系的發展過程，說明如何從具濃厚宗教信仰的基礎，轉向現世的儒家基礎，例如從早期功德累積的依據《太上感應篇》、《太微仙君功過格》，至袁黃《立命篇》儒家化的轉變，在轉折中反映了明末的三教合流思想，雖相互交融，但也有主導與從屬地位之別。有趣的是，作者曾說道「袁黃功過格體系的最熱情支持者是陽明學派的成員，特別是泰州學派」，但為何是泰州學派？這之間的聯繫如何產生，是否如作者所認為吸引的原因是「袁黃調和了孟子關於命的理解、禪宗的無思學說，以及道教和佛教關於超自然報應的信條」？這一些問題，都值得進一步展開討論。相關討論，亦可參酒井忠夫（Sakai Tadao），《中国善书の研究》（東京：國書刊行會，一九六〇）。

長生論以及龍沙讖預言等[20]。

綜觀以上所論，自魏晉南北朝始，三教彼此在意識上會通、融合，那時人們多稱之為「三教合流」、「三教歸一」或「三教一源」。可知在三國之前，並沒有出現有關「三教」的概念。三教概念的出現和較廣泛的流傳，是在魏晉南北朝時期，率先由佛教界所提出來。道教學者卿希泰亦指出：「在南北朝時，三教開始鼎立，三教之稱亦起於此時。」[21]至於三教合一的雛形，卜正民曾指說把三教合為一體的表述最早形成於元代，當時儒者意在向元代統治者解釋中國文化中三種競爭性的知識與宗教傳統；而該表述在十六世紀的六〇年代重新獲得儒士的青睞，甚至欲想更大規模的整合三教[22]。不過「三教合一」成為一個具有明確主張的思想概念，應該是到了明代才出現[23]。它不只是稱謂上的變化，或指三教之間趨向混合成為一個整體性的思想，而是指「三教合一」具有「主體概念」的意思，不僅包含特定的思想主張或訴求，同時也衍生一套「合一」的理論基礎。例如嚴耀中分析說：「三教合一概念在明代提出，必定是當時的社會中已經有合三教為一教的某種實際狀態的存在，哪怕是一種模糊的存在」，並進一步指出：「明代所說的『合一』仍可分兩個層次，其一仍是以往的『三教歸一』、『三教一家』意思，特別是指向三家在道德價值觀念上的一致性，其二乃表現於外在形態，而主張將三教混為一體。」[24]因此，如果我們認同晚明思想存在著合一氛圍或「合一觀」，就必須解釋三教合流的衍變，以能窺探合一觀形成的歷史過程。與此同時，經由演變過程把握思想詞彙表述的差異。

由此我們可以叩問明中葉以後三教合流和合一的基本思想狀態究竟如何？一般學者大致認為王

陽明的佛道觀，為往後三教合一的發展指出了一條路向，王陽明的大弟子王畿援佛道入儒，卻又堅定儒家立場。鑑於此，明中葉以後的三教合流，特別是王陽明及其後學的三教融合觀，成為我們理解晚明三教合一觀發展的重要歷史語境。除了可檢視個別學者的三教融合表述方式，亦可窺探其判準點何在。更重要是，可作為理解晚明「三教合一」論述提出的歷史脈絡。

第一節　王陽明「道一教三」思想及其影響

明代以前，唐宋儒闢佛道的言論甚厲。韓愈以民族文化立場闢佛，並反對老子的虛空之學；宋

---

20 有關淨明道龍沙讖的研究，請參張藝曦，〈飛昇出世的期待——明中晚期士人與龍沙讖〉，《新史學》第二二卷第一期，二〇一一年三月，頁一—五八；〈明中晚期江右儒學士人與淨明道的交涉——兼論《淨明忠孝全書》的影響〉，《明代研究》第二〇期，二〇一三年六月，頁一—三三。

21 卿希泰，《道教與中國文化》（福建：人民出版社，一九九〇），頁一六五。湯用彤在《漢魏兩晉南北朝佛教史》也主張相近的說法：「南朝人士偏談理，故常見三教調和之說。」（台北：臺灣商務印書館，一九六二），頁三〇〇。

22 Timothy Brook, *Praying for Power: Buddhism and the Formation of Gentry Society in Late-Ming China*, p. 69.

23 嚴耀中，〈論「三教」到「三教合一」〉，《歷史教學》，二〇〇二年第一一期，頁八。

24 同上注，頁七—八。

儒則主攻佛老的世界觀，如佛教的「幻化」、「生死輪迴」以及道家的虛靜觀念。張載（一〇二〇—一〇七七）認為佛教否定天道的真實性，捨棄現實世界而強調「空理」，隨後朱熹言「吾儒萬理皆實，釋氏萬理皆空」，從義理上嚴分儒佛壁壘[25]。至明代，氣氛漸有不同，不少儒者不僅不反佛，反而強調儒佛的相近處，同時也吸收道家道教的工夫思維或養生之道。而論及明代三教融合與「合一」，當代學者之間仍有分歧，主要的爭議在於，究竟是把三教看作是獨立的三個系統、三種本質，抑或是視為同一個本源。杜維明的說法是：王陽明援佛入儒，意在加強儒家的傳統，並非是要把三教合成一種學說[26]。彭國翔則認為，王陽明早期的「廳堂三間」比喻，強調三教歸儒，不過後期的態度卻稍有轉變。在王陽明晚年時期，弟子問「三教同異」時，陽明答說：「就如此廳事，元是統成一間」、「其初只是一家，去其藩籬仍舊是一家。三教之分亦只是此」，明顯的，儒家本位色彩已稍轉淡[27]。須辨明的是，我們無法繞過陽明對「三教同源」的看法，並非因為其建立某種思想範式，而是陽明的三教理論思維，不僅較宋代儒者寬和與包容，而是他回歸「道」的源頭來審視三教。尤其是「廳堂三間」的比喻，常被視為「道一教三」學說的源頭，對佛道包容的態度，提供佛道更為容忍的思想空間。值得追問的是，要如何理解陽明所說的「道」、「道一」？其「一」又指向什麼？另外，陽明對待佛道究竟是持一種普遍意識，抑或是包容意識？

嘉靖二年癸未（一五二三），陽明與張元沖有以下的對話：

> 張元沖在舟中問：「二氏與聖人之學所差毫釐，謂其皆有得於性命也。但二氏與性命中著些私

利，便謬千里矣。今觀二氏作用，亦有功於吾身者，不知亦須兼取？」先生（陽明）曰：「說兼取，便不是。聖人盡性至命，何物不備？何待兼取？二氏之用，皆我之用。即吾盡性至命中完養此身謂之仙；即吾盡性至命中不染累謂之佛。但後世儒者不見聖學之全，故與二氏成二見耳。譬之廳堂三間共為一廳，儒者不知皆吾所用，見佛氏，則割左邊一間與之；見老氏，則割右邊一間與之；而己則自處中間，皆舉一而廢百也。聖人與天地民物同體，儒、佛、老、莊皆吾之用，是之謂大道。二氏私其身，是之謂小道。」[28]

陽明的表述方式，透露出其「體用」思維。「體」是「聖」是「道」，而「用」則是儒釋老莊等。陽明說「後世儒者不見聖學之全」，「聖學」是一個完整與遍覆的「道」。換言之，聖學是以心（良知）為本體，即本體即作用，此為涵攝三教作用的世界觀，陽明稱之為「大道」；而二氏「私其身」，注重一己之解脫，是私己的行為，只能稱為「小道」。陽明的「道」從形而上來說，具有

---

25 有關宋儒闢佛道的詳論，可參蔣義斌，《宋代儒釋調和論及排佛論之演進——王安石之融通儒釋及程朱學派之排佛反王》（台北：臺灣商務印書館，一九九七）。

26 Wei-ming Tu, *Neo-Confucian Thought in Action: Wang Yang-ming's Youth* (*1472-1509*)(Berkeley: University of California Press, 1976), p. 43.

27 詳論可參彭國翔，《良知學的展開——王龍溪與中晚明的陽明學》，頁四七四—四七五。

28 王陽明，〈傳習錄拾遺〉，《王陽明全集》卷三十二（上海：上海古籍出版社，一九九二），頁一一八〇。

「同源」的意思，同時又因「道」在形而下的作用表現不一，又具有相對的意義。陽明也曾說到：「天地聖人皆是一個，如何二得」[29]，即可知其聖人之道超越各種名目或作用，具本源性的道體意義。

晚年時陽明對三教的態度稍有轉變：

> 或問「三教同異」。陽明先生曰：「道大無名，若曰各道其道，是小其道矣。」心學純明之時，天下同風，各求自盡。就如此廳事，元是統成一間，其後子孫分居，便有中有傍，又傳，漸設藩籬，猶能往來相助。再久來，漸有相較相爭，甚而至於相敵。其初只是一家，去其藩籬，仍舊是一家。三教之分，亦只如此，其初各以資質相近處，學成片段，再傳至四五，則失其本之同，而從之者亦各以資質之近者而往，是以遂不相通。名利所在，至於相爭相敵，亦其勢然也。故曰：「仁者見之謂之仁，知者見之謂之知。」纔有所見便有所偏。[30]

早年陽明說得圓渾，不認同「兼取」二氏的基本態度清楚。儒家的盡性至命本是「聖學之全」，它是完整的修養工夫，已涵括二氏作用，不必再有所添加。從根源上來說，「道」之大原無所不包，聖人作為「道」的實踐者，理應可以接受「儒、佛、老、莊皆吾之用」。晚年時，陽明則比較清楚指出「道」不具有三，儒釋道同源一本。後人從「道」中分出不同的名目，是各取所需，忽略三者相通的部分在「心」，因而三教各得「道」之一隅而已。當心純明，天下風尚和淳之時，

「道」便處於「一」。後來三教從「道」中分離出來，在競爭過程中分為敵我，遂失其「本」之「同」。從現實致用的角度來說，三教只是「道」在不同層面的顯發與作用。「道大無名」，意在闡明「道」是一個圓融的「道體」，三教皆是「道」之所在；不同稱謂的產生，都是後人所設的藩籬。此外，陽明也舉出良知之「虛」，不只可以涵括有無、虛實，也是「即本體即作用」的顯發。縱然如此，陽明仍認為良知勝於佛道：

> 仙家說到虛，聖人豈能虛上加得一毫實？佛氏說到無，聖人豈能無上加得一毫有？但仙家說虛，從養生上來；佛氏說無，從出離生死上來，卻於本體上加卻這些子意思在，便不是虛無的本色，便於本體有障礙。聖人只是還他良知的本色，便不著些子意在。良知之虛，便是天之太虛，良知之無，便是太虛之無形。日月風雷，山川民物，凡有象貌形色，皆在太虛無形中發用流行，未嘗作得天的障礙。聖人只是順其良知之發用，天地萬物俱在我良知發用流行中，何嘗又有一物超於良知之外，能作得障礙？[31]

29 王陽明，〈語錄三〉，《王陽明全集》卷三，頁一二一。

30 黃宗羲，〈南中王門學案一．語錄〉，《明儒學案》卷二十五（台北：里仁書局，一九八七），頁五八八。

31 黃宗羲，〈姚江學案〉，《明儒學案》卷十，頁二一二。此番話又見於王畿，〈東遊會語〉，《王龍溪全集》卷四（台北：華文出版社，一九七〇），頁二九三。

陽明提出「良知即太虛」的想法。「太虛」的概念，可追溯至張載以太虛為宇宙本體的思想體系。張載以「太虛」為天地萬物的內容，曰：「太虛無形，氣之本體，其聚其散，變化之客形爾」[32]，又曰：「太虛不能無氣，氣不能不聚而為萬物，萬物不能不散而為太虛。」[33]換言之，太虛即氣，氣即太虛，二者一體，只是「凝」和「釋」兩種不同的狀態。無形無狀的「太虛」是「氣」的本來狀態，也即是「本體」。太虛之氣凝聚而為萬物，萬物散而又成為太虛，二者構成相輔相成的關係。陽明言「良知之虛，便是天之太虛，良知之無，便是太虛之無形」，說明良知的「道體」具有體用兩個層面。良知作為天地萬物之本源，其「體」之質為「虛無」，其「用」卻能敦化川流。可知陽明並非旨在彰顯良知的道德主體意義，而是突出良知本體的「先天性」、「無窮性」與「自然性」，於此證明良知圓滿自足。「虛無」即良知本色，一切的發用流行不超乎於良知之外，於此回應佛道把「養生」和「出離」視為二物的看法。

陽明對佛道的涉入與態度，從熱中參二氏至後悔，中間實經歷幾番轉折。柳存仁和陳榮捷都曾針對此作出精闢的論述[34]。柳先生曾檢視王陽明詩文中的佛道意境，最終得出「道多佛少」[35]的結果。就此線索延伸探索，我們可發現陽明思想中受佛道影響的層面，比較多表現在譬喻概念以及工夫、境界的比較。但他後來的學生如鄧豁渠，由於受到佛教的影響，相較於良知問題，更看重真實的性命之學，曾論說：「此言性命真竅，原是無一物的。今欲透向上去，必須空其所有，乾乾淨淨，無纖毫沾滯。」[36]鄧豁渠三十多年受「有身之苦」，欲求性命真竅，但始終「覺得陽明良知了不得生死，又覺人生都在情量中，學者工夫未超情外，不得解脫」[37]。為了能解脫作個自由人，落髮於太湖，歸皈佛門，以求脫離煩惱場。

對於「道一教三」，何繼高（生卒年不詳）在鄧豁渠《南詢錄》跋語中，揭示「性命」為「道」的真竅所在：

> 同一血氣心知，同一性命。性命之外無道，豈於道而獨有二乎？聖此道者，人聖之。佛此道者，人佛之。仙此道者，人仙之。聖之所以聖，此性命也。佛之所以佛，此性命也。仙之所以仙，此性命也。聖佛仙之名不同，聖佛仙之道，未始不一也。世人目之，曰三教，自其教而

---

32 張載，《張子正蒙．太和篇》（上海：上海古籍出版社，二〇〇〇），頁八六。

33 張載，《張子正蒙．太和篇》，頁八七。

34 可參柳存仁，《和風堂文集》（上海：上海古籍出版社，一九九一）。英文論文則參“Taoist Self-Cultivation in Ming Thought,” Edited by Wm. Theodore De Barry, *In Self and Society in Ming Thought* (New York: Columbia University Press, 1970)。陳榮捷，《王陽明與禪》（台北：臺灣學生書局，一九八四）。

35 柳存仁，〈王陽明與佛道二教〉，《和風堂文集》，頁八八〇。

36 鄧豁渠著，鄧紅校注，《南詢錄》（武漢：武漢理工大學出版社，二〇〇八），頁六一—六二。

37 鄧豁渠著，鄧紅校注，《南詢錄》，頁二。韓國學者李慶龍曾經指出，鄧豁渠不僅公開批評王陽明的良知學，以及王心齋格物旨之未全，陽明後學內部存在批評陽明學的聲音及態度值得注意。李慶龍，〈鄧豁渠妙明真心與二王學之批判〉，收錄於《明清浙東學術文化研究》（北京：中國社會科學出版社，二〇〇四），頁六二七。

言，可曰三；自其道而言，不可謂三也。[38]

何繼高提出「自其教而言，可曰三；自其道而言，不可謂三」，正是「道一」的基本基調，只是陽明提的是渾全普遍意義的「道」，又或聖人之道，而何繼高的「道」是指「最上乘」的性命之道，意即「本覺圓淨」[39]。另外，焦竑曾提出「天無二月」[40]來表述「道一」，說明聖人之道和佛家之道沒有不同。但焦竑又提到「道無三」、「道無一也」，以證「道」即「一」，而非合而為「一」，這樣的說法和之前陽明「道一」說法有沒有不一樣？焦竑說：

孔、老、釋迦之出，為眾生也。《法華》云：「諸佛世尊唯以一大事因緣故，出現於世。」又云：「諸佛如來，但教化菩薩，諸有所作。常為一事。」唯以佛之知見，示悟眾生，知佛則知孔、老矣。後世源遠流分，三教鼎立，非聖人意也。近日王純甫[41]、穆伯潛[42]、薛君采[43]輩始明目張膽，欲合三教而一之，自以為甚偉矣。不知道無三也，三之未嘗三；道無一也，一之未嘗一。如人以手分擘虛空，又有惡分擘之妄者，隨而以手一之，可不可也？夢中占夢，重重成妄。[44]

又提到：

夫道，一而已。以其無思無為謂之寂，以其不可覩聞謂之虛，以其無欲謂之靜，以其知周萬物而不過謂之覺，皆儒之妙理也。自儒學失傳，往往束於形器見聞，而不知其陋。一聞語上者，顧以為異說而咻之。……故學者與其拒之，莫若其兼存之，節取所長而不蹈其敝，如雕題卉服之倫合沓內嚮，而王者巍然開明堂以臨之，詎不足以明大一統之盛哉！[45]

38 鄧豁渠著，鄧紅校注，《南詢錄》，頁八〇。

39 鄧豁渠著，鄧紅校注，《南詢錄》，頁六〇。

40 友問：「佛氏之道與吾道不同，於何處分別？」先生曰：「道是吾自有之物，只煩宣尼與瞿曇道破耳，非聖人一道，佛又一道也。」大氏為儒佛辨者，如童子與鄰人之子，各詑其家之月曰：「爾之月不如我之月也。」不知家有爾我，天無二月。焦竑，〈明德堂問答〉，《澹園集》卷四十九（北京：中華書局，一九九九），頁七四五。

41 王心一，字純甫，號元渚，又號元珠，吳縣人。萬曆四十一年進士，天啟間官御，以極論客氏貶。崇禎時累官至刑部侍郎。工畫，仿黃公望，得其神似，有《歸田園詩集》、《明人傳記資料索引》，頁二三。

42 穆孔暉，字伯潛，號玄庵，堂邑人。弘治十八年進士，歷翰林學士，累官至南京太常寺卿，致仕卒，年六十一。孔暉為王守仁試山東時所取士，其學宗守仁，頗浸淫入於釋氏，既乃潛心理學。著有《讀易錄》、《尚書困學》、《前漢通紀》、《玄庵晚稿》，俱不傳。參《明人傳記資料索引》，頁八七三—八七四。

43 薛蕙，字君采，號西原，亳州人。年十二能詩，正德九年進士，累官吏部考功司郎中。大禮議起，惠撰為人後解，為人後辨，及辨張璁、桂萼所論七事，合數萬言上於朝，以忤旨獲罪。又為陳洸所譖，遂解全仕歸。學者重其學行，稱西原先生，卒年五十三。有《西原遺書》、《約言》、《考功集》。參《明人傳記資料索引》，頁九〇三。

44 焦竑，〈支談上〉，《焦氏筆乘正續》卷二，《筆記小說大觀》第六冊（台北：新興書局影印，一九八七），頁一七一。

45 焦竑，〈經籍志論．釋家〉，《澹園集》卷二三，頁三一二二。

焦竑對合而為一，抑或分而為三的說法都不表認同。當王心一（一四八七—一五四七）、穆孔暉（一四七九—一五三九）與薛蕙（一四八九—一五三九）等人欲合三教為一，他指說這種分合皆屬虛妄之舉。焦竑對「道」的描述，讓人聯想到王弼在《老子指略》中批評以玄、深、大、遠等來表述道，只能說明「道」某一方面特徵，無法很好把握「道」的整體性，因此他不認同「三教鼎立」的說法。焦竑形象化的語言特色，顯現他的獨特思維，特別是這句——「不知道無三也，三之未嘗三；道無一也，一之未嘗一，如人以手分擘虛空，又有惡分擘之妄者，隨而以手一之，可不可也」，或可分解如下：

1. 道無三，道無一
2. 三之未嘗三，一之未嘗一
3. 分與惡分
4. 以手一之，可不可也

對於該如何言說「道」，焦竑儼然有高度的警覺。他說「道無三也」、「道無一也」，為何又提「夫道，一而已」？這應與他佛道化的語言描述方式有關。他曾受《華嚴經》啟悟，了解古聖人殊途同歸，曾提及說：「華嚴圓教，性無自性，無性而非法，法無異法，無法而非性。非吐棄世故，棲身無寄之謂也。故於有為界，見示無為，示無為法，不壞有為。」[46]無論是「一」或「三」都是屬於有為界的有為法，終極目標在於「無為法」的究竟境界，即是「道」。焦竑把「道」的「無思無為」、「不可覩聞」、「無欲」和「周萬物而不過」都看成是「妙理」，說明了「道」並非是固定不變的形態，它實涵攝眾妙理。正因為「道」具有變化的特質，「一」或「三」都是一種辨識的「教法」，無法正面的定義它，必須以「否定—肯定—再否定」的方式來說明「道一教三」的真實情態，這樣才能超越分辨指認本身，把握究竟渾融的「道」。焦竑強調的不是由差異（各別的道）回返「統一性的道」，而是直接把握含妙理的「絕對的道」。又如他指說：「則釋氏諸經，即孔孟之義疏也」[47]，批評朱子未能盡闡孔孟約微的旨意，導致後來學者泥於公式，不得其真，而「釋氏直指人心，無儒者支離纏繞之病」，佛家能夠發明此「理」，使人掌握「性命之指南」[48]。

相較於「道一」的形上意涵，「教三」更多是指向三教具體的實踐、功能與作用。一般儒者在判別三教時，仍持有一個「判教」的立場，而每人判教有深淺詳略之分。像顏鈞在〈論三教〉曾說道：「宇宙生人，原無三教多技之分別，亦非聖神初判為三教」[49]，人們擅自隨其所知所能而判教之故，以為習儒宗旨是「讀書作文獲名利」，習仙旨在「符籙法界迷世俗」，習佛則為「念經嘴符

46 焦竑，〈刻大方廣佛華嚴經序〉，《澹園集》卷十六，頁一八二—一八三。
47 焦竑，〈答耿師〉，《澹園集》卷十二，頁八二。
48 焦竑，〈答耿師〉，《澹園集》卷十二，頁八二。
49 顏鈞著，黃宣民點校，〈論三教〉，《顏鈞集》卷二（北京：中國社會科學出版社，一九九六），頁一六。

惑愚民」，而他認為三教的根柢在於「口傳心授」。袁黃（一五三三—一六〇六）則認為世人說「教三」只是一種「誘發」的手段，須從教意「合而觀之」，才能避免執一而不見[50]。

誠如彭國翔指出，中晚明陽明學在三教關係中逐漸發展一種「超越儒家本位的多元主義宗教觀，這種宗教觀認為儒釋道或其他宗教傳統「都只是宇宙間根源性、統一性的『道』的不同表現形式，稱之為『理一分殊』的多元主義宗教觀」[51]，如此而言，「道一」或「道，一而已」是否都屬於「統一性的道」的表述，實可進一步討論。陽明從三教身分之分及確立，重新拈出一個包容佛道作用的「聖學」概念，此即其「道一」的含意；鄧豁渠以「性命真竅」為三教的終極關懷，而何繼高也以「性命」為三教未分時的一源，點出了「道一」的基本個性；焦竑則藉由經典義理的貫通，使三教從道理上混合，便具有「調和」的意味，可窺知「道一」不同的表述形態及內涵。尤其值得注意的是，焦竑的「一」並非是由「差異性構成的統一」的「辯證關係」，而是以孔孟為主的儒家之道為最高原則，與其他宗教維持可相通的「互證關係」。至於「教三」，它說明了「教法」的實踐意義與方法，多從技能、功能抑或治理功效作為三教判別的準則，三者在實踐意義上沒有高下和優劣的差別。縱然如此，三教之間的跨越與溝通，當儒釋道的藩籬拆除以後，出現另一種強調在三教之間建立規範的聲音，想藉此來規範社會上儒禪玄不分的現象，重新整頓社會秩序與三教教法上的規矩。

第二節　王畿以「良知」範圍三教

王陽明弟子當中，最能繼承陽明三教觀的當屬王畿。王畿吸收道教的內丹學和調息法，以真息來比擬良知，以良知範圍三教，發展出其獨特的三教工夫思維和實踐。牟宗三把他和羅汝芳視為「王學真正的嫡系」[52]。王畿不但繼承陽明主要的觀點，對佛道的判攝與融通，更為渾然圓融。荒木見悟曾指出：「龍溪絕不是無條件地把三教的教義當成同一，而是站立在良知的人間之原點，由此打破既成的價值觀、人間觀、社會觀，建立起自己獨自的世界觀，而從佛道儒之處求取素材。」[53]相較其他陽明後學，王畿突出良知的天賦性，使「有」（百姓日用）等同於「無」（天然本體），主張用「無」來規定與主宰「用」。他以三教皆有「恆性」作為三教一源的核心表述，並以良知為內

50 袁黃，〈刻三教合一序〉，《兩行齋集》卷五（台北漢學研究中心藏，據天啓四年嘉興袁氏家刊本縮微資料），頁一三—一四。

51 彭國翔，〈儒家「理一分殊」的多元主義宗教觀〉，《儒家傳統——宗教與人文主義之間》第七章（北京：北京大學出版社，二〇〇七），頁一七一—一七二。

52 牟宗三，〈宋明儒學概述〉，《中國哲學十九講》（台北：臺灣學生書局，一九八九），頁四一三。

53 詳論見荒木見悟著，張崑將譯，〈陽明學者的頓悟與漸修之爭〉，載於《當代》，二〇〇六年六月號，頁八〇。

在的貫通主軸，彰顯良知的主宰義，標舉「良知之學，乃三教之靈樞」[54]，可見其乃持守陽明之矩矱。

王畿主張以「良知兩字，範圍三教之宗」[55]，實脫胎於陽明「廳堂三間」思想，王畿曰：

先師嘗有「屋舍三間」之喻。唐虞之時，此三間屋舍原是本有家當，巢許輩皆其守舍之人。及至後世，聖學做主不起，謹守其中一間，將左右兩間甘心讓與二氏。及吾儒之學日衰，二氏之學日熾，甘心自謂不如，反欲假借存活。洎其後來，連其中一間，岌岌乎有不能自存之勢，反將從而歸依之，漸至失其家業而不自覺。[56]

割捨二房讓於二氏，轉而依附於二氏，是失卻自家家業，王畿和陽明的想法不謀而合。王畿認為儒家「未嘗不說虛、不說寂、不說微、不說密」，所以不同意友人「借路悟入」的說法：

友人問：「佛氏雖不免有偏，然論心性甚精巧，乃是形而上一截理。吾人敘正人倫，未免連形而下發揮。然心性之學，沉埋既久，一時難為超脫。借路悟入，未必非此學之助。」先生（王畿）曰：「此說似是而實非。本無上下兩截之分，吾儒未嘗不說虛、不說寂、不說微、不說密，此是千聖相傳之秘藏，從此悟入，乃是範圍三教之宗。自聖學不明，後儒反將千聖精義讓與佛氏。才涉空寂，便以為異學，不肯承當。不知佛氏所說，本是吾儒大路，反欲借路而入，亦可哀也。」[57]

王畿強調直下悟入是以「良知不學不慮，本無修證」[58]為前提。他曾舉空中花和水中月的例子，藉以比喻心體如道體，應是處於「空」[59]，不滯於「應跡」。唯有把心體視為空體，才能擺脫心體受到意見與情識的牽絆。王畿的悟入，主張「當下自反，即得本心」，是「未嘗離於倫物之感應」[60]，與佛教或禪宗所指涉的「空」境界，有著本質上的差異。因此，他不認同「借路」才可悟入的說法，也反對以「形而上」和「形而下」二分的形式來區別心性。若把人倫之事視為「形而下」，以為需借助佛氏的「形而上」，實是對「吾儒大路」認識不夠真切，不認識儒家也有「虛」、

---

54 王畿，〈三山麗澤錄〉，《王龍溪全集》卷一，頁一二六—一二七。

55 王畿，〈南遊會紀〉，《王龍溪全集》卷七，頁四六六。

56 王畿，〈三山麗澤錄〉，《王龍溪全集》卷一，頁一二五。

57 王畿，〈三山麗澤錄〉，《王龍溪全集》卷一，頁一二三—一二四。

58 王畿，〈答吳悟齋〉，《王龍溪全集》卷十，頁六八〇。

59 王畿，〈留都會紀〉，《王龍溪全集》卷四，頁三〇六。王畿亦言：「空空原是道體……心口耳目，皆以空為體。空空即是虛寂，此學脈也。」〈致知議辨〉，《王龍溪全集》卷六，頁四二七。

60 王畿，〈三山麗澤錄〉，《王龍溪全集》卷一，頁一二五。龍溪學雖貴「悟」，但其悟卻有三，不可混淆，曾曰：「從言得謂之解悟，從靜得謂之證悟，從磨練得謂之徹悟。」〈留別霓川漫語〉，《王龍溪全集》卷十六，頁一一五八。

「寂」、「微」、「密」的特質，並體悟「虛寂原是良知之體」[61]。

王畿也認為，三教在修為終極目標上有所差別，但佛道與儒並傳，均以「心」為主：

五臺陸子問二氏之學，先生曰：二氏之學與吾儒異，然與吾儒並傳而不廢，蓋亦有道在焉？均是心也。佛氏從父母交媾時提出，故曰父母未生前曰「一絲不掛」，而其事曰「明心見性」。道家從出胎時提出，故曰「砰地一聲泰山失足」，一靈真性既立，而胎息已忘，而其事曰「修心煉性」。吾儒卻從孩提時提出，故曰「孩提知愛知敬」，不學不慮，曰「大人不失其赤子之心」，而其事曰「存心養性」。夫以未生時看心，是佛氏頓超還虛之學；以出胎時看心，是道家煉精氣神，以求還虛之學。良知兩字，範圍三教之宗。良知之凝聚為精，流行為氣，妙用為神，無三可住。良知即虛，無一可還，此所以為聖人之學。若以未生時兼不得出胎，以出胎時兼不得孩提，孩提舉其全，天地萬物，經綸參贊，舉而措之，而二氏之所以拈出者未嘗不兼焉，皆未免臆說。或強合而同，或排斥而異，皆非論於三教也。[62]

陸光祖（一五二一—一五九七）被當今學界喻為晚明「佛教的大護法」[63]，曾向王畿問二氏之學。王畿以佛氏重「明心見性」、道家重「修心煉性」，儒家重「存心養性」來說明三教工夫皆用於「心」。三教均重「心」，並從「未生」、「出胎」和「孩提」三個階段來標示「心」在生命不同階段的表現和功能，因此不能「強合而同，或排斥而異」。至於良知，凝聚為精，流行為氣，妙用為神，可範圍三教。王畿拈出「良知即虛」的說法，說明「良知」不像佛道必須經過「還虛」的工夫，才能把握「虛」的本體。相反的，「良知」已包含佛道「虛」的境界。這樣的說法，不但明確具有「三教歸儒」的意思，把佛道收攝於儒，也顯露王畿自信於良知的具足，信得及致良知可臻佛道二境。無庸置疑，他和陽明皆以「良知本色」為優先。

「息者，範圍三教之宗」

陽明與王畿皆力圖從「道體」的存在狀態和運動形態，來證明良知的遍覆性和包容性。若細辨之，可發現陽明從三教本源入手，王畿則轉入更細微的工夫層次。他嘗把「良知與真息」、「致良知與調息法」作為兩組互釋的觀念，欲使良知貫通於三教修行工夫，可說是比陽明更推進一步。王畿甚至不諱舉說調息法亦有「範圍三教之宗」之作用，其曰：

---

61 王畿曰：「蓋良知原是無中生有，無知而無不知。致良知工夫，原為未悟者設；為有欲者設，虛寂原是良知之體，明覺原是良知之用，體用一原，原無先後之分。」〈滁陽會語〉，《王龍溪全集》卷二，頁一七四。

62 王畿，〈南遊會紀〉，《王龍溪全集》卷七，頁四六五—四六六。

63 荒木見悟著，廖肇亨譯，〈趙大洲的思想〉，《明末清初的思想與佛教》（台北：聯經出版公司，二〇〇六），頁九七。中文學界對陸光祖學術思想的研究並不充分。陸光祖曾和朝鮮儒者尹根壽辯論有關「朱陸問題」，論辯內容收錄於《月汀先生別集》，參中純夫（Naka Sumia），〈尹根寿と陸光祖——中朝間の朱陸問答〉，《東洋史研究》卷六十七，二〇〇八，頁一〇二—一四〇。

息有四種相：一風，二喘，三氣，四息。前三為不調相，後一為調相。坐時鼻息出入覺有聲，是風相也。息雖無聲，而出入結滯不通，是喘相也。息雖無聲，亦無結滯，而出入不細，是氣相也。坐時無聲，不結不粗，出入綿綿，若存若亡，神資沖融，情抱悅豫，是息相也。守風則散，守喘則戾，守氣則勞，守息則密。前為假息，後為真息。

欲習靜坐，以調息為入門，使心有所寄，神氣相守，亦權法也。調息與數息不同，數為有意，調為無意。委心虛無，不沉不亂。息調則心定，心定則息愈調。真息往來，而呼吸之機，自能奪天地之造化。含煦停育，心息相依，是謂息息歸根，命之蒂也。一念微明，常惺常寂，範圍三教之宗。吾儒謂之「燕息」，佛氏謂之「反息」，老氏謂之「踵息」，造化闔闢之玄樞也。以此徵學，亦以此衛生，了此便是徹上徹下之道。[64]

「調息法」是養生論中最常使用的工夫，簡單而言，即是呼吸法。吳震曾考察說，王畿所說的調息法，揉合了佛道中的「調息說」，並認為「王龍溪前半部分明顯踏襲了智者大師（按：其著作為《修習止觀坐禪法要》）的『調息』」[65]。方祖猷也曾比對王畿〈調息法〉與智顗《童蒙止觀》的文字，發現兩篇文字幾乎一樣，於是也認定王畿這段文字「基本上抄襲《童蒙止觀》的。」[66]縱然如此，王畿的調息法，仍能提供我們理解他融合三教的實踐方法。

在第一段文字，王畿描述了調息法的工夫程式；而在第二段文，則比較三教中「息」呈現的不同狀態，說明如何借由調息定心。文中所指的「燕息」的「燕」，按《易．隨卦象傳》作「宴」字，即指「君子以向晦入宴息」，語出《易．隨》卦。此卦為異卦相迭（震下兌上），上卦為兌為澤，下卦為震為雷，意即言雷入澤中，大地寒凝，萬物蟄伏，故如象名「隨」。「隨」，亦順之意。〈隨卦〉的〈象〉辭說：「澤中有雷，隨。君子以向晦入宴息」，意思是要人隨應天時作息，向晚就當入室休息[67]。至於「踵息」，用今天的語言解釋，是憑腳後跟呼吸。此語初見莊子〈大宗師〉：「古之真人，其寢不夢，其覺無憂，其食不甘，其息深深。真人之息以踵，眾人之息以喉。」[68]大意是說，古時修道的人，睡覺不會做夢，醒來時不覺困擾，吃東西不求甜美，呼吸氣息深沉。修道人憑藉腳根呼吸，普通人則以喉嚨呼吸。

佛教「反息」之意，是指「返息」。《楞嚴經》卷五〈周利盤特伽鼻根圓通〉有「佛問圓通，

---

64 王畿，〈調息法〉，《王龍溪全集》卷十五，頁一〇六一—一〇六二。

65 吳震，〈王龍溪〉，《陽明後學研究》第七章（上海：人民出版社，二〇〇三），頁三二六。

66 方祖猷，《王畿評傳》，《中國思想家評傳叢書》（南京：南京大學出版社，二〇〇一），頁三四七。

67 鍾彩鈞也注意到王畿調息法和睡眠的討論，並銳利指出王畿以「良知養生」的想法。至於良知和息的關係，鍾先生則從氣化的角度，視其為心氣交養的工夫。如他所說：「調息與其說是身體性上的氣功，不如說是借著調節呼吸來安定精神，進而促成良知的自覺。」具體討論，請參〈王龍溪的工夫論〉，錢明主編，《陽明學派研究——陽明學派國際學術研討會論文集》（杭州：杭州出版社，二〇一一），頁一九九—二〇三。

68 郭慶藩輯，〈大宗師第六〉，《莊子集釋》卷三上（台北：華正書局，一九八四），頁二二八。

如我所證，反息循空，斯為第一」[69]這一句。經中周利盤特伽自言：佛陀問我如何證到圓通？如我所證悟，就是「反息循空」的方法。我們這念心平時都是看外面色、聲、香、味、觸、法的境界，這念心就入到塵勞境界中，於是流轉生死。所謂「反」，就是不看外面的色、不聽外面的聲，離開外面的一切境界，而用能觀這念心，反轉過來，即反照、反觀，注意自己的出入息，由粗到細，最後到達一念就是一個剎那，一剎那九百個生滅，氣息時時刻刻的生滅，到最後，空性現前。所以，「反息循空」就是循著氣息，循著生滅，最後歸於空，空性現前就離開了生滅，而歸於不生不滅。「斯為第一」，指此法是第一個步驟，也是最重要的，要出三界、了生死、證無上道，先要從這個地方努力。這是以鼻根為本修因，從鼻根來反照出息、入息，最後離開了生滅，離開了出入息，悟到空性的方法。此處的「反息循空」，所悟到的境界雖然能出三界、了生死，但是只悟到「我空」的境界，進一步，還要對空也不執著，如此就能悟到「本空」。

王畿比較「燕息」、「反息」和「踵息」，是欲表明儒釋道皆把人的呼吸看作生命的樞機。雖然各自在方法上有所不同，最終的目標卻是一致，可稱為「入道之初機」[70]。心一定，呼吸順暢，「息」將返歸其根，此「根」即是命的源頭。而當心息相依，呼吸回到根源處，心也將朗照其根源。王畿於此證明三教通過「真息」來把握性命根源。可是如果把調息法作為三教融合觀的呈現，實有必要進一步思考：王畿所指的「真息」和「良知」究竟是怎樣的關係？為何拈出「以良知為範圍三教之宗」後，又特意拈出「息」字，同時又說「息者，範圍三教之宗也」？再讀以下王畿這段文字：

息者，範圍三教之宗也。息有二義，有止息，有生息。如冰之凝，而時釋也；如蟲之蟄，而時啓也。此造化出入之機，聖人至誠無息之學，君子自強不息之功。善學者，於亥子之間求之，思過半矣。[71]

另，聶豹（一四八七—一五六三）集子中也記載王畿闡述有關「息」的看法：

息之一字，範圍三教之宗。老氏謂之「谷神」、「玄牝」，其息深深；蒙莊謂之「六月息」，釋氏謂之「反息還虛」，吾儒則謂之「向晦入宴息」。邵子謂之「復姤之幾」、「天地之呼吸也」。是息，先天地而生，後天地而存。人能明此一息，是謂天地之氤氳，萬物化生，一息通於今古。平旦之氣，有不足言者矣。[72]

---

69 （唐）般剌密帝等譯，《大佛頂首楞嚴經》（台北：新文豐出版公司，一九九三），頁一八二。

70 王畿曰：「人之有息，剛柔相摩，乾坤闔闢之象也。子欲靜坐，且從調息起手。調息與數息不同，數息有意，調息無意，綿綿密密，若存若亡，息之出入，心亦隨之。息調則神自返，神返則息自定，心息相依，水火自交，謂之息息歸根，入道之初機也。然非致知之外另有此一段功夫，只於靜中指出機竅，令可行持。」〈天柱山房會語〉，《王龍溪全集》卷五，頁三七五。

71 王畿，〈大象義述〉，《王龍溪全集》卷末，頁一七〇〇—一七〇二。

72 聶豹，〈答王龍溪〉，《聶雙江先生文集》卷十一，《四庫全書存目叢書·集部·別集類》第七二冊（台南：莊嚴文化，

「息」有「止息」和「生息」二義，王畿比喻為冰之「凝」和「釋」兩種形態，說明二者互為依存的關係。另外又借老子的「谷神」、「玄牝」，蒙莊的「六月息」，釋氏的「反息還虛」，以及儒家「向晦入宴息」，進一步說明虛靈不昧、中空無物與感應無方的狀態，以此描述天地根源。而「此一息」即指「真息」，〈留者會記〉載：

> 先生曰：千古聖學，存乎真息，良知便是真息靈機。知得致良知，則真息自調，性命自復，原非兩事。若只以調息為事，未免著在氣上理會，與聖學戒慎不覩、恐懼不聞，致中和工夫終隔一層。[73]

把「良知」解釋為「真息靈機」，並不是說「息」就等同於「良知」。如他又說：「知得致良知，則真息自調」，「息」可視為「氣」，「息」若無良知的引導，便無法達「真息自調」。王畿的調息法，以「致良知」為終極目的，但以上所述的工夫實踐，可知他轉化了陽明的「致良知」，把陽明「致吾心之良知於事事物物」以及事上磨練，反轉為更內在沉潛的工夫修煉，吸收佛道的性命之學，重新建構「致良知」的意涵，並且設定一套可操作的修煉方法。因此王畿把良知看作三教的「總持」：

> 大抵我師良知兩字，萬劫不壞之元神，範圍三教大總持。良知是性之靈體，一切命宗作用只是

收攝此件，令其堅固，弗使漏洩消散了，便是長生久視之道。古人以日月為藥物，日魂之光便是良知，月魄便是收攝日光真法象，所謂偃月爐也，其幾只在晦朔之交。[74]

又言：

吾儒之學，未嘗不養生，但主意不為生死起念。陽明先師良知兩字，乃是範圍三教之宗，是即所謂歷劫不壞先天之元神。養生家一切修命之術，只是隨時受攝保護此不壞之體，不令向情境漏洩耗散，不令後天渣滓攙和混雜，所謂神丹也。凡鉛汞龍虎種種譬喻，不出情性兩字。「情來歸性初，乃得稱還丹」，已一句道盡，外此皆旁門小術。吾儒未發之中，發而中節之和，皆是此意，其要只是一念之微識取，戒懼慎獨而中和出焉，即火候藥物也。中和位育即宇宙在手，萬化歸身也。此千聖相傳性命之神機，在人時時能握其機，不為情境所奪，不為渣滓所染，謂之還丹。隨緣聚散，一日亦可，百年亦可，更無生死執吝。與太虛同體，與大化同流，此大丈夫超脫受用、功成行滿之時也。微軀繫念，去道日遠，千聖過眼，良知吾師。毋謂吾儒

一九九七），頁三三一。

73 王畿，〈留都會紀〉，《王龍溪全集》卷四，頁三三六。

74 王畿，〈與魏水洲〉，《王龍溪全集》卷九，頁五八二。

與養生家各有派頭，長生念重，不肯放捨。望只專心定念，承接堯、舜、姬、孔一派源流，亦不枉卻大丈夫出世一番。未修仙道，先修人道，到此辨別神仙有無，未為晚也。[75]

王畿把良知視為「先天之元神」、「不壞之體」，並認為一切道家中養生的道術，都旨在保護此「體」。養生者應以良知為主宰，若不，因生死而起念，只能歸為「小術」。以良知為體，洞悉性命神機，才能免受生死之束縛。實行「中和之道」，便是道家之「還丹」。他費盡心思說明的，不外勸誡人們要掌握仙道須先修人道。值得注意的是，王畿不僅在語言修辭上把良知比喻為元神，通過真息和致良知關係的梳理，實際上是以「氣」（最精粹的氣）來指涉「心」（良知），把陽明的「道德本體」（自覺義）轉化為「氣本體」。此外，王畿也加強了良知超克生死的向度，換言之，主宰自我的良知，便可掌握自我的生死之機。

然而，羅汝芳對王畿所主張的「守中之訣」和「調息之術」頗有微言，《王龍溪全集》〈答楚侗耿子問〉記：

楚侗子曰：昔有問近溪守中之訣者，羅子曰：「否，否。吾人自咽喉以下是為鬼窟。天與吾此心神，如此廣大，如此高明，塞兩間，彌六合，奈何作此業障，拘囚於鬼窟中乎？」然調息之術如何？羅子曰：「否，否。心和則氣和，氣和則形和，息安用調？」吾人寓形宇內，萬感紛交，何修而得心和？羅子曰：「和妻子，宜兄弟，順父母，心斯和矣。」向聞之，翌然歎賞曰：此玄宗正訣也。不獨伯陽皈心，釋迦合掌，即尼父復生，當首肯矣。先生曰（王畿）：「守中原是聖學，虞廷所謂道心之微，精者精此，一者一此，是謂『允執厥中』。」《中庸》曰：「喜怒哀樂之未發，謂之中，發而中節謂之和」，情反於性，謂之「還丹」，不為養生，而養生在其中矣。夫學問只是理會性情，吾人此身，自頂至踵，皆道體之所寓，真我不離軀殼。若謂咽喉以下是鬼窟，是強生分別，非至道之言也。調息之術，亦是古人立教權法。教化衰，吾人自幼失其所養，精神外馳，所謂欲反其性情而無從入，故以調息之法，漸次導之，從靜中收攝精神。心息相依，以漸而入，亦以補小學一段工夫也。息息歸根，謂之丹母。若只以心和、氣和和形和，世儒常談，籠統承當，以為玄宗正訣，無入悟之機，豈惟尼父不肯，欲二大士皈心合掌，不可得也。[76]

王畿和羅汝芳的分歧在於「入悟之機」，如何尋找體悟真實道德生命的機竅。羅汝芳以孝弟慈為良知本體，把「心」視為孝弟慈情感的來源，認為應直下承擔「心」，在日常家庭倫理關係中把

75　王畿，〈與潘笠江〉，《王龍溪全集》卷九，頁六一一。

76　王畿，〈答楚侗耿子問〉，《王龍溪全集》卷四，頁三三三—三三四。另亦見於黃宗羲，〈浙中王門學案二〉，《明儒學案》卷十五，頁二四八，唯段落之文略有刪減處。黃宗羲評價說：「此可見二溪學問不同處。近溪入於禪，龍溪兼於老，固有調息法。」

握性命根源，不需要再以調息法作為「返源」的工夫。此外，羅汝芳以為「咽喉以下是鬼窟」，清楚區隔了「心」和「身」的關係。但王畿卻認為若只以心和、氣和、形和來談承擔，是過於籠統，也缺乏可憑藉的地方。況且，「吾人此身，自頂至踵，皆道體之所寓，真我不離軀殼」，人的身體即是道體的寓所，是「真我」的體現，通過調息才能使心與氣息相依相通，返回「丹母」[77]。王畿把「調息」視為權法，目的在於收攝精神。當「息」凝聚專一，每一個呼吸都能返回根源，就可以把握「命」（根源）之所在。由此可知，王畿所指涉的「道體」，不是抽象的道德本體，也包含了具有現實意義的「軀殼」。

對王畿而言，無論是「守中之訣」或者是「調息之術」，都是可入悟的方法。在道教意義脈絡裡，「守中」原指守身中之心、神與氣，而「中」指的是性命之根。道教學派中人以「守中」為主要要旨，是元代李道純（一二一九—一二九六）創始的「中派」。李道純援儒入道，把儒家的「中和」思想融於道教修煉。王畿在解釋「守中」義時，並非有意援道入儒，他反而是謹守儒家意思，視其為守「道心」、守「道」之精微，因此有學者即指出王畿是「用儒家修養論來改造道教修養」[78]。

王畿援道入儒的思維，在當時除了受到羅汝芳的質疑外，江右學派的聶豹也批評說，王畿會通致良知和調息法，雖然是以理、神為主，命與氣為次，卻很容易把孟子的「養氣」[79]轉為道教意義上「養命」，造成工夫思想的誤區。前者重視的是道德生命，後者則重自然生命。再加上他所說的致良知的「致」，不是屬於「推此及彼」的「致」，而是「致廣大」之「致」，恐有重「體」輕「用」之嫌[80]。再者，以「息」為範圍三教之宗，也會招致「張皇太過」[81]與「求之太深」[82]的弊病。如聶豹指出：

> 既謂良知者千聖之絕學，範圍三教之宗；又謂息之一字，範圍三教之宗；又謂千古聖學只在幾上用功；又以前後內外為千聖斬關第一；又以乾知為渾沌初開第一竅；又謂千古道脈只在虞廷道心之微；……不知是一了百當耶？抑自有前後內外之可言也。[83]

77「丹母」是指道心，而息息歸息，則指情返於性，王畿又稱之為「還丹」。「還丹」是道教煉術詞，具「反歸」之意。據《抱朴子》載：「丹砂燒之成水銀，積變又還成丹砂。」又因水銀經氧化而成紅色的氧化物，同於原來丹砂之色，故名之為「還丹」。葛洪，〈金丹第四〉，《抱朴子內篇》卷一，《景印文淵閣四庫全書》第一〇五九冊（台北：臺灣商務印書館，一九八三），頁一六。

78 李霞，《道家與中國哲學》（明清卷）（北京：人民出版社，二〇〇四），頁一三一。

79 在晚明儒者的詮釋脈絡裡，一般是把「調息」比擬為「養氣」，像袁黃曾指說：「調息只是養氣」，又謂：「自二氏有調息之法，而養氣工夫始細」，兩者關係緊密。袁黃，〈答嚴天地問調息書〉，《兩行齋集》卷十七，頁一七—一八。

80 聶豹，〈答王龍溪〉，《聶雙江先生文集》卷九，《四庫全書存目叢書．集部．別集類》，頁四八二。

81 聶豹曰：「是精神向裡收斂，亦便是時時息，更無書旦之別。其以息為範圍三教之宗，而攙和二氏及養生家之言以神其說，疑張皇之過也。」〈答王龍溪〉，《聶雙江先生文集》卷九，頁四八二。

82 聶豹，〈答王龍溪〉，《聶雙江先生文集》卷九，頁四九七。

83 聶豹，〈答王龍溪〉，《聶雙江先生文集》卷九，頁四八三。

王畿以良知為主宰，是陽明後學中最堅定的良知信仰者[84]，容肇祖先生曾稱其思想為「良知的宗教」[85]。但王畿的良知之教，在其門人圈中也有爭議。例如其弟子丁賓，信守王畿之教，在一封寫給管志道的書信中，表明認同「良知者，範圍三教之宗」的講法「非虛語也」[86]。另一名弟子張元忭（一五三八—一五八八），卻批評「龍溪欲渾儒釋而一之，以良知二字為範圍三教之宗旨，何其悖也」[87]，更說「吾以不可學龍溪之可」，這句話還曾獲得黃宗羲的稱許，喻之為「善學」[88]。

綜述而論，陽明與王畿的三教觀，具有鮮明「三教歸儒」，這是學界的共識。可是在於「收攝二氏」問題上，陽明沒有借助道教的理論和工夫，進一步加強良知的內在主宰意向，以「氣」為返回性命根源的中介。再仔細分辨，陽明對三教的看法，在「道一」本源上，繪出一種「共存」模式，未顯露具體的「合一」傾向。反之，在王畿身上，其以良知為主宰，進而收攝佛道，有意建構「性命合一」的理論和工夫，萌生由工夫（氣—命）返回本體（性）的「合一」觀。而從他批評羅汝芳直下承擔心的籠統，才能了解何以提出良知以後，又拈出「真息」以範圍三教，要以「氣」貫通儒道。

第三節　顏鈞、羅汝芳、耿定向以「心學」論三教

陽明和王畿談論二氏，縱然思維略有不同，二人的良知義也不完全相同，但維護良知立場一致。

此後，活躍於隆慶、萬曆以後的陽明後學，和佛道的交涉以及融合形態更為多樣化，尤其是具陽明心學特色的思想，和佛道的思維、工夫有不少接榫的地方。例如屬於泰州學派一脈的顏鈞，以陽明四語「精神心思，凝聚融結，如貓捕鼠，如雞覆卵」發明具宗教神秘體驗色彩的「七日閉關法」[89]。

---

84 王畿，〈與魏水洲〉，《王龍溪全集》卷九，頁五八二。

85 容肇祖，〈王門的派別〉，《明代思想史》（台北：開明書局，一九三〇），頁一一七。

86 丁賓，〈復管東溟梟憲〉，《丁清惠公遺集》卷七，《四庫禁毀書叢刊．集部》第四四冊，頁二一七。

87 張元忭，〈馮緯川〉，《張陽和先生不二齋文選》卷二，《四庫全書存目叢書．集部．別集類》第一五四冊，頁三五七—三六三。

88 黃宗羲，〈浙中王門學案五〉，《明儒學案》卷十五，頁三二四。這並不表示張元忭避而不談二氏，王畿文集中亦可發現他和張元忭談論二氏與儒異同的意見，參〈不二齋說〉，《王龍溪全集》卷十七，頁一二二八—一二三四。

89 所謂「七日閉關法」：第一：閉關前二三天，擇掃樓居一所，設立功壇，攤鋪聯榻；第二：閉關三天（回光腔寰，苦磨困神）各各引發內照之功，將鼻中吸收滿口陽氣，津液漱噀，咽吞直送，下灌丹田，自運旋滾幾轉，即又吸噀津液，如樣吞灌，百千輪轉不停，二日三日，不自已已；第三：（沉睡一天）各各如此，忍捱咽吞，不能堪用，方許告知。解此纏縛，倒身鼾睡，任意自醒，或至沉睡，竟日夜尤好；第四：（閉關第五日、長臥第一日至第七日）醒後不許開口言笑，任意長臥七日。聽我（山農）時時到各人耳邊，密語安置，曰：「各人此時此段精神，正叫清明在躬，形爽氣順，皆爾連日苦辛中得來，即是道體黜聽，脫胎換骨景象。須自輾轉，一意內顧深用，滋味精神，默識天性，造次不違不亂。必盡七日之靜臥，無思無慮，如不識，如不知。如三月之運用，不忍輕啟散渙，如此安頓周保；第五：（第八日起身禮拜，聽受第一日至第三日），七日後方許起身，梳洗衣冠。禮拜天地、皇上、父母、孔孟、師尊之生育傳教，直猶再造此生。嗣此，左右師座，聽受三月，口傳默受，神聰仁知，發明《大學》、《中庸》，渾融心性闔闢。此之謂正心誠李慶龍曾指說，這樣的閉關工夫是「道禪儒合功之程式」[90]，也是其師徐樾（？—一五五二）所言之「三教活機」[91]。顏鈞本身行事詭怪，受《傳習錄》啟發又特別重視《大學》《中庸》二書，把孔子「從心所欲不逾矩」看成是「長生保命」之道[92]，其師王艮授之的「心印」。有學者即認為援入禪家心印的方式，塑造「孔門心印」特色，是為了達到傳道和普及學說的目的[93]。

顏鈞有一篇著名的〈急救心火榜文〉，旨在消解人們心頭炎火，他採取的辦法是「單洗思慮嗜欲之盤結，鼓之以快樂，而除卻心頭炎火」[94]，看似吸收了禪道的修煉方式，但其內在卻是以儒家道德為標準，例如顏鈞曾勸弟子羅汝芳解心火的方式在於「制欲非體仁」，而「體仁之妙，仍在放心」，始終要人回歸「心」的渾淪順遂的本然狀態。不過顏鈞強調神秘性悟道的生命體驗及修行方式，不少學者認為已越出傳統儒學的矩矱，余英時則認為其思想有「化儒學為宗教」的趨向，而王汎森則認為治療心火的方法，有很強個人宗教（individual religion）的色彩[95]。細察顏鈞的個人思想，他並沒有發展出一套所謂的「宗教思想」，主要是其對三教的吸收，重「技法」甚於「思想」。因此他更像卜正民所歸類的功能主義者，欲借助佛道的修煉方法，或是宗教悟道的生命體驗內涵，來增加儒家悟道和工夫的宗教向度，進一步達化民成俗的目的。

儒禪交涉及參生死

反觀顏鈞的學生羅汝芳，不僅具有較深的儒佛交涉經驗，和道教的淨明派也有頗深的淵源。羅汝芳早年自行學習各種工夫，無論是實行摒私息念抑或忘寢忘食，都無人指點，遂成重病。其父授之《傳習錄》，讀後其病頓癒。赴科舉時在講會中遇見顏鈞，受其啟發，遂師事之[96]。細究羅汝芳對三教的態度，實有不少曖昧的地方。他曾和許多僧人道士交往，但又稱二氏為「異教」[97]，教人說：「頓漸原是禪家話頭，姑置勿論」[98]。當有人問他如何絕口不談仙佛，他則回答：「非是我不說仙佛，只因無仙佛可說。」[99]臨終前別言又曰：「玄門養生，壽僅百餘，若此學得力，則自是而千年

意，知格，轔轔乎修齊身家，曲成不遺也。參李慶龍，〈羅汝芳思想研究〉，國立臺灣大學歷史學研究所博士論文，古偉瀛先生指導，一九九九，頁六一—六二。

90 也有學者認為是融合佛道的氣功修煉方式，詳論請參鄧志峰，《王學與晚明的師道復興運動》（北京：社會科學文獻出版社，二〇〇四），頁二二七—二二九。

91 李慶龍，〈羅汝芳思想研究〉第三章「山農體悟、心齋與波石學圈之悟修」，國立臺灣大學歷史學研究所博士論文，古偉瀛先生指導，一九九九，頁六二。

92 顏鈞著，黃宣民點校，〈論長生保命〉，《顏鈞集》卷二（北京：中國社會科學出版社，一九九六），頁一五。

93 黃宣民，〈顏鈞及其「大成之道」〉，《中國哲學》第十六輯（湖南：嶽麓書社，一九九三），頁三六二。

94 顏鈞著，黃宣民點校，〈急救心火榜文〉，《顏鈞集》卷一，頁三。

95 王汎森，〈明代心學家的社會角色——以顏鈞的急救心火為例〉，《晚明清初思想十論》（上海：復旦大學出版社，二〇〇四），頁二七。

96 方祖猷、梁一群、李慶龍等編校整理，《羅汝芳集（上）》（南京：鳳凰出版社，二〇〇七），頁二三一—二三二。

97 方祖猷、梁一群、李慶龍等編校整理，《羅汝芳集（上）》，頁三〇二。

98 方祖猷、梁一群、李慶龍等編校整理，《羅汝芳集（上）》，頁一三二。

99 方祖猷、梁一群、李慶龍等編校整理，《羅汝芳集（上）》，頁二九三—二九四。

萬年，千萬年猶一息耳。」[100]箇中原因，或是王時槐（一五二二—一六〇五）在〈近溪羅先生傳〉說得透徹：

> 先生早歲於釋典、玄宗無不探討；緇流、羽客，延納弗拒，人所共知，而不知其取長棄短，迄有定裁。今《會語》出晚年者，一本諸《大學》孝、弟、慈之旨，絕口不及二氏。伯愚嘗私閱《中峰廣錄》，先生一見輒持去曰：「汝曹慎勿觀此，禪家之說，最令人躲閃，一入其中，如落陷阱，更能轉頭出來，復歸聖學者，百無一二，戒之哉！惟潛心《大學》孝、弟、慈之旨足矣。」[101]

羅汝芳出生在佛教氛圍濃厚的家庭，父母親都是虔誠佛教徒，加上早年體弱多病，使他對二氏抱有很大的熱情，如王時槐所說「於釋典、玄宗無不探討；緇流、羽客，延納弗拒」。文集中也透露其和僧人「謔談竟日」，在講學中援入因果報應、輪迴或鬼界之說。甚至在講說鄉約時，也經常把雙親比擬為神佛，援引佛經的道理來說孝，如其說道：「人若不孝順父母便是逆天逆地，便是毀神慢佛。」[102]羅汝芳「出此入彼，朝釋暮玄」的舉止引來許孚遠（一五三五—一六〇四）的嚴厲批評。許孚遠認為羅汝芳為「後生標準」，對後學者影響甚大，應該要絕去淫邪，一歸於正，才能匡正世道人心[103]。由此也證明羅汝芳在陽明後學中確占有重要位置。

晚年的羅汝芳以孝弟慈立教，閉口不提二氏，見人讀禪典，勸勉人不要掉入禪家陷阱，和早年態度大有不同。他教人潛心參讀《大學》一書，了解孝弟慈即是天生明德，而天地生生之道的體現，亦是「仁之端」的擴充起點。此可顯現羅汝芳日用指點人倫的特色，例如藉由孩童出生以來對母親的依戀，赤子見到父母和兄長即知孝知悌，由此點出孝弟慈的根源，在於人人具有的赤子之心。有趣的是，縱然羅汝芳晚年對二氏態度已有所改變[104]，甚至臨終前表明說：「我歸後，遊方僧道一切謝卻，我本不在此立腳」[105]，確立儒家為依歸意向，但其易簡思想精神以及工夫形式，和禪

---

100 方祖猷、梁一群、李慶龍等編校整理，《羅汝芳集（上）》，頁二九六。

101 王時槐，〈近溪羅先生傳〉，方祖猷、梁一群、李慶龍等編校整理，《羅汝芳集（下）》，頁八五八。

102 羅汝芳在講解鄉約時曰：「昔有一人為父所嗔，卻負氣不順呼遣。其父從倉卒間，忽呼其名，其人不覺答應，比行幾步，乃思其父無故嗔我，我正氣惱，難道就去不成？且慢慢去。當其呼之即應，乃是不慮不學乍見的良心，及至轉念，便是地獄種子。如今世上極愚蠢的，也曉得敬天地、敬神佛，殊不知父即是天，母即是地。佛經云：『人何處求神佛，堂上雙親即是神佛。』人若不孝順父母便是逆天逆地，便是毀神慢佛。」見〈太祖聖諭演訓〉，《羅明德公文集》卷五（美國普林斯頓大學藏，據日本內閣文庫藏明崇禎五年序刊本影印），頁一〇。

103 許孚遠，〈答羅近溪先生〉，《敬和堂集》卷四，《四庫全書存目叢書．集部》第一三六冊（台南：莊嚴文化，一九九七），頁五一八。

104 有關羅汝芳對二氏態度轉折的實際原因，實已難從《盱壇直詮》、《明道錄》以及《羅近溪先生全集》窺見實情。唯有在《羅明德公文集》，可知悉他和道士劉道人及胡中洲等人交往，以及他對佛教輪迴及因果關係的看法。

105 羅汝芳，〈語錄〉，《羅近溪先生全集》卷八（台北國家圖書館藏，據明萬曆戊午四十六年劉一焜浙江刊本縮微資料），頁四六。

宗思維和工夫仍不乏會通處，使他終究難以擺脫「近禪」的指責，也被後來學者視為「理學中的禪學」[106]。其中一個關鍵原因，或在於羅汝芳對生死問題的關注。

羅汝芳曾說：「天命之所在，即生死禍福之所在」[107]、「念及生死臨前，便是盡性至命的根本，又是出生入死的關頭」[108]，究盡生命之根源乃在參透生死一事。因此究極性命與生死課題，便成為一些陽明後學與佛道思想最重要的連結點，如焦竑所言：「朝聞道，夕可死矣」[109]，把儒家的生死之說無異於佛氏之生死論，此類話語在晚明學者當中屢見不鮮，也是大多數儒者認同三教合一者的基礎共識，如羅汝芳學生楊起元亦言：「佛學有脫離生死之說，即孔子朝聞道夕可死矣。」另，楊起元不諱言指出，當時許多儒者接受佛教生死之說，確是因為「怕死」之故。此雖成為儒者究生死之因的內在動力，試圖減少對死亡的恐懼，卻應該視「怕死」為因緣，以期能究竟生死之因，方是重要[110]。生死乃人生大事，每個人對生死產生恐懼，不少儒者迷信於因果和養生，莫不是為尋求一己生命之安頓。但超克生死恐懼和修德之間產生密切聯繫，成為明中葉以後的一股趨向，則不可不注意。若追溯前源，可知陽明被貶至貴州龍場之時，每晚躺在石棺上，思及「生死一念未化」，而其最終悟出「吾道自足」，也有化去出離生死利誘的深層意涵。至晚明時期，「參生死」已然成為學者欲抉發的儒家「出世法」，藉此和佛道的生死觀抗衡，形成三教合流中另一道風景，此將在下一節詳論。

半信半不信的佛道觀

陽明逝世之後，除了王畿和羅汝芳的思想深刻影響陽明後學以外，另外則是「在朝王學」的代表耿定向（一五二四—一五九六），其思想有著舉足輕重的地位。耿定向個人雖私淑王艮，但他的思想深受王畿和羅汝芳的啟發，尤其對羅汝芳的思想最有親和感。耿定向常被視為儒家的「衛道者」，在於其堅定「孔孟之學」的思想信仰，但有意思的是，擁有強烈經世信念的他，所培養出來的學生如管志道、焦竑等，都有明確的三教主張，並且擁有深邃的佛教學養和視野。因此，承接前面所論及王畿、顏鈞和羅汝芳的三教觀念和態度，把握耿定向對佛道的觀念以及其三教態度，有助於我們了解晚明三教合一觀提出的思想史脈絡，其中所經歷的複雜、曲折和糾結的三教關係。

106 錢穆，《宋明理學概述》（台北：臺灣學生書局，一九九六），頁三六八。
107 羅汝芳，〈語要〉，《羅近溪先生全集》，頁二三。
108 羅汝芳，〈語錄〉，《羅近溪先生全集》卷八，頁三八〇。
109 焦竑，〈崇正堂答問〉，《澹園集》卷四十七，頁七三一。
110 楊起元，〈答友人不怕死說〉，《論學存笥稿》卷一，《楊復所全集》第六冊（台灣中央研究院傅斯年圖書館藏，據日本內閣文庫藏明刊本影印），頁一三—一四。關於晚明理學家重視生死議題（包括對管志道、楊起元等人的討論），可參龔鵬程，《晚明思潮》（台北：里仁書局，一九九四）；呂妙芬，〈儒釋交融的聖人觀：從晚明儒家聖人與菩薩形象相似處及對生死議題的關注談起〉，《中研院近代史所集刊》第三三期，一九九九。

《明儒學案》曾曰：

先生（按：指耿定向）因李卓吾鼓倡狂禪，學者靡然從風，故每每以實地為主，苦口匡救。然又拖泥帶水，於佛學半信半不信，終無以壓服卓吾。[111]

耿定向和李贄曾針對「不容已」有過激烈的辯論，有關該辯論以及二人的交往，學界研究成果甚豐，此不再贅言。但黃宗羲指說耿定向對佛教持「半信半不信」，頗耐人尋味。相較於宋儒的嚴厲闢佛，耿定向並不力排，而是把重點放在辨別三教的宗旨，同時採取義理互通、互證方式，說明儒家之優於二氏，儒家之道可涵括二氏的道理。此外，耿定向在破除當時人們對於天堂地獄、往生極樂的迷思以外，沒有全然否定佛教「化人」的「經世」功能，而是把它看作一種權宜之計，如他所說「此化人誘引凡愚之權術」[112]。另一方面也說：「蓋謂學佛者，實是清淨，不至傷風敗化，實是慈悲，不至傷人戕物，實是靈通，不至痲痺迷惘，未可過為分別」[113]，對於學佛者的清淨和慈悲情懷，表現出對社會風俗、人與物的愛惜，持欣賞和肯定。

耿定向的三教觀念，集中可見於〈譯異〉的十四篇文章，分別是：〈宗教譯〉、〈心經譯〉、〈維摩譯〉、〈楞嚴譯〉、〈法華譯〉、〈壇經譯〉、〈準提咒譯〉、〈六道譯〉、〈六通譯〉、〈淨土譯〉、〈出離生死譯〉、〈出世經世譯〉、〈情欲生命譯〉和〈守中譯〉。這十四篇當中，和佛教關係較大，如吳震先生所說「是對佛教的主要經典所作的注解」[114]。實際上，耿定向的「注解」完全反映他是從儒家的角度來理解佛教，自然免不了有突兀的地方，亦顯現他較淺顯的佛教造詣。耿定向主要仍是從大界限上判分儒佛，並透露「學儒可知佛」的訊息，此表現在其對地獄輪迴以及淨土西方極樂世界的解釋。耿定向在〈六道譯〉中曰：

> 顧彼所云地獄輪迴云者，即吾人當下見在所受，非直待死去後有之也。[115]

一般地獄輪迴訴諸於人們的罪業，以警惕人們慎作惡端，積福修德，方能超脫六道的輪轉。耿定向卻以為人當下的各種情緒，實是決定人們登天堂抑或墮入地獄，不需寄託於一個死後的世界。而人在一日之間不知輪迴幾次而不自覺，主要是人隨「念」轉，而非以「性」為根本。如其所說：「惟知道者通極於性，不倚於念。故雖物感紛交，情景異態，而自有真常在。」[116]其次，在〈淨土

111 黃宗羲，〈泰州學案四〉，《明儒學案》卷三十五，頁八一五。
112 耿定向，〈淨土譯〉，《耿天臺先生文集》卷十，《四庫全書存目叢書．集部》第一三一冊（濟南：齊魯書社，一九九七），頁二七四。
113 耿定向，〈與劉調甫〉，《耿天臺先生文集》卷四，頁四二八。
114 吳震，〈耿天臺論〉，《陽明後學研究》第八章，頁四〇一。
115 耿定向，〈六道譯〉，《耿天臺先生文集》卷十，頁二七三。
116 同上注。

譯〉中，他以為淨土教把西方視為極樂國，而東方則穢濁土，不過是一種「權術」。耿定向更援引陸九淵（一一三九—一一九三）的普遍心，以此心為至善之所在，若識得此心，東南西北皆可為淨土，故又言「吾儒之學，在止至善。至善，吾仲尼萬世之淨土也」[117]。

由此可了解，明中葉以後儒者的三教交涉呈現出各不同的形態：一是將其納入修養工夫論範疇，注重三教的工夫實踐，或是三教理論的建構。二是著重於以儒家的立場來詮釋佛道的義理，而這種方式往往使二者的義理有所化約；三是把三教視為社會實踐中的「宗教試驗」，其所看重的是宗教情感中包含的凝聚力、動員力、感染力與約束力，希望能把宗教的熱情與情操，轉換成一種社會使命感與行動實踐，例如羅汝芳在講鄉約中，大量引用因果報應和佛教故事，以更好達到化俗的目的。但到了晚明時期，陽明的良知或心學，是否繼續成為範圍三教的重要基礎，抑或有不同的思想基礎作為三教合流的基準，值得進一步討論。以下將以管志道為研討例子，藉以說明三教合流至晚明出現的另一種形態。

第四節　管志道以「孔矩」收二氏

在晚明儒者當中，對三教問題辨析有一套精細的思想體系，是受羅汝芳影響深刻，耿定向的學生管志道。有別於自己老師對佛教半信半不信的態度，管志道對佛教有深刻的認識，能較好融通儒佛之間的義理。他不只注重三教本源問題，對於三教合流，甚至是合一基礎有較完整的論述。管志道曾指出，明太祖兼收二教，是立極於孔子之道，而他雖然是以西來之意合聖宗，實際上卻旨以東魯之矩收二氏，故曰：「而今日之合三教為一，又在合其悟而不合其修。儒者修道之教，自在孔矩，亦天命之自然也。」[118]值得追問的是，「合其悟而不合其修」到底是什麼意思？而「孔矩」[119]，何以指向自然的天命？

「悟」、「修」本來是指佛教修行的兩種法門，前者重視當下的頓悟，後者強調漸進的修行。管志道的「合其悟」應是指其「悟入之機」，而「不合其修」則強調應維持各自的修行、教法，提醒人們在三教中仍必須維護儒家的規範。管志道文集中常提及「每以孔矩範後學」[120]，可見在他心目中，規範和制衡力量的準則，是源自於孔子對天命的認知與體認，而非陽明的良知自覺。此便產生有趣的問題，陽明和王畿皆強調「良知本色」，為何管志道卻表彰「孔矩」？以下這段話或說明了其中的原因：

---

117 耿定向，〈淨土譯〉，《耿天臺先生文集》卷十，頁二七四。

118 管志道，〈答敬庵先生書〉，《理要酬諮錄》卷上，《管東溟先生文集（一七）》，頁一九—二〇。

119 荒木見悟先生稱「孔矩」為儒家的規範，參〈明末儒佛調和論的性格〉，《明代思想研究：明代における儒教と佛教の交流》，頁二七九。

120 管志道，〈答敬庵先生書〉，《理要酬諮錄》卷上，《管東溟先生文集（一七）》，頁二八。

大哉乾元，正是天地侯王所得之一。一在是，則三教之化，自敦於是，豈謂必合三教之一，而始稱大德敦化哉？然學者不能合三教而握其樞，終是於敦化源頭未徹也。敦化未徹，則川流亦必失其經矣。以東魯之矩收二氏，亦不可以辭害意。蓋儒有儒矩，釋老亦各自有釋老之矩。教法原不相濫，貴在各得其平，即《中庸》以人治人之意。此言卻是合中有分，所謂圓其理而方其矩者也。蓋今三教門徒，多以無忌憚之中庸，踰祖道本來之矩，不但儒不儒，而禪亦不禪，玄亦不玄矣。但使二氏之守清規，亦如吾儒之修庸德，便是以東魯之矩收二氏也。如曰二氏不可以孔矩收，則孔矩不能曲成二氏之徒矣。惡在其為並育不害，並行不悖乎？[121]

「合中有分」的想法，主要是針對當時三教相濫，混亂的社會秩序而發。若無法掌握三教的根源，不遵守三教各自的邊界，將導致源頭未徹，規矩蕩然的流弊。管志道強調必須要「以儒治儒，以釋治釋，以老治老，與其相參而不與其相濫，此憲意之所在」[122]，提出以「三教之不相礙為圓，三教之不相濫為方」[123]為合一原則，即避免過度強調三教的「圓融性」，進而忽略個別宗門的「規範性」[124]。倘若各宗門嚴守壁壘，儒者就不必毀儒行而遵禪，禪者也不需要違宗戒律來學習儒家。其次，三教之間要遵守主賓位，以孔子為主，佛道為賓，這樣才可把佛道一併包容在孔子之道。這並非意味要把佛道併入在「儒」的體系，而是以孔子為集大成「道」的系統。管志道曾說：「孔子豈是儒家之始祖，佛老又豈是二教家始終」[125]，意在拆除三教藩籬，不為一宗所獨占。於是，他特別著重於揭示《易》的「乾元」義蘊，視之為孔子的「至寶」[126]，由此說明「乾元」是孔子未言的天道，以及三教的源頭。

有研究者曾經指出，晚明期間曾經產生一股回歸孔孟的學術潮流。大規模學孔子的風潮，在明中葉以後形成一種思想運動，與陽明後學廣泛和積極講學有關。如王艮欲學孔子「師天下」之志，提出「大成之學」；顏鈞的「大學中庸」、何心隱以「仁」為本體，以及耿定向的孔孟之學等，「開啟了明末清初學者脫離心學，回歸孔孟的思想運動的先聲」[127]。楊起元也曾表示：「夫吾儒之學，必宗孔子」，稱譽「孔子猶良農也」[128]。可是後來學孔子成為一種策略目標，開始產生很多問題，王棟（一五〇三—一五八一）就曾批評許多儒者欲「學孔子」，卻囿限於真志不定[129]。

121 管志道，〈答敬庵先生書〉，《理要酬諮錄》卷上，《管東溟先生文集（一七）》，頁五〇—五二。

122 錢謙益，〈管公行狀〉，《牧齋初學集》卷四十九，頁一二五九。

123 管志道，〈與瞿元立書〉，《惕若齋集》卷上（台北國家圖書館藏，據日本內閣文庫藏明萬曆二十四年序刊本縮影資料），頁五二。

124 管志道，〈答許少司馬敬庵先生書〉，《理要酬諮錄》卷上，《管東溟先生文集（一七）》，頁二四—二五。

125 管志道，〈答楊復所〉，《師門求正牘》卷二，《管東溟先生文集（九）》，頁三二。

126 管志道，〈答敬庵先生書〉，《理要酬諮錄》卷上，《管東溟先生文集（一七）》，頁五四。

127 鍾彩鈞，〈耿天臺與孔孟之學〉，《孔子學術國際會議——跨越世紀的回顧與前瞻》，論文發表一九九九年六月，頁一一。

128 楊起元，〈論佛仙〉，《太史楊復所證學篇》卷一，《續修四庫全書存目叢書．子部．雜家類》第七四冊（濟南：齊魯書社，一九九七），頁三四六。

129 王棟曰：「大凡同志云願學孔子，而又闖入別家門牆，俱是志雜。今世學孔子而志雜者，非止一端，或則慕僊佛之超因此窺探明中葉以後「回到孔孟」的思潮發展，反映出晚明學者開始有踰越陽明良知話語的傾向，值得特別留意。長期以來，面對陽明所遺留下來的「致良知」教義[130]，陽明後學莫不就此方面，在本體與工夫上展開諸多辨析與爭論。晚明的「學孔子」浪潮，透露了學者欲踰越良知學，返回孔孟源頭汲取思想資源，尤其特別重視孔子之「仁」、「天命」和孟子的「赤子之心」，這樣的轉折實值得深究。鄒元標（一五五一—一六二四）也說：「握孔孟二印，即此二語，足以質往聖開來學，何必一一談良知而後為學乎?」[131]在這當中，又須注意的是，個別學者對孔孟，未必持有相同態度。如管志道說：「至以孔矩攝二氏，而要歸於尊孔，統三教之宗」[132]，很尊崇孔子，但他對孟子有許多激烈的批評，甚至引起他的老師耿定向為《孟子》不及《論語》一事，替孟子辯護。管志道以「孔矩」為凝聚三教的基準，究竟他所關懷的是什麼問題，以下嘗扼論之。

「太極」為生死之根

從王陽明、王畿以良知為中樞，到後來管志道以孔矩收二氏的轉折，到底意味著什麼?鄧豁渠的一段話，恰好提供了我們一些線索，其曰：

> 道學之倡，已千百年，中間能有幾個人學得成孔夫子?其弊也，所宗者孔子，所學者朱子，視一貫之旨如天之高，不可階而升也，不知百姓皆一貫也。孔子示人以一，據可畫者言之也，指天機而言也。更有畫不出來的，機緘不露，才是到家。[133]

鄧豁渠認為朱熹把孔子的「一貫之旨」說得過於高深，後人不易理解，以致無法在工夫修養上達臻更高的境界。鄧豁渠指出的一貫之旨，究竟是指向什麼？點睛之筆應在「更有畫不出來的機緘不露」這句話。它透露了孔子劃「一」以洩天機，隱而未顯的部分。鄧豁渠的話其實不難理解，他所指的即是儒家的「出世法」，或管志道所指涉的「無言之天道」（乾元）[134]。鄧豁渠是否在遁入佛

脫，或則羨隱逸之清高，或則逞才藝於文章，或則決生死於氣節，或則立異說而標榜門戶，或則務卓行而樹立勳名。其最下者，借之進取以行富貴利達之私，假之攀援以便其勢紛華之習。凡此種種，真志不定，通道不篤，是皆不足以言同志，而又何以學孔子哉？」《王一庵先生遺集》卷上，頁二四。

130 林月惠在〈本體與工夫合一：陽明學的展開與轉折〉指出，對陽明而言，其問題意識主要是針對朱熹「格物窮理」之「求之於外」與「支離」而發，故陽明關注的是工夫的「入路」問題。但對陽明後學來說，「他們已經無須回應朱熹格物窮理所帶來工夫『入路』問題，而是向陽明提問：如何『致良知』？」此乃一扼要之見解，詳論請參《中國文哲研究集刊》第二六期，二〇〇五年三月。

131 鄒元標，〈答李養愚中丞〉，《願學集》卷二，《景印文淵閣四庫全書》第七二四冊（台北：臺灣商務印書館，一九八三），頁五二一。

132 管志道，〈錄周同卿念庭年兄癸卯來書〉，《酬諮續錄》卷二，《管東溟先生文集（一八）》，頁一二。

133 鄧豁渠，《南詢錄》，頁六四。

134 管志道，〈答敬庵先生書〉，《理要酬諮錄》卷上，《管東溟先生文集（一八）》，頁二九。管志道曾據此批評了孟子。他認為孟子汲汲在表彰孔子為「善世之聖人」，使願學者必謂「天欲平治天下，舍我其誰」。後來泰州王艮隨其腳步，鼓吹人人做見龍，使張惶之學大肆張揚。管志道認為問題癥結在於，孟子未知天命，不知孔子亦為遯世之聖人。而孔子重「統天之義」與執守「龍德無首」，孟子亦未能把握。故謂孟子未能看透群龍无首之意旨。詳論請參本書第三章。

門之後，才領悟原來孔子未嘗不談生死的問題，我們不得而知，但他說：「生死之根，此孔子精一之傳，即太極」[135]，明顯把「未顯之機」指向他所關心的「生死之根」。

學者一般認為「太極」是三教的產物，它吸收了《周易》和道教的《太極圖》，建立以「太極」為最高宇宙本體的思想體系。自周敦頤拈出「太極」，視其為宇宙根源與萬物本源，「太極」二字，便成為宋明儒者解釋「理」的最高依據。後來朱熹說：「太極即理」，莫不出此意義。鄧豁渠把「天機」、「太極」與「生死之根」聯繫起來，又把太極指向「生死之根」，除了說明「太極」具有生生與創生意義之外，莫不是要人認清性命的源頭。若能徹悟性命源頭，一切世俗之事，也是出世之事。如管志道曰：

> 蓋元公印太極於《易》說，不印太極於佛說，便是隱釋顯孔之端。而平日所以開發兩程，但以東魯之六籍印心，不以西竺之十二部印心也，故能轉禪學為聖學。然而《太極圖說》，初以無極起義，末以原始反終，故知死生之說結之，實含出世之旨在其中。[136]

周敦頤以《太極圖說》印證《易》，而非印證於佛教典籍，管志道認為那是「隱釋顯孔」之始端，說明他的儒家立場，並認為此是「轉禪學為聖學」的做法。而他點出《太極圖說》包含生死之說的出世意旨，則是抉前人之所未發。如前所提，對生死問題的關注，非始於晚明時期，如何克制生死恐懼，超脫於生死關，對於生死的道德態度等，都將取決於一個儒者本身的道德修養和境界。

而其中一個契入生死關頭的途徑，是追溯生命的源頭以及其始終的形態。換言之，究竟要如何了悟生死？管志道提到了「逆生死之機」：

後儒之言至命，似只照到順生死之機上，不照到逆生死之機上，故曰：養則付命於天，命豈不能自主，而一聽於天者哉？唯孔子天且不違一語，則含逆機於順機之中。其曰：至哉坤元，乃順承天，斯又遮後天之逆機，而顯本來之命宗也。蓋乾元之統坤元，正是性命之同宗處，而性實為命之統。[137]

管志道認為，後人縱然了解「至命」是指向「順生死之機」，教人須坦然依循生死的自然本源，卻忽略「順機」之中也含有「逆機」。「順機」與「逆機」雖是相反，但它們並非處於對立的狀態，反而有相互依存的意思。當人們順沿著自然生死的道路，得以了悟生死始終的真義時，便能從生死中轉出，自立於順逆之上。「依循」與「逆反」，宛如在同一條平行線上行走，為一體之兩

135 鄧豁渠，《南詢錄》，頁七九。
136 管志道，〈續答顧涇陽丈書並質疑續編一十八欵〉，《續問辨牘》卷三，《四庫全書存目叢書·子部·雜家類》第八八冊（台南：莊嚴文化，一九九五），頁一一七。
137 管志道，〈老釋互發章第二十七〉，《覺迷蠡測》卷下，《四庫全書存目叢書補編》第九六冊（濟南：齊魯書社，二〇〇一），頁七〇〇—七〇一。

面。此外，要從「順機」轉出「逆機」，必須看透自然生死與了悟才能有所超越。換言之，「逆機」必須經過「順機」的實踐，才能彰顯其意義，故管志道稱它為「後天的逆機」。這兩種「機」，皆藏於孔子所言的乾坤二義，即是人「本來之命宗」。不過後人多只理解順機之必要，卻無法從順機中把握逆機之所在，因而對生死問題，往往滯留在第一個層面。管志道常以周敦頤為會通三教第一人，述其融三教於《太極圖說》，對他多有讚譽，曾曰：「孟氏而後，全體太極，貫通三教者，周元公一人已耳。」[138]也因如此，管志道把《太極圖說》視為「乾元」的注腳，亦是一部「法界觀」[139]。

陽明後學對生死問題的關注，並不特殊，但以「出世法」與「未顯之天道」作為孔子思想的要旨，力圖彰顯它，在晚明確實形成一個特殊的現象[140]。陽明、王畿和羅汝芳等人，並不否認儒家也關心生死之旨，但他們都沒有明確表彰孔子，說他就是藏有「秘旨」之人。到了管志道、鄧豁渠等人，不只認同孔子藏出世秘旨，還進一步挖掘其意蘊，認為秘旨是「乾元統天」，是「孔子之寶」[141]，並以此來範圍三教（有關「乾元統天」概念分析見下章詳論）。因此勸世人「奉孔矩愈嚴，則取佛證愈速」[142]，修出世法不需往佛家中尋求，因為「儒行即佛行也」[143]。這一些說法旨在勸戒深信釋典，把孔子視為佛家的弟子，遁入佛門，或者逃禪的儒者。另一方面，它也提供我們想像晚明三教合流的發展，其對應方式不一定只屬於學術思考的範圍，其背後更有現實問題的指涉。

小結

本章嘗試梳理明中葉以後三教合流的衍變，進一步探索儒者和佛道交涉的判準，背後的關懷，合流的基礎，以及他們是在何種認識前提認為三教義理之間可融通。特別是王陽明「道一教三」的思想觀念，其「包容主義」的姿態提供了佛道生存的寬容空間。而此後，無論是其門人或和陽明思想有親近的儒者，莫不從包容主義、功能主義抑或揀選主義來吸收佛道，形成三教合流與交涉的多元形態。另須關注的是，從思想內在義理脈絡來探討，從陽明、王畿以「良知」為主宰，到管志道以「孔矩」為融合規範的轉變過程，透露以下幾點，是否能抉發其深層意涵，值得再深研，例如：

---

138 管志道，〈奉復先生見咎音問稀闊書〉，《惕若齋集》卷上，頁三八。

139 管志道，《中庸訂釋》卷下，《管東溟先生文集（六）》，頁四一六。

140 至清初，有關生死的討論轉入更細密的層次，方以智在〈生死格〉中說明齊生死、泯生死、輕生死、任生死，都不是真正知道生死的真義。生死一晝夜，但百姓日用不知，唯有聖人能知，而知的根源在「心」，故要人「徵心」。參方以智著，龐朴注釋，《東西均》（北京：中華書局，二〇〇一），頁一二一—一三〇。

141 管志道，〈答敬庵先生書〉，《理要酬諮錄》卷上，《管東溟先生文集（一七）》，頁五四。

142 管志道，〈答丁敬宇年兄書〉，《酬諮續錄》卷二，《管東溟先生文集（一八）》，頁五〇。

143 管志道，〈答王霽宇年兄書〉，《理要酬諮錄》卷上，《管東溟先生文集（一七）》，頁二三。

一、部分陽明後學開始踰越以「良知」為主導思想的觀念，尋求另外的思想出路；二、學者欲表述孔子無言之天道，並以「生死」作為儒釋道的共同關懷，益發加強了儒家「宗教性內涵」的向度，並持「即孔即佛，非孔非佛，可以立天之大本矣」[144]的態度，儒佛儼然一體；三、在尋求分合之間，三教處在一種競爭狀態，這使得朱子和陽明長期思想競爭的影響性稍微減弱，也讓我們重新思考錢新祖的想法，其認為對程朱學派的反撲是考察明末融合觀的重要面向[145]。

此外，則是生死和修德以及三教的關聯。出離生死不僅是一己身心的安頓，不少儒者意識到，要真正斷絕利根，以及狂偽之根，恐也只有從生死機關上超脫才行。像鄧豁渠所說，要克制情念，如果「鬼神覷不破之機，學人信受不及，透不得這個機關，都說理由頓悟，事由漸修，是由李家路欲到張家屋裡去一般」[146]。管志道也說：「今天下之人心，不入於狂則入於偽矣。使論者不提源頭到生死關上，斷不足以斬其好名好利之偽根。」[147]唯有從生死關上了悟，逆機而上，了解性命之始終，才能覺察種種的劣根，並將之拔起。這樣的思想觀念如何衝擊了儒家原來的生死觀？例如許孚遠便認為，欲通過性命之宗，去拔除名利之根，立論過於高深，而名利之根依然藏蓄而不能拔去。倘若如此，不如有密實的躬行，實踐孔子重「克復敬恕」之功，不多言性與天道。可是明中葉以後三教合流大潮難逆，因果論又大肆流行於晚明，甚至成為當時重要的道德制衡論說，除了說明三教思潮滲透社會的影響性，也反映出儒家思想的道德約束或控制力量，已大幅度的減弱。這也是為何不少儒者深信於因果論，並成為功過格熱情的支持者。

下一章將轉入以管志道為專題的討論，接續他「以孔矩收二氏」的思想，進一步剖析他的合一主張以及論述場域的建構，究竟揭示了哪些重要的命題。

144 管志道，〈答徐太卿魯源公祖書〉，《續問辨牘》卷一，《四庫全書存目叢書．子部．雜家類》第八八冊，頁三〇。

145 Edward T. Chien, *Chiao Hung and The Restructuring of Neo-Confucianism in the Late Ming*, pp. 28-29.

146 鄧豁渠，《南詢錄》，頁二二。

147 管志道，〈問王塘翁疾因質傳來語錄中義〉，《續問辨牘》卷二，《四庫全書存目叢書．子部．雜家類》第八八冊，頁四八。

第三章

管志道：以「乾元統天」為法界，以「群龍无首」為行門

前一章梳理了晚明三教合流及其相關議題的演變脈絡，大致可見明中葉以後儒釋道的互動，特別是陽明一脈的三教觀。雖然「兼存」思想仍為大多數學者所認可，但至晚明，出現更多元的合流形式，包括語言表述方式的轉變。晚明儒者的「合一」觀，不但具有高度的自覺意識，而「合一」的方式，不拘限在義理互通，抑或觀念與語言辭彙的比附或轉借，而是進一步重新定義某些思想概念，藉此調和三教的內在義理。由此值得關注的是，在詮釋過程中被強調的詞彙，也往往成為進入歷史考察思想變化的「關鍵字」。有意思的是，三教和社會秩序的關聯也屢被強調，如管志道曾有感三教之支離，乘水陸齋居之時，作一疏焚奏上帝，祈願早生聖人，來挽救當時社會的爭端[1]。因此，明顯可見的是，區別於明中葉以前的三教合流情況是：第一、它的重點不在於儒佛之間辨別正統與異端。第二、它不只是以佛道為參照系，或只在儒家話語當中「插和二氏話頭」，而是進一步貫通儒家與二氏，甚至深入佛道的境界論和世界觀，如管志道曰：

> 唐宋以來，未有以天子並尊三教之宗，著為令甲者，而自我聖祖始。開國二百餘年，亦未有以儒生闡聖祖之大，貫二氏於儒道中者，而自愚與楊少宰貞復子始矣。貞復蓋圓之以圓宗，而愚兼方之以方矩，然而插和二氏話頭，則又不自愚與貞復始。[2]

顯然的，管志道認為自己和楊起元依循明太祖「並尊三教」的理念，最先貫通二氏，頗意味和前人做法不同。其中又論及自己和楊起元在「方圓」所持的評判準則。圓宗、方矩是會通三教的規則，前者指向「理」，而後者則指「教」，管志道曾拈出「以方裁圓」[3]之說，以防會通氾濫之弊，故又言「理融三為一，教則鼎一為三」[4]。當時不少儒者或僧人都關注「方圓」問題，但理解方式不一，例如袁宏道（一五六八—一六一〇）把「圓」判為「見地」；以「方」判為「教體」，主張不把方圓作為二物來看待，因為其以為「以圓判見地，以方判教體，未免意圓語滯」，故又以《金剛經》和《楞嚴經》來說明「理」和「教」是屬於「不二」的關係[5]。對此，荒木見悟曾有精闢的分析，其論管志道的「方圓論」時提及：從教學面而言，「方」是指儒教的規矩，而「圓」是指佛教的證悟的融合；從德行面而言，「方」是指名分意識，而「圓」是指無礙意識的結合；從思想史

1 管志道，《步朱吟》，《管東溟先生文集（十九）》，頁一八。

2 管志道，〈答吳侍御安節丈書〉，《問辨牘》卷之元集，《四書全書存目叢書．子部．雜家類》第八七冊，頁六五八—六五九。

3 管志道，〈答葉儀部園道丈書〉，《續問辨牘》卷三，《四庫全書存目叢書．子部．雜家類》第八七冊，頁一三二。

4 管志道，〈聖祖主賓三教大意〉，《從先維俗議》卷五，《四庫全書存目叢書．子部．雜家類》第八八冊，頁三四一。

5 袁宏道曰：「天臺去書，議論妙甚。但以圓判見地，以方判教體，未免意圓語滯。何也？若見定圓，則圓亦是方，此一個圓字，便早千劫萬劫之繫驢橛矣，可不慎矣？若教定方，則歷代聖賢，各具一手眼，各出一機軸，而皆能垂手為人，何也？見若定圓，見必不深；教若定方，教必不神，非道之至者。夫見即教，教即見，非二物也，公試思之。見即教，《金剛》以無我相，滅度眾生；教即見，《楞嚴》以一微塵，轉大法輪。寫至此，葛藤滿紙，幸有以復我。」袁宏道著，錢伯城箋校，〈與管東溟〉，《袁宏道集箋校》卷五（上海：上海古籍出版社，一九八一），頁二二五。

角度而言，「方」是指朱子學，而「圓」是指陽明學和禪學的綜合[6]。荒木先生這個見解，可供作為理解管志道方圓問題的判準以及後文的討論基礎。

對於三教的關係，管志道雖受母親影響，頗信道教的陰騭之說，也旁通醫卜星命，但他始終對儒佛關係的論述用力最深。他曾提及龍沙讖聖人、淨明仙侶難遻，故認為儒家中和之說最為中肯[7]。又可見他不時澄清說：「然而孔釋並稱，亦順世之權詞也。端為世人已知佛之名號而豔慕之，儒者又視乾元為混沌無知之物，故借佛氏以實乾元，非借乾元以擡佛氏也」[8]，透露借用佛氏來豐富「乾元」的意涵，是因應現實社會趨佛的情勢，並非要借用儒家義理來抬高佛教的地位。管志道有很強的時代憂患，其審視晚明的思想情境，在外部挑戰方面，儒家必須回應來自禪宗復興的外在衝擊。至於內部方面，特別是「王陽明—王艮」一脈所發展下來的學風，已產生不少流弊。在內外雙重困境夾攻之下，不難理解晚明諸多儒者常於字裡行間表露迫切的焦慮與擔憂，紛紛欲在儒家以外尋求其他的思想出路。不少儒者重新回到儒家的源頭，試圖從孔子思想中，再度發掘前人所忽略的思想資源。這也是為何像《易》的「乾元統天」重新被強調，甚至被管志道稱為孔子的「寶物」。但「回歸孔孟」的思潮，亦有其發展脈絡，宋明理學家大抵以孔孟思想為基礎，在特定問題脈絡底下重新解釋孔孟的觀點。因此，須叩問的是，重新被活絡的思想，是在怎樣的問題意識中提出，才能看出其對應的時代問題。例如耿定向以「孔孟宗本」為學旨，即是針對社會把清談虛見、剽竊禪宗玄旨的作為，都歸咎於「孔孟學問脈絡不明」[9]。耿定向主張以孔孟為本，又特別表彰孔子的「仁」，述其為莊子「火傳」的譬喻，傳遞儒家斯文的聖人命脈，雖然不算特別創新的看法，但旨在拈出斯文的延續的無限性，其曰：

孔氏之仁與堯舜之仁同其兼濟天下之心，無弗同也，顧所以為仁之方則異耳。蓋堯舜之濟眾也，必待於施。施則有及有不及，難乎其博矣，濟眾之病，勢則然也。若孔子之為仁也，立己而已，而立人焉；達己而已，而達人焉。此蒙莊所謂「火傳」也。火傳則何盡之有？濟天下及萬世，到今蒙濟焉。所謂賢於堯舜者如此。蓋其為仁之方，近取諸己而不勞施也。10

耿定向以衛道的姿態主張「學孔」，作為排佛道的有力的思想武器，但另一些晚明儒者則不然，他們則把孔子看待為三教聖人。因此值得追問的是，究竟孔子在晚明成為怎樣一種思想資源或符號？他哪些思想成為三教表述中有力的解釋？儒者如何把他納入三教討論的視野？這一些「提問」其實都關乎三教合一論述的內在命題。另一個值得關注的問題，則是「援易參佛」的現象。管

6　荒木見悟，〈管東溟——明末における一儒佛調和論者の思維構造〉，《明代思想研究》，頁一八三。
7　管志道，《步朱吟》，《管東溟先生文集（十九）》，頁三四。
8　管志道，〈答顧選部涇陽丈書暨求正牘質疑二十二欵〉，《問辨牘》卷之利集，《四書全書存目叢書．子部．雜家類》第八七冊，頁七六六七。
9　耿定向，〈復喬戶部〉，《耿天臺先生文集》卷五，《四庫全書存目叢書．集部．別集類》第七二冊，頁九。
10　耿定向，〈繹論語．立達〉，《耿天臺先生文集》卷十，《四庫全書存目叢書．集部．別集類》第七二冊，頁一六。

志道傾向「以易理參佛說」[11]，在晚明也並非是特例，當時儒家和佛家的心學派紛紛以禪學觀點來解釋《周易》，前者就有焦竑的《易荃》與張鏡心（一五九〇—一六五六）的《易經增注》，後者則有紫柏真可的《解易》與蕅益智旭（一五九九—一六五五）的《周易禪解》[12]，這些著作皆以「會通儒禪」為要義，例如紫柏真可以張載「心統性情」的思維框架，以心性論角度來解易，最終發展出具有儒家特色的易學體系[13]。

管志道著《周易六龍解》，有合三教之意旨，在方法上卻另闢蹊徑。他不重視發揮《周易》的義理或象數的哲學意涵，反而注重剖析《周易》中的「六龍」如何對應當時的社會情境，以及六龍在時乘中實際的功能。可知他是從「用」的角度，對《周易》的六龍發揮「微言大意」。如他在《論語訂釋》援引朱子的話說：「學《易》則明乎吉凶消長之理，進退存亡之道，故可以無大過。」[14]再者，他從《周易六龍解》拈出「群龍无首」義，實含有兩個重要目的，一是為破除學術界對群龍「有首」之執著，進而批判晚明道統與師道的氾濫；二是藉由「群龍无首」的開展，尋求三教合一的合理性與正當性，並提出君師道合（治教合一）的政治訴求。換言之，管志道提出的三教合一論述，寄託著他重整道德與政治秩序的願景，尤其是「以乾元統天為法界，以群龍无首為行門」[15]這句話，可視為他思想的總綱領，包含思想與現實指涉的兩個面向，可說是了解管志道三教合一思想構想，以及其和政教之間關聯的竅門。

持以較嚴格的標準，管志道也許並非可列入哲學家行列，他鮮少針對心、性、命等概念進行分疏，反之，許多重要的思想觀念乃針對時弊而論。管志道以易學、華嚴學和孔學建立起龐雜的思想體系，對諸多佛教經典有深刻的理解；同時也和諸多不同思想取向儒者或僧人論學，實是晚明思想史不可忽略的一個人物。討論管志道的思想主張，無法脫離當時的政治與社會文化脈絡，否則將無法凸顯他在晚明思想史上的意義。因此本章的重點討論，將集中於檢視「乾元統天」與「群龍旡首」這組關係在晚明思想語境的意涵。它們何以成為管志道主要的思想主張，以致形成他三教思想中的「總綱領」？此外，它如何與晚明三教合一思潮發生關係？當時學者的反應如何？追問這些問題，才能比較清楚了解晚明知識界對三教合一的立場與態度，以及背後所寄託的政教思想——君師道合。

11 管志道，〈答葉儀部園適丈書〉，《續問辨牘》卷三，《四書全書存目叢書．子部．雜家類》第八七冊，頁一三七。

12 有關禪宗的易說，可參朱伯昆，《易學哲學史》（台北：藍燈文化事業股份有限公司，一九九〇），頁二八二—二八三。

13 詳論可參張麗麗，〈紫柏真可易學思想研究〉，山東大學哲學碩士論文，張大鈞先生指導，二〇一三。

14 管志道，《論語訂釋》卷四，《管東溟先生文集（二）》，頁一〇。

15 管志道，〈柬東陶宮諭石簣文〉，《酬諮續錄》卷三，《管東溟先生文集（十八）》，頁二八。

第一節　管志道與泰州學派的關係

管志道，字登之，太倉州人。隆慶六年進士，授兵部主事，歷升僉憲致仕，士稱東溟先生[16]。管志道的著述豐富，大部分的著作皆成於五十歲以後。他的文集當中，最特別的是收錄大篇幅他和其他學者往返辯論或論學的信件，如《問辨牘》、《續問辨牘》、《師門求正牘》、《理要酬諮錄》和《酬諮續錄》等，皆可稱為書信集。這大概和他「不輕易立言」的態度有很大的關係[17]。他自壯年即有「絕立言之念」，卻自覺此根終究難拔，往往「因師友感觸，忽又露出萌芽」[18]。例如《師門求正牘》集成的導因，出自於耿定向對王艮「萬世師」的褒獎，管志道不認同，遂起而辯駁。此書出版後，加上之前流行已廣的《六龍解》，引發學者們的熱烈討論，繼而又促成《問辨牘》及《續問辨牘》二書。在這之後，管志道又和學者往返討論，把對方的來信也一併收錄，編成《理要酬諮錄》及《酬諮續錄》兩部。據他自述，《孟義訂釋》一書也是受焦竑催促而成。

相較以上書信性質的文集，他在六十六歲完成的《從先維俗議》，就屬於個人著述。該書含有他對明末政治、社會、體制與法度的具體見解，荒木見悟認為這是探討萬曆年間社會動向的重要文本。管志道自己也曾說：「《從先維俗議》前三卷俱有感於世變而作，後二卷則亦頗窺道脈已流至此，不得不出乎服於其間」[19]，「世變」和「道脈」是他的憂患與關懷所在。由此可知，早期管志道自認多言障道，卻成為著述等身的儒者，恐也是「不得不出」的不容已之意。按他所言，是為

「普度群生」[20]，其中兩部書皆以「酬諮」為名，便有「導人以行」[21]之意。管志道著作等身，《管東溟先生文集》共有二十多冊，內容很豐富，但有關管志道的研究仍很不足夠，除了受限於時下的研究視角以外，或是因為難以收集他完整的集子[22]。另一個原因，則不排除後人或受黃宗羲《明儒

16 有關管志道的小傳，可參王祖畬等纂，〈人物〉，《太倉志州志》卷十九，《中國方志叢書》（台北：成文出版社，一九七五），頁一二二四—一二二五；管志道，〈管登之先生小傳〉，《從先維俗議》，頁一—一二；黃宗羲，〈泰州學案一〉，《明儒學案》卷三十二，頁七〇八；彭紹昇，〈管登之傳〉，《居士傳》卷四十四，頁五五一；焦竑，〈廣東按察事東溟公墓志〉，《澹園集》卷十四，頁一〇四五—一〇四八及錢謙益，〈行狀三〉，《牧齋初學集》卷四十九，頁一二五三—一二六七。

17 管志道曾說道：「公先有《焚書》一編，愚未嘗輕以一言行世，特因耿先生恭簡公垂歿之先一年，傳書促答者數四，是以勒成《師門求正》一牘。此後輾轉問辨，多因此牘發端，勢不能已。」〈答李居士卓吾叟〉，《續問辨牘》卷一，《四庫全書存目叢書．子部．雜家類》第八七冊，頁四四。

18 管志道，〈答涇陽書〉，《理要酬諮錄》卷下，《管東溟先生文集（十七）》，頁二〇。

19 管志道，〈答劉景孟年兄書〉，《酬諮續錄》卷一，《管東溟先生文集（十八）》，頁三八。

20 管志道，〈答段幻然書〉，《酬諮續錄》卷三，《管東溟先生文集（十八）》，頁四三。

21 管志道，〈答沖吾年兄書〉，《酬諮續錄》卷一，《管東溟先生文集（十八）》，頁一八。

22 值得一提的是，在中文學界裡，最早一篇關於管志道的論說，是鍾鐘山與夏廷棫合撰的〈管志道之著述〉，刊登於《國立中山大學語言歷史學研究所》第七集，第七十八期，一九二九年四月二十日，頁三二一—三三。其他專書論述則為荒木見悟的《明末宗教思想研究——管東溟の生涯及其思想》（一九七九）、吳震的《陽明後學研究》亦有涉及對管志道的專論（二〇〇三）。碩博士論文方面目前可查詢的有四本，一為曾文正〈不離俗而證真——泰州學派倫理觀的研究〉（一九九七）；二為 Jaret Wayne Weisfogel, *Confucians, The shih Class, and the Ming Imperium: Uses of Canonical and*

學案》對其評價的影響，以為管志道所談只是「三教膚廓之論」。黃宗羲寫於〈泰州學案〉的傳記如下：

> 管志道字登之，號東溟，蘇之太倉人。隆慶辛未進士。除南京兵部主事，改刑部。江陵秉政，東溟上疏條九事，以譏切時政，無非欲奪其威福，歸之人主。其中有憲綱一條，則言兩司與巡方抗禮，國初制也，今之所行，非是。江陵即出之為廣東僉事以難之，使之為法自敝也。果未幾，御史龔懋賢劾之，謫鹽課司提舉。明年，外計，以老疾致仕。萬曆戊申卒，年七十三。東溟受業於耿天臺，著書數十萬言，大抵鳩合儒釋，浩汗而不可方物。謂「乾元無首之旨，與《華嚴》性海渾無差別，《易》道與天地準，故不期與佛老之祖合而自合，孔教與二教峙，故不期佛老之徒爭而自爭。教理不得不圓，教體不得不方，以仲尼之圓，圓宋儒之方，而使儒不礙釋，釋不礙儒。以仲尼之方，方近儒之圓，而使儒不濫釋，釋不濫儒。唐、宋以來，儒者不主孔奴釋，則崇釋卑孔，皆於乾元性海中自起藩籬，故以乾元統天，一案兩破之也。」其為孔子闡幽十事，言「孔子任文統，不任道統，一也。居臣道，不居師道，二也。刪述《六經》，從遊七十二子，非孔子定局，三也。與夷、惠易地，則為夷、惠，四也。孔子知天命，不專以理，兼通氣運，五也。一貫尚屬悟門，實之必以行門，六也。敦化通於性海，川流通於行海，七也。孔子曾師老聃，八也。孔子從先進，是黃帝以上，九也。孔子得位，必用桓、文做法，十也。」按東溟所言，亦只是三教膚廓之論。平生尤喜談鬼神夢寐，其學不見道可知。泰州張

皇見龍，東溟闢之，然決儒釋之波瀾，終是其派下人也。[23]

傳記中頗能勾勒出管志道的思想特色和關懷，但從遣詞用字中，可知黃宗羲並不欣賞管志道的思想風格。例如指說「著書數十萬言，大抵鳩合儒釋」、「按東溟所言，亦只是三教膚廓之論」以及「決儒釋之波瀾，終是其派下人也」這些話，都是批評會通儒釋的態度。其實把管志道列入「泰州學案」，也不是毫無爭議，若按師承而言，管志道的老師耿定向，雖也被列入「泰州學案」，但已有學者作出考證，認為黃宗羲「泰州學案」的編輯立場，多半是和佛道有深淵的學者，因此質疑耿定向的學派歸屬[24]。倘若如此，管志道雖師承耿定向，也常和羅汝芳、楊起元論學，是否可稱為泰州學派門人，亦可再商榷。《明儒學案》一書對後世影響深遠，當代學者在編纂《中國理學》叢

Dynastic Authority in Kuan Chih-tao's（1536-1608）*Proposals for Following the Men of Former Times to Safeguard Customs*（*Ts'ung-hsien wei-sui*）, Columbia University Ph.D. Dissertation, 2002；魏珮伶，〈管志道年譜〉，王琅先生指導，二〇一〇；吳孟謙，〈批判與融貫——晚明三教論者管東溟的思想及其時代〉，國立臺灣大學中國文學系博士論文，鍾彩鈞先生指導，二〇一四。

23 黃宗羲，〈泰州學案三〉，《明儒學案》，頁七〇八。

24 吳震，〈泰州學案芻議〉，《浙江社會科學》，二〇〇四年第二期，頁一四二—一五〇。另有學者認為，黃宗羲在編纂《明儒學案》時含有雙重標準及學派偏見，主要是為維護陽明在浙中學說中的完整性。請參 Zhao Jie, "Reassessing The Place of Chou Ju-Teng（1547-1629）in Late Ming Thought," *Ming Studies*, No. 33（August 1994）, pp. 1-11.

書時，其中針對管志道的介紹，便是援引黃宗羲評述，尤其是「亦只是三教膚廓之論，平生尤喜談鬼神夢寐，其學不見道可知」這句，論斷「可見其學術傾向之一斑」[25]。因此深感有必要沉潛於管志道的文獻，重新建構他的思想體系，才能較公允看待他的思想地位。

管志道常以泰州人物為其批判對象，特別是對王艮「出為帝王師，處為萬世師」的講法最為反感。他認為「布衣談道者，往往倚心齋為地步」[26]，是晚明師道與道統氾濫的主要禍因。他也不滿泰州學人張揚狂放的個性，把顏鈞形容為「亢龍」[27]，何心隱之學是「霸學」[28]，同時又批評鄧豁渠的禪解有卑視儒門之意。所以耿定向為鄧豁渠作傳時，管志道不悅說：「其人（鄧豁渠）頗發禪解，亦能影響曹溪之不思善不思惡言發之中，輒便張皇播弄，卑視儒門聖賢，詆中庸為不了情塵之書，宇宙中作此見者，亦不少。」[29]有趣的是，後來管志道談「無善無惡」，也被顧憲成（一五五〇—一六一二）批評淪為「空」、「混」，二人引發了大論辯，可見當時多元的思想立場和學問標準。在泰州學派當中，管志道最欣賞羅汝芳，常與他論學，稱他為「中興豪傑」[30]。但管志道向來好惡分明，對於羅汝芳「不儒不禪」[31]以及「喜以新說動眾」[32]的做法，他也深感不滿，覺得汝芳鄉愿氣息重[33]，加上其好周遊講學，恐會「招來密而防檢疏」[34]。他自己向來主張「徒不必廣聚，轍不必周流，言不必輕立，祀不必歆從」[35]，修身為急務，便是惕道之行。但陽明以降掀起的講學

25 潘富恩、徐洪業，《中國理學》（上海：東方出版社，二〇〇二），頁二四三。
26 管志道，〈答吳處士熙宇書〉，《續問辨牘》卷三，《四庫全書存目叢書．子部．雜家類》第八七冊，頁一七七。

27 管志道曾說其他五龍皆拿捏進退與存亡的分際，唯獨亢龍，進不思退，存不思亡，為時勢所驅迫至危險境地，仍有冒天下之大不韙之勇。《易測六龍解》，《管東溟先生文集（一）》，頁一五。用亢龍來形容顏鈞頗為貼切，顏鈞乃陽剛中人，後來終為囹圄所困，幸得羅汝芳四方奔波募得金錢，方能為其解脫。

28 管志道，〈祭先師天臺耿先生文〉，《惕若齋集》卷四，頁二。對於這點，李贄卻頗為欣賞何心隱的「見龍」姿態，其曰：「吾謂公以見龍自居者也，終日見而不知潛，則其勢必至於亢矣，其及（悔）也。宜也。然亢亦龍也，非他物比也，龍而不亢，則上九為虛位。位不可虛，則龍不容於不亢。公宜獨當此一爻者，則謂公為上九之大人可也。」〈何心隱論〉，容肇祖整理，《何心隱集》（北京：中華書局，一九八一），頁二。

29 管志道，〈答屠儀部赤水丈書〉，《問辨牘》卷之元集，《四庫全書存目叢書．子部．雜家類》第八七冊，頁六七七。

30 管志道，〈答楊宗伯復所丈書〉，《惕若齋續集》卷二，頁五。另外，管志道對羅汝芳仍有「二服」之說：「一服其蟬蛻功名富貴之際，念念鍾於性學，中士非之不顧也。一服其寬柔以教，不報無道，真的可以當南方之強也。」〈答許少司馬敬庵先生書〉，《理要酬諮錄》卷上，《管東溟先生文集（十七）》，頁四二。

31 管志道，〈志練川明德書院緣起〉，《惕若齋續集》卷一，頁四三。

32 管志道，〈答楊宗伯復所丈書〉，《惕若齋集》卷二，頁一〇。針對這個講法，楊起元曾為羅汝芳辯護說：「今謂吾師喜以新說動眾，此或不然。一時之眾可動百，世下大有人在，安可欺也。百世之人心，即一時之人心；百世不可欺，即一時亦何可欺也。……吾師平生好學力行，門下所知也，未可求以言說之間矧其言，本無病哉。」〈答東溟〉，《續刻楊復所家藏文集》卷七，《四庫全書存目叢書．集部．別集類》，頁三三三。

33 管志道，〈答焦翰撰漪園丈書〉，《問辨牘》卷之亨集，《四庫全書存目叢書．子部．雜家類》第八七冊，頁六八一。管志道平生痛惡鄉愿氣息，把它喻為「德之賊」，曾寫了多篇文章批評這問題，可參〈誅鄉愿實誅亂賊〉，《從先維俗議》卷四，頁三八二；〈鄉愿難迷道眼〉，頁三八三；〈拒楊墨與誅愿同意〉，頁三八三；〈鄉愿合小人反中庸〉，《四庫全書存目叢書．子部．雜家類》第八八冊，頁三八四。

34 管志道，〈答焦翰撰漪園丈書〉，《問辨牘》卷之亨集，《四庫全書存目叢書．子部．雜家類》第八七冊，頁六八一。

35 管志道，〈答王太常塘先生書〉，《問辨牘》卷之元集，《四庫全書存目叢書．子部．雜家類》第八七冊，頁六三九。

風潮，至泰州一脈，早已熾烈擴散，不只涉及的地域廣泛，講學對象也不限於士人範圍[36]。再加上王艮過於鼓吹「講學為見龍家舍」[37]，在行事上主「見」不主「惕」，導致學術流弊橫生。按照以上所述，管志道似乎是以泰州一脈「反對者」的姿態出現。

管志道在二十多部集子當中，幾乎所有課題討論都維繫著「乾元統天」與「群龍无首」這兩個概念。除了《周易》以外，他也曾以《大學》與《中庸》來闡發儒釋之間的關係。如在〈錄大學刪存測義八條〉文章中，以《大學》之八條目與佛教八識心作比較，在儒釋互訓之下，得出二氏精義即在《大學》。由此認定儒釋之間的判別，在於「賓主權實之衡定」[38]。或者是就《中庸》一書，指出《中庸》「宛然群龍无首之家學也」[39]。管志道曾曰：「愚於三十歲時，即有省於无首之義，刮磨三十餘年，而灰煙猶未滅也」[40]；又曰：「愚《求正牘》（按：指《師門求正牘》一書）中所挈群龍无首之旨，及遡太極於無極之說，實從三十餘年苦鑽拈出。」[41]此番自剖的心跡，可知他自中年以後即傾注畢生之力揭示「群龍无首」幽微深意。所以有必要重新審視，管志道的思想和其他泰州學者或姚江一脈究竟有何不同，掌握他的學思歷程，才能進一步了解他和泰州學派以及良知學的關係。

一、接受後再抗拒的良知學

從王艮以降，泰州學人內部也已經開展出與王學中人不一樣的思想氣質，比如重視見在良知、率性自然及崇樂的思想等。縱然如此，他們仍然注重良知或本心的問題。有所差別的是，他們把陽明的「道德良知」轉向「自然良知」，更加強調本心的自然與渾淪[42]。別於其他王門弟子或泰州學人，管志道鮮少論及良知或道德本心，追溯他的學習經歷，可知他對良知學說的接受，乃是經過一個接受後再抗拒的過程，與其他泰州學人直接或坦然接受良知的啟悟經驗迥然不同。若能理解這種「接受後再抗拒」的心理狀態，有助於我們了解管志道何以和良知學說漸行漸遠，甚至說出「良知

36 有關這方面的資料，可參吳震，《明代知識講學活動繫年（一五二二—一六〇二）》（上海：學林出版社，二〇〇三）及呂妙芬，《陽明學士人社群——歷史、思想與實踐》（台北：中央研究院近代史研究所，二〇〇三）。

37 王艮曾說：「聖人雖時乘六龍以御天，然必當以見龍為家舍。」〈語錄〉，《王心齋先生全集》卷三，頁三。

38 管志道，〈錄大學刪存測義八條〉，《惕若齋集》卷二，頁二八。

39 管志道，〈答劉景孟年兄書〉，《酬諮續錄》卷一，《管東溟先生文集（十八）》，頁九八。或參拙作，〈「一貫圓宗」：管志道《石經大學測義》之詮釋〉，《中國文獻研究中心輯刊》第九輯（北京：北京大學中國古文獻研究中心，二〇一〇年七月），頁一七七—一九二。

40 管志道，〈曾孟程朱有首〉，《從先維俗議》卷四，《四庫全書存目叢書．子部．雜家類》第八八冊，頁三九四。

41 管志道，〈續答楊認庵書〉，《問辨牘》卷之貞集，《四庫全書存目叢書．子部．雜家類》第八七冊，頁七八二。

42 泰州學人論「心」，常強調本心真不真的問題，對「真」之執著甚於「善」，故時時抉發所謂的「赤子之心」。其中又以羅汝芳的談法最有特色，如他曾曰：「赤子之心渾然天理，其知不必慮，其能不必學。」羅汝芳所說的赤子之心，乃具有天德之心，這個天體雖不會流失，但也會被俗情世念遮蔽。他的老師顏鈞也有「放心」之說，勸人要讓心放下人為安排而順應自然。而李贄談心，不談赤子之心而說「童心」，這種表述方式的轉變是有意思的。他視童心為不容己、最初一念之本心，是針對偽良知者，故說要「絕假純真」。

本生人之良劑，而今反成殺人之毒藥」[43]，將之歸咎於不善學陽明者之過。

童年時期的管志道，已展現好學深思以及獨立思考的氣質。他常望天上的日月星辰，以為那裡存有異境，亦常懷疑自己所遇到的人物當中必有異人，故心中常覺有樂意。稍識字時，擬寫《論語》、《大學》和《中庸》等篇章。再年長時，開始鑽研有關論「性理」的書，喜歡與書中道理辯詰，如《太極圖說》、《周子通說》、《張子正蒙》、《皇極經世》及《律呂新書》等[44]。十二歲時父親逝世，母親守節一手撫養長大，他矢志要「立身行道」以報父母恩[45]。但一直困擾他的，是苦無師承，十多歲時讀性理諸書，完全是靠自我摸索，沒有老師在旁指導。恰恰是這樣的因緣，在沒有依循特定的師承之下，他的思想更為開放，不受一家一派所束縛，這種思想性格後來益發明顯。

管志道的學問，是從程朱學入手。他自幼志於程朱之學，苦心鑽研《性理大全》一書，以程朱之是為是，之非為非，並認為自己在二十歲時，已能掌握程朱學說的精髓[46]。回顧自己的學習過程，管志道曰：

> 愚自成童時，即醉心於《性理大全》一書，研此道理以印六籍。銳意欲學程朱，以為此天下第一等人；亦銳意欲闢佛老，以為此天下第一等事。而苦於無入頭處，則按陳烈求放心之故事，日以滅念為工夫，旋滅旋生，竟無巴鼻。比弱冠而棄之，是時尚未知佛學之為何學。第據程、張、朱子闢佛之餘吻，資舉業之話頭耳。將壯而遇耿先生，偶觸其語錄中提出自所理會既明且哲處，恍然露出性體。正如大夢忽醒，另換一番胸襟，出戶而見天地日月，又似換另一番世界。[47]

《步朱吟》也有類似的記載：

嘗於《性理大全》中，見陳烈苦無記性有所省於孟子求放心之說，遂釋卷靜坐百日。此後一覽無遺，亦以滅念之功效之。念不能滅，則寄心於「一」字，如清虛空一等類，念亦稍淨。然而未見性體，功夫無湊泊處，及遇督學耿恭簡公，進以求仁之學，恍然有悟，放心不期收而自收。[48]

管志道學陳烈（一〇一二—一〇八七）收放心之方法，試圖以靜坐來克制念頭，始終不見有效。這種靜坐以收放心的方式，在明儒當中可說屢見不鮮，最常為人提及的是羅汝芳效法薛瑄（一三八九—一四六四）收放心的工夫，最後被顏鈞點破是「制欲而非體仁」，才悟其所非。趙貞吉

43 管志道，〈贈門人顧任卿春元北上〉，《惕若齋集》卷三，頁六二一。
44 管志道，〈答周符卿二魯丈書〉，《問辨牘》卷之元集，《四庫全書存目叢書．子部．雜家類》第八八冊，頁六九八。
45 管志道，《論學三劄》，《管東溟先生文集（十九）》，頁二三。
46 管志道，〈續答高景逸丈書〉，《續問辨牘》卷三，《四庫全書存目叢書．子部．雜家類》第八七冊，頁一三〇。
47 管志道，〈答顧選部涇陽丈書暨求正牘質疑二十二欵〉，《問辨牘》卷之利集，《四庫全書存目叢書．子部．雜家類》第八七冊，頁七八九。
48 管志道，《步朱吟》，《管東溟先生文集（十九）》，頁三。

（一五〇八—一五七六）也著有〈求放心齋銘〉一文，可見這是儒者的普遍經驗。靜坐滅念不成功後，管志道又轉學程朱闢佛。直到遇到了耿定向，才心思路絕，露出性體，開始相信孔孟性善之學[49]，並從耿定向那裡啟悟良知學：

壯遇恭簡公先生，獲聞良知之學，一時尚難遽信。及召寘至明道書院中，朝夕熏切。見先生與先輩羅近翁及承學楊道南等，情神在眉睫之間，應和在口吻之外，覺其必有妙悟，乃盡捨積年見解而從之。此時意地，真是清清淨淨，不掛一絲；亦似混混沌沌，不通一竅，方始忽然有悟入處，而猶不敢遽以為是也。[50]

耿定向對管志道的影響很大[51]，管志道曾自言在未遇耿定向之前「雖讀詩書，心花未發」[52]。而且他在二十一歲開始讀王陽明的良知學，縱偶有所悟入，終感知體易於轉變，難以把捉[53]。直到二十八歲時聽見耿定向闡釋明哲意旨，方覺心花忽開。由此可見，管志道雖早已涉獵陽明學說，卻難真心信服。直到遇見耿定向與羅汝芳等人，感受良知的妙悟後，才放下以前的陳見而追循它。這也說明他原本對陽明學存有疑惑，不然不會有「盡捨積年見解」的說法。而在這之後，他對陽明的良知雖也有「領悟」，也未達「徹悟」地步。所以才時時持謹慎態度，偶覺有所悟入，又「不敢遽以為是」。管志道曾向泰州布衣學者王襞（一五一一—一五八七）問學，朝夕問學二十日，但仍有未徹悟處：

> 時有泰州布衣王東崖者，心齋之子也。朝夕凡二十日，接其言，恍然如在陽明心齋授受之際。其指點當下本體盡親切，究到聖學神化處，輒曰：揣摩不得，然則道岸作何究竟乎？[54]

跟王襞學習時，管志道領悟到聖學神化處，卻未能究竟所謂的「道岸」，究竟「道岸」是指什麼？也許我們可在他後期思想了解它的意涵。管志道在晚期著作《中庸訂釋》中道出：「道岸不出乾元用九四字」，又說：「乾元何物？正道岸也，即賢勝如來之法界也。」[55]「道岸」原是佛家的慣用語，是佛教了悟的最高境界，其又曰：「則道岸果在何處？曰不出《易傳》二句」[56]，最終把

---

49 管志道，〈答顧選部涇陽丈書暨求正牘質疑二十二欵〉，《問辨牘》卷之利集，《四庫全書存目叢書．子部．雜家類》第八七冊，頁七二八。管志道也曾經和羅汝芳在燕京蕭寺中論學，並曾同寢食七天七夜。他在得聞良知學後，也曾經有過論學的經驗。〈答鄭文學養貞書〉，《續問辨牘》卷二，頁八七。

50 管志道，〈答高景逸丈書〉，《續問辨牘》卷三，《四庫全書存目叢書．子部．雜家類》第八八冊，頁一三二。

51 管志道又曰：「及遇天臺先生，既有悟入處。然後取其書而閱之，每到說心說性去處，則字字句句，若道著我胷次中事，而後悔從前之見之狂且陋也。」〈答顧選部涇陽丈書暨求正牘質疑二十二欵〉，《問辨牘》卷之利集，《四庫全書存目叢書．子部．雜家類》第八七冊，頁七五〇。

52 管志道，《步朱吟》，《管東溟先生文集（十九）》，頁二。

53 管志道，《論學三劄》，《管東溟先生文集（十九）》，頁二三。

54 管志道，〈自紀師友幽明印心機感大略〉，《理要酬諮錄》卷下，《管東溟先生文集（十七）》，頁七六。

55 管志道，《析理篇》，《管東溟先生文集（十九）》，頁一三。

56 管志道，《中庸訂釋》卷二（《大學古本》冊肆），《管東溟先生文集（六）》，頁二〇。

「道岸」定位在《易傳》。

管志道在領悟良知之弊後，便開始尋找可以「兼通」之思想出路：

當其初遇天臺先生，有所悟於良知之學，純向一條路。已而博參海內同志，有所激於講良知之弊，兼通別條路。久乃盡融諸路，歸於一路。[57]

從「純向一條路」、「兼通別條路」，再「歸於一路」，思想經歷幾番轉折。管志道與良知的親疏關係，一直都維持著「若近若離」的批判態度。對於良知的看法，文獻中所記載的，只是他早期攫獲良知啟悟的經驗，並沒有對良知義理相關的闡釋。他曾自述在致良知上致力十二年[58]，後來卻有明顯轉向，不但對講良知者持批判態度，甚至對良知學與宋明聖人觀的思想基礎「萬物一體」也頗有意見[59]。這種種的舉措，顯示他和王門後學極不一樣的思想風格，特別是其深刻的危機感，誠如荒木見悟所指說：「他認為世道的沒落，已陷入世法難以拯救的艱難緊迫狀態，拯救的辦法只有徹底的出世法。」[60]

二、重「行」不重「悟」

在陽明後學當中，有關主「悟」或主「行」是一個很大的爭議點。王畿和錢德洪（一四九六—

一五七四）針對陽明的「四句教」而提出的「四無」和「四有」工夫思維，涉及的是「悟入」和「行入」的工夫問題。在這方面，管志道重「行」甚於「悟」的特性也很鮮明。他雖在壯年時有所悟入，曾自述「將壯而遇天臺先生，忽然有悟處，知六經皆我注腳，而著述亦他活計。猛欲盡掃平日之名根，以究孔顏之樂」[61]，可是五十多歲以後，卻避談悟而重修行，箇中原因是：

> 悟門難哉？行尤難於悟矣。余年逼三十，已染悟門滋味，及年躋五十，而始入行門滋味耳。至於入行門之滋味，而後知中庸之德之為至，染禪狂之悟之非真也。余實未有真悟，卻因歷行門之多艱而漸得之。[62]

對管志道而言，動輒說妙悟，都是一種時髦的口頭禪。他曾說陽明在龍場困頓中啟發悟機，

---

57 管志道，《理要酬諮錄》卷下，《管東溟先生文集（十七）》，頁四六。

58 管志道，《論學三箚》，《管東溟先生文集（十九）》，頁二七。

59 管志道，〈答陸大尹書〉，《酬諮續錄》卷一，《管東溟先生文集（十八）》，頁五五。

60 荒木見悟，《明代思想研究：明代における儒教と佛教の交流》，頁一五四。

61 管志道，〈答周符卿二魯丈書〉，《問辨牘》卷之亨集，《四庫全書存目叢書．子部．雜家類》第八七冊，頁六九九。

62 管志道，〈答周符卿二魯丈書〉，《問辨牘》卷之亨集，《四庫全書存目叢書．子部．雜家類》第八七冊，頁七〇〇。

「良知」二字乃是從苦心中流出[63]。只要在源頭上有所悟，竅門已開，往後就不必多言悟[64]。「隱悟顯修」[65]才是孔子求仁的宗旨，不需要用諸多的言語來描述悟境。換句話說，言「修」則「悟」已在其中[66]。因此他表明心志說：「別師二十年，不重解而重行，不言悟而言修。」[67]又言：

> 自覺往年銳意求悟，總費推移，邇來歇參棄智，日用尋常，卻稍稍有中流自在意也。然於孔不踰矩，顏不違仁之性境，尚隔涉在。[68]

相較於「求悟」，他更念念在茲的是「性境」未達的問題。文中提及「孔不踰距」、「顏不違仁」，表述的是真實的生命和實踐體驗，追求日常中合乎距、仁的行為。他也曾對弟子瞿汝稷（一五四八—一六一〇）說：

> 吾弟意向悟門說，而愚意向行門說也。[69]

瞿汝稷字元立，號那羅窟學人，幻寄道人、槃談等，南直隸蘇州府常熟人。他雖受業於管志道，但學兼通內外，尤盡心於佛法。《居士傳》記其「上溯諸佛，下逮宗門，撮其語為指月錄，盛行於世」[70]。瞿汝稷一心向佛，寄意於悟門，管志道自覺和學生意向有別，特地強調自己重視的是「行門」，縱然如此，這並不影響彼此之間的論學，可知當時其學門中的多元差異和寬容氛圍。

三、信得及「一以貫之」

另外，泰州學人常說「信得及」良知，相信道德本體的圓滿與自足，管志道縱然也講信得及，但並非指向道德本體（或本心），而是勸人要相信能融攝三教的「一以貫之」。管志道說：

63 管志道有此感悟，亦是身同感受之故，楊起元就曾言：「管東溟先生者，天下莫不聞。然率知其才之高，而莫知其心之苦，自古聖賢無不苦心者。惟苦心，故知之者鮮。惟知之者鮮，故其心愈苦也。或謂吾見坦坦自如耳，何苦之有？弟曰：『東溟惟坦坦自如此，此東溟之所以苦也。惟子見東溟之坦坦自如此，又東溟之所以苦也。雖然知東溟者百，不如我丈之一知。』」從這番話，亦可知管志道與楊起元相交匪淺，而且還是心靈上的知音。〈孫蘇州〉，《續刻楊復所先生家藏文集》卷七，《四庫全書存目叢書．集部．別集類》第一六七冊，頁三五五—三五六。

64 管志道，〈答周符卿二魯丈書〉，《問辨牘》卷之亨集，《四庫全書存目叢書．子部．雜家類》第八七冊，頁七〇一。

65 管志道，〈序〉，《論語訂釋》，《管東溟先生文集（六）》，頁二。

66 管志道，〈大學中庸辨義〉，《惕若齋集中》，頁一二。

67 管志道，《師門求正牘》卷中，《管東溟先生文集（九）》，頁一九。

68 管志道，〈附錄〉、〈續答元立訽尾微言〉，《覺迷蠡測》，頁七三九。

69 管志道，〈附錄〉、〈續答元立訽尾微言〉，《覺迷蠡測》，頁七三九。

70 彭紹昇撰，張培鋒校注，《居士傳校注》卷四十四（北京：中華書局，二〇一四），頁三八九。

於此信得及，則一朝聞道，三祇修道，最後身證道，千出萬沒，總是一以貫之。信不及，則一心主敬，又一心以窮理；一心念佛，又一心以參禪，亦屬二本。而況彷徨三教門頭，東馳西逐而無定主者哉。[71]

陽明後學向來以良知為本，相信道德本心能夠自我判斷。管志道卻篤信道本是「一」。所謂的一以貫之，則是指「孔子之心法」[72]。此「一貫」宗旨打破儒釋道之間的壁壘，使出世與經世思想合併為一[73]。羅汝芳、楊起元、周汝登等人，雖也認同三教合一的理念，不過卻未像管志道欲從三教源頭窮究其「一」，並且利用孔子學說，把三教貫穿成為「一本」之教。有學者即認為羅汝芳生前早已預測三教必有合併的時機，但終究是「隱而未露」。原因在於當時主張合三教者「膽小氣怯，不敢直心直腸拈出，往往躲閃說騎牆話，令人捉摸不定」[74]。以此為參照，管志道表出「一貫之宗」，將三教歸於一理，不避諱其三教合一的立場，態度很公然。焦竑為管志道寫的墓誌銘，就說他有意「**囊括三教，鎔鑄九流，以自成一家之言**」[75]，此乃據實之言。

從心契程朱之學，學程朱闢佛，再到後來轉向「性學」與良知學。稍後接觸佛教，再轉向批判良知，認同於「三教合一」[76]，這種轉折或有助於他形成超越學派的意識，以下這番話，便可知其思想養成的多元：

三十而志於學，五十幾於立，六十幾於不惑，至知天命以上，則猶未夢見在，此實語也。直到

七十之臘月，謀道之思，窘於枕上，欲進不能，欲罷不能。偶觸邵子月窟天根之詩，而天命之

---

71 管志道，〈答王令尹晉軒丈書〉，《續問辨牘》卷二，《四庫全書存目叢書．子部．雜家類》第八七冊，頁六〇。

72 管志道曰：「吾乃今日洞然，知孔子之心法，即是多學，即一貫，是一以貫之，而非多學以識之矣。」〈答徐太卿魯源公祖書〉，《續問辨牘》卷一，頁一〇。又曾謂：「孔門教法，要在提人一貫路頭，有個入手處。」〈續答陳葵大夫書〉，《續問辨牘》卷三，《四庫全書存目叢書．子部．雜家類》第八七冊，頁一五六。

73 管志道相信孔子「朝聞夕死」的說法，其實就含有孔子的出世思想，但一直是隱而未發。他曾指出：「今之為孔學者，不出程朱主敬，姚江良知二宗，而漸失其真矣。執程朱而失之者，浸以名教束儒脈，而不知孔門有朝聞夕可死，實含出世宗旨。」〈祭陸塚宰五臺文〉，《惕齋續集》卷三，頁一三。

74 管志道，〈答鄭文學養貞書〉，《續問辨牘》卷二，《四庫全書存目叢書．子部．雜家類》第八七冊，頁八七。

75 焦竑，〈廣東按察司事東溟公墓誌銘〉，《澹園集》卷十四，頁一〇四五。梅廣先生曾指說管志道擁有極大的學術野心，他要建構的大系統無所不包，不只重視儒釋之關係，甚至是要把「三教九流，包括民間的仙佛、道家修煉，都放進他的熔爐裡」，因而認為管志道思想「駁雜」，參〈錢新祖教授與焦竑的再發現〉，《臺灣社會研究季刊》，頁三二。

76 有關他在學習的心理變化與轉折，皆載於《步朱吟》（此部集子可視為其自傳）。管志道記：「嘉靖甲子秋試三場事畢，耿師集多士於明道書院中，聽講幾日。余既落榜，渡江東下，南望講堂，不禁繾綣，時未入悟境也」，頁四；「甲子冬蒙耿師以特檄召至明道書院，偕數友提撕性學，偶閱語錄，於《中庸》明哲之義有省，恍然如在太虛中，無我無物，從前經書疑義，靡不水消。自信孔子志學時境界，不過如此。比歸，亦有程伯子吟風弄月之意」，頁五；「嘉靖乙丑春赴華氏館，獲遇錢齋長、隣虛丈，貸我《楞嚴經》一部，使參妙明真心。經說五十五位菩提路，只是一路涅槃門，自覺湊泊不着，憤志頓生。而知有道岸所在，似可望而趨者，意亦自閑，於時乃不敢以所聞自足，而悠然起究竟一大事之思矣」，《管東溟先生文集（十九）》，頁五—六。

端倪見焉。今亦不敢以為實際也，中間非無影響幾番。近於老弟之所獎借者，則如三十四歲之貢入京都，偶拈〈華藏世界品〉，悟及《易》中乾元統天、用九旡首而喪故我。又如四十二歲之夜宿禪榻，偕一友披衾看心，恍見此心不疾而速，不行而至真境，仍喪故我。又加五十三歲之屢通冥兆，顯出前因後果，與現在願力之時乘處。秋杪偶從舟泛舉目，見天地人物，靡不在我心裡，而此心恍透十方世界之外，有何故我之可喪也者。[77]

對於修行的體驗，管志道並未脫離理學家的關懷，深契於「天命之性」，而佛教因緣卻讓他打通了儒佛之間原本相異的世界觀和修行觀。管志道在三十四歲時，接觸《華嚴經》的〈華藏世界品〉而悟及《易》中「乾元統天」和「用九旡首」，對他的思想影響很大。〈華藏世界品〉主要介紹毘盧遮那佛所嚴淨的華藏世界海及其構造，尤其是遍布一切、重重無盡及圓融無礙的世界觀。而有趣的是，從管志道提及的「願力」、「時乘」和「前因後果」，也是〈華藏世界品〉毘盧遮那佛所述修行不同階段而有不同的領悟，尤受到願力和業力的影響。但最終只要心淨，即處處都是莊嚴的華藏。管志道受毘盧遮那佛始成正覺時的啟發，不僅融攝儒佛二者，也解開了困擾長久的天命問題，仿若看見一個全新的自己。當心能游刃於十方世界以外，「自我」也會一併消解，舊的自我也將不復存在。在這之後，管志道參佛漸深，更曾經倡議把《心經》、《楞嚴經》、《道德經》等列入官方學習典籍，這樣的行徑在當時是很大膽的。

概括而言，大致可知管志道與其他泰州諸子的差異在於：（一）他甚少談及良知；（二）重行不重悟；（三）信得及一貫之宗。無論是從問題意識的開展，抑或學術語言的使用，展現不一樣的思想風格。而他被納入姚江或泰州的學派，乃是以「學承」為依歸，有許多值得檢視的地方。如《四庫全書總目提要．四書類存目》（經類）曾寫道：「志道之學，出於羅汝芳，汝芳之學，出於顏鈞，本明季狂禪一派」[78]；在評《續問辨牘》時又言：「志道之學，出於羅汝芳，原本先乖，末流彌甚，放蕩恣肆，顯倡禪宗，較泰州龍溪尤甚。」[79]兩者的評說皆是以「出自羅汝芳」為據，實際上並不貼切，恐是以他們親合的三教態度為標準，實有待斟酌。雖然除了耿定向以外，他最親密的學友莫屬羅汝芳，特別是在參悟良知道上，與羅汝芳有過多次共修和證悟的經驗[80]。甚至在羅汝芳未逝世前，管志道竟於夢中見羅汝芳偕子攜一軸相與授之[81]，兩人關係親近，可想而知。

另可補充一點的是，相對於王艮，管志道對陽明的態度，縱然也不乏批評，卻顯然較為溫和。

---

77 管志道，〈又分欵答文台疑義五條〉，《析理篇》，《管東溟先生文集（十九）》，頁三七—三八。

78 永榕等撰，《四庫全書總目．四書類存目》，《孟義訂測七卷》，頁三一〇。

79 永榕等撰，《四庫全書總目提要．雜家類目存二》，《問辨牘四卷續問辨牘四卷》，頁一〇七六。

80 管志道曰：「先生（指羅汝芳）萬曆丁丑與愚聯衾京邸數晚，談心了無益藏，煞有勇撤皐比氣象。復以丙戌過吳中，盤桓七晝夜，形骸盡撤。愚亦恃愛，進以狂規，先生虛受如響。」《理要酬諮錄》卷上，《管東溟先生文集（十七）》，頁四〇。

81 管志道在《步朱吟》曰：「己丑冬，感夢盱江羅先生近溪偕其長子，携一軸入小齋，北面相授。其質乃羅紋色箋，蓋以總一三教之文統見屬也，不半載而先生之訃聞至」，《管東溟先生文集（十九）》，頁二二一。

針對良知學的衰落，他曾批評說：「良知之脈，一傳於王汝止而昌，再傳於顏鈞而肆，王傳於梁汝元而蕩，久乃為涎為譎，借禪窟以藏偷，文成其衰矣。」[82]但耿定向提醒說：「此非文成之過，盜文成之學而焉者之過也。」他大抵同意老師的意見[83]。以下兩件事更可證明他對陽明仍懷有相惜的情感：（一）管志道曾經替陽明辯護，說不能把社會狂偽風氣的端緒，都歸咎於陽明的「無善無惡」，並指出問題癥結在於陽明後學不斷琢磨「心意知物」所致[84]。（二）當東林中人高攀龍和顧憲成拈出性善，力闢陽明的無善無惡時，管志道和他們往復辨析，先後累積計有數萬言[85]。就第一點而言，他認為後來狂偽學風的形成，導因不在陽明，而在於其弟子們在詮釋上的分歧；第二點則點出了他對陽明無善無惡說的認同。另一個關鍵原因是生命經驗的共鳴，兩人在政治生涯的遭遇頗為雷同；此外，個性上不但以器識見長，更擅長於戰場上決策運籌。尤其是曾被牽連在朝廷內的權力鬥爭漩渦，使管志道對陽明多了一份相知相惜的情感。

在森嚴且人人自危的朝廷氛圍裡，管志道曾上疏陳述九事，批評憲綱太峻、民情太隔、名實太偏等，呼籲廢除廷杖以開言路[86]。這一些事雖沒有引來禍害，卻已引起朝中一些官員的不滿。真正令他政治生涯觸礁和面對生命危機的，是張居正的奪情事件。發生奪情事件時，他與沈懋學（一五三九—一五八二）、趙用賢（一五三五—一五九六）上疏議論此事，為張居正所惡，以致被排擠和謫職[87]。王陽明曾受流放之災，管志道曾遭另類禁錮之苦[88]，最後不得不決絕仕進，以鳴道淑人為事。這樣的生命經歷影響深遠，後來他提掇「群龍无首」，主張「潛」和「惕」，與王陽明謹守「潛」一意，揭良知於天下，不謀而合[89]。鑑於自身的遭受和經驗，他對王艮沒有恪守陽明所訓誡的

「思不出其位」，反而汲汲以見龍一脈為道統，大感不滿。針對這點，余英時曾論說王陽明經歷龍場之悟，繼而揭示良知教，是由政治境況體驗中轉化出來。王陽明主「遯」，並退出權力的世界，並在深悟「得君行道」的路行不通後，唯有採取「覺民行道」這條道路。余英時也舉了王艮與王陽明

82 管志道，〈祭先師天臺耿先生文〉，《惕若齋集》卷四，頁一。

83 管志道，〈跋王文成公世家〉，《師門求正牘》卷上，《管東溟先生文集（九）》，頁三四。

84 管志道〈續答顧涇陽丈書並質疑續編一十八疑〉，《續問辨牘》卷三曰：「然亦不可謂陽明一言遂能鼓動天下之人心，以至於此也。今天下導狂導偽之端多矣，豈盡出於陽明之徒？陽明提宗亦自在良知二字，不在心意知物四語，四語特為大條目注疏也」，頁一〇九。又可參〈答顧選部涇陽丈書暨求正牘質疑二十二欵〉，《問辨牘》卷之利集，《四庫全書存目叢書．子部．雜家類》第八七冊，頁七三三。

85 有關管志道對「無善無惡」的闡發，可參吳震，〈論管志道〉，《陽明後學研究》（上海：人民出版社，二〇〇三），頁七九—八五。

86 管志道，《管東溟奏議》，收錄於《皇明經世文編》卷三百九十九，頁一八三—一九三。又，《步朱吟》載：「萬曆戊寅春二月，大婚禮成。余時為刑部主事，條陳九事，勸主上躬攬萬幾。疏既上，還謄揭帖送閣部之有關涉者。九事中，不無傷觸權貴之語。」《管東溟先生文集（十九）》，頁一〇—一一。

87 沈懋學，〈閑管登之被謫〉，《郊居遺稿》卷三，《四庫全書存目叢書．集部．別集類》第一六三冊（濟南：齊魯書社，一九九七），頁六二六。

88 管志道，《步朱吟》，《管東溟先生文集（十九）》，頁一〇。

89 管志道，〈濯舊稿引〉，《惕若齋集》卷三，頁一八。余英時的詳論，請參〈明代理學與政治文化發微〉，《宋明理學與政治文化》（台北：允晨文化，二〇〇四），頁二七六—二九六。

初見面的例子，說明王陽明勸王艮「思不出其位」，而王艮往後便以民間講學為主。可是值得注意的是，王艮縱然沒有出仕之心，且以布衣身分接濟平民百姓，但他並不主「獨善其身」，對所謂的「遯世」或「避世」的做法存有意見。這也是為何他會主「見龍」的原因。

管志道對泰州學術和王艮的抨擊，除了引來耿定向的規勸，教他「毋貶駁心齋」[90]以外，不少友人也關切勿責太過，究竟「今日遂變初心」的原因是什麼，管志道說：

> 徐京兆傳手教來，深暴泰州王氏之學，而以弟之有所貶斥為過。蓋以孔孟之布衣任道照之，而欲永此一脈以風末世，甚其盛意。然弟之為孔學堤坊，則更切耳。憶昔初受恭簡先師點開性地之時，心服泰州，不下顏孟，曾對書院中朋友曰：「陽明先生之有王心齋，大似象山先生之有楊慈湖，青出於藍而深於藍者也」。其時尊信嚮往，豈在台臺之下？何乃今日遂變初心，則必有不可放過者在。故嘗自咎近於孟子之訶楊墨，而遠於孔子之仁管仲。或者知我罪我在此舉矣。弟亦何能高下泰州道價，唯憶陽明，乃心齋之師也。生前亦自有鉗錘之案在。心齋出遊階街，歸而以滿階皆是聖人呈見地，而陽明抑之曰：「滿階皆看爾是聖人，此掃其狂也。」心齋辭陽明遊京師，到處受徒，停車講道，歸謁陽明，陽明拒不許見，跪門外三日而後許見，因請罪曰：「弟知過矣。」吾儕試思其過在何處哉……。此跪固無大損於心齋，而陽明之慮後則遠矣。台臺亦未察愚之有深緣於心齋乎？昔在書院中，觸先師所紀寢席間，中庸明哲意旨，忽開心花，寤寐一如者數日，而得一兆。此身正襟危坐於虛堂中，陽明侍吾左，心齋侍吾右，若弟

子然，心詑其為顛倒見所感也。明日述以質師，師笑曰：「人皆可以為堯舜，豈以二先生遂不可超哉？」又二十餘年，見先師剖析陽明心、意、知、物四語而推敲之，及於格人格天之際。甫脫筆，即感陽明入吾惕若齋中，自陳苦心。愚應之曰：「老先生之苦心，天下皆知之，何必小子？但留有許多弊端在世，亦所當察。」陽明唯唯領受而已。此後尚有感通，而杳然者數年矣。當知謀道同心之君子，其緣非一生所結，其造詣亦非一生可判，弟與兩先生，真是一家眷屬，亦實有相感處矣。先師與羅近翁亦然也。弟今為心齋生前懺口過耳。竊謂泰州得姚江之髓，弟不敢以為然，或者得姚江之骨矣。[91]

讀以上長文，可感受愛之深責之切的心情，一是有關陽明和王艮的見面，二是託夢述志。管志道先表明對王艮的推崇，其尊信耿定向所說「陽明先生之有王心齋，大似象山先生之有楊慈湖，**青出於藍而深於藍者也**」[92]，後來有感泰州之學過於張皇，遂轉向以糾泰州之弊為志。他藉夢境冀得

90 管志道，〈答操台年丈書〉，《理要酬諮錄》卷上，《管東溟先生文集（十七）》，頁七五。

91 管志道，〈答耿操院書〉，《酬諮續錄》卷二，《管東溟先生文集（十八）》，頁四三—四四。

92 把王艮之於陽明，比喻成慈湖之於象山的，尚有鄒元標。鄒元標對泰州傳承陽明之學多有肯定，曾曰：「新建有泰州，猶金溪有慈湖，其兩人發揮師傳，亦似不殊。」同時亦曾對泰州辯護，謂泰州主「樂」，末世有猖狂自恣以為樂體者，「此非泰州之過，學者之流弊也。流弊何代無之終，不可以流弊而疑其學。」〈書心齋先生語略後〉，《願學集》卷八，《景印文淵閣四庫全書》第一二九四冊，頁二八九。

到陽明授意，除了有為自己糾弊重任尋求認可外，竟還把陽明、王艮二人降為弟子，並經由耿定向告知「人皆可以為堯舜，豈以二先生遂不可超哉」，彷彿暗示師道藩籬可越之意。管志道在《步朱吟》中，曾多次透露在不同夢境的所見所聞，頗有「託夢述志」的意圖。把自己和陽明、王艮說成「真是一家眷屬」，藉此說明自己的出發點是「為心齋生前懺口過」[93]，始終認為王艮未能得姚江之骨髓。因此梅廣認為管志道學術野心很大，想「兼做王陽明第二」，此觀點亦值得再深論[94]。

管志道弟子錢謙益在一篇行狀中提到說：「姚江以後，泰州之學方熾，則公之意專重於繩狂。泰州以後，姚江之學漸衰，則公之意又專重於砭偽」[95]，反映出管志道是陽明及泰州後學有力的批判者。最明顯的是，管志道沒有泰州學人好為人師或狂熱講學的性格，而這種個性正是泰州後學形塑「見龍」姿態的要素。「群龍无首」的倡議，即有欲遏制這種弊病的目的。接下來，我們便得了解晚明學風到底處在怎樣一種狀態，從中把握管志道對泰州學派的批判基礎，同時進入「乾元統天」與「群龍无首」思想提出的社會和文化脈絡。

第二節　對晚明學風的批判

管志道面對學術的態度，不只注重內在的義理，也不忽略外在制度與秩序的建立，特別是對「禮」的重視[96]。他曾感歎說：「自姚江倡道以來，儒者靡不以無聲無臭為話頭，而根極崇禮之學者鮮矣。愚含此意十有餘年，曾奈遠近賢豪，並未有推敲及此者，卻從闢異端、尊儒術門面上發辨端。豈知陽尊孔脈，而陰違於三百三千之細行，則何以繩二氏之徒也。」[97]他和羅汝芳思想上的親近，除了三教態度以外，有一部分也是出自於對認同孔門重禮教的共識[98]。不過二人對「禮」的表述方式和推展對象有所不同。羅汝芳擅以「經典格言」來表達禮的思想，藉此喚醒主體良知，以復

---

93 管志道曾把夢見陽明的事告訴楊起元：「愚嘗夢見陽明王先生，曾以此意規之，陽明唯唯，而亦自白其苦心。」〈答楊少宗伯復所丈書〉，《惕若齋集》卷二，頁九。

94 梅廣，〈錢新祖教授與焦竑的再發現〉，《臺灣社會研究季刊》，頁三二一。

95 錢謙益，〈湖廣提刑按察司僉事晉階朝列大夫管公行狀〉，《牧齋初學集》卷四十九，《錢牧齋全集（貳）》，頁一二六五。

96 管志道曾自述其作《理要酬諮錄》與《從先維俗議》，除針對王艮之學的流弊，也因為李贄《焚書》、《藏書》流行而發，見〈答耿操台年丈書〉，《理要酬諮錄》卷上，《管東溟先生文集（十七）》，頁七九。而其欲以禮教來糾正狂風，乃效法其師耿定向「以禮教闢狂禪」，管志道曰：「……更念弟初受學於恭簡先師，實從大哉聖人之道章中悟入。而先師晚年，尤痛狂學盛行，惓惓於三百三千之禮教，鄙心重有感焉，來教正及於此。」〈答耿操台年丈書〉，《理要酬諮錄》卷上，《管東溟先生文集（十七）》，頁七五。另有關管志道對「禮」的想法，可參 Jaret Wayne Weisfogel, Edited by Sarah Schneewind, *A Late Ming Vision for Local Community: Ritual, Laws and Social Ferment in the Proposals of Guan Zhidao* (Minneapolis: Society for Ming Studies, 2010).

97 管志道，〈答耿操台年丈書〉，《理要酬諮錄》卷上，《管東溟先生文集（十七）》，頁七七。

98 管志道曰：「頃復有味於羅先生敦厚崇禮之說，以為聖人發育萬物之道，盡在三千三百禮教中。禮以敦厚而崇，此即忠信學禮之意。凡溫故知新以上工夫，俱為崇禮而言。」〈憶從耿先生明哲訓悟入有感紀言〉，《師門求正牘》卷上，《管東溟先生文集（九）》，頁四六。

於天理。例如在民間推動鄉約，宣揚明太祖的「聖諭六言」，建立以「孝弟慈」為基礎的社會倫理秩序。而管志道則注重維持綱紀運作的「典章制度」，特別是階層秩序與治教權力的禮制，對「禮」的考慮，有為鞏固士的階層與維護君道之嫌。羅汝芳弟子楊起元對「禮」也有不同的見解，曰：「禮即天也，天即我也。離我無天，離天無禮。是故克己復禮，非克去己私人之謂也，能復於禮而己。通己，皆禮也；通禮，皆己也，故曰：會萬物以成己者，其惟聖人乎？」[99]楊起元對「克己復禮」作了新的詮釋，連結起「己」、「天」和「禮」的關係。「克己」不僅是克制私欲，而是通己於天；而「通己，皆禮也」，說明「己」乃是禮實踐的主體。龔鵬程多年前就曾指出，學界對晚明儒者的「禮」缺乏細緻的研究，也不夠重視，常以為晚明學風極其浮泛而不重視禮[100]。事實上，晚明儒者論「禮」者不少，無是是從天理、禮儀或禮制，需要更有系統性的研究成果，方能窺見「禮」在眾儒者思想中的地位。

讀管志道的文集，可發現他不只是理學家，其敏銳的觸角，敢怒敢言與揭露學術弊端的氣魄，更像是一名嚴苛的「社會批評家」。江右學派的許孚遠曾說：「丈所與遠近同志之士問難辨駁，縷縷數千萬言，中間所論今時學術之害與規刺諸公大夫，往往透入骨髓，令人俛首而縮氣」[101]，但下轉語則說：「持論太高，主張已定」[102]。針對晚明的學術風氣，管志道抨擊諸多泰州學人的狂霸行為，主要集中在三點：

一、社會大吹狂偽風，導致道統與師道氾濫，學術界瀰漫著「假儒家」與「假禪宗」的氛圍[103]。

二、霸儒與霸釋的出現，作出了激進高亢的行為示範，使狂偽之學轉變為「霸學」，前者以何心隱與李贄為代表，後者則主要指向達觀和尚（紫柏真可）[104]。

三、泰州尊孔子為「素王」，並以「見龍」首孔子，遂使「見龍主義」和「有首之學」大肆蔓延。

簡言之，以上三點實涉及了管志道對晚明儒者的師道觀、道統觀與孔子觀的批判，接下來將逐一論析。

---

99 楊起元，〈筆記〉，《太史楊復所證學篇》卷一，《續修四庫全書存目．子部．雜家類》第一六七冊（濟南：齊魯書社，一九九七），頁三四一。

100 龔鵬程，〈羅近溪與明王學的發展〉，吳光主編，《陽明學研究》，頁二一六—五六。

101 管志道，〈答許少司馬敬庵先生書〉，《理要酬諮錄》卷上，《管東溟先生文集（十七）》，頁一五—一六。

102 管志道，〈答許少司馬敬庵先生書〉，《理要酬諮錄》卷上，《管東溟先生文集（十七）》，頁一六。

103 管志道曾道出：「假禪宗最能染儒，而真聖宗則必合佛，兩者相違又相濫。」〈答道徹書〉，《理要酬諮錄》卷上，《管東溟先生文集（十七）》，頁三一。

104 管志道，〈補候曾家塚宰見台先生引告歸錦書〉，《酬諮續錄》卷一曰：「今則重有創於理學家之借禪機以助長者，儒如李卓吾，僧如達觀，既以行怪殺身，而餘風依然未熄。目今五尺狂童，稍綽壇經合論，一兩句話頭，便欲獻奇逞雄於達官」，頁一五。又卷三〈答幻然書〉曰：「此不信真菩薩，而信假禪師也。冠帶中有李卓吾，衲衣中有達觀」，《管東溟先生文集（十八）》，頁四六。

一、狂偽風氣

針對第一點，依管志道的觀察，狂偽風氣之濫觴，抑或張皇標榜道統或師道的作為，都和泰州諸子大力推廣的講學運動很有關係。狂熱的講學風氣，本是泰州一脈的特徵，但何以管志道對泰州諸子講學如此不滿，以下這段話便說得十分清楚：

> 姚江以千載絕學標良知，泰州以兼善萬世樹孔子幟，不無張皇之過焉。其學亦成章而上達，而極深研幾之君子，以為終與闇然日章學鵠，尚隔一塵。及於龍溪、盱江二先生，槩以博大圓通為教體，而堤坊不密，門牆太濫，偽夫得以名利巢其中。[105]

反對「兼善萬世」說，主要是針對王艮「出為帝王師，處為萬世師」[106]及「以孔子局見龍」[107]的提法（見下節討論）。在王艮鼓吹下，學者亂操木鐸，以為居以師位，便可掌握道統，人人爭做見龍。故以孔子為活招牌，狂風漸起。「群龍无首」的提出，便是要抑制張揚的「見龍」意識。至於他所指責的「以博大圓通為教體」與「堤坊不密，門牆太濫」，是否進一步使狂偽風氣肆無忌憚的流竄，我們可於此檢視。

陽明以後，基本上以王畿與羅汝芳為兩大講學流派[108]。兩人講學對象和風格都有很大的差異。

王畿講學對象多屬於士大夫階層，雖不乏狂的氣息，在工夫實踐上援入佛道，但大抵仍能守住陽明矩矱。羅汝芳講學，則走平民化路線，聽者多為下層百姓；其講學地點遍布各地，窮鄉僻壤中亦可見其身影[109]。管志道說「堤坊不密，門牆太濫」一言，恐是針對羅汝芳廣開門戶、有教無類的做

105 管志道，〈惕見二龍辨義〉，《惕若齋集》卷一，頁六〇。

106 呂妙芬就曾經指出，晚明士人有一種更積極的入世與救世情懷，傳統士人「天下有道則現，無道則隱」與「窮則獨善其身，達則兼善天下」的價值理念，已被「出為帝王師，處為萬世師」所取代。參呂妙芬，〈儒釋交融的聖人觀：從晚明聖人與菩薩相似處及對生死議題的關注談起〉，《中央研究院近代史研究院集刊》第三二期，一九九九年十二月，頁九—一〇。這樣一種思想，確是經由泰州講學而擴散到社會各個階層，尤其是民間，使一些布衣學者產生了文化自信，並擁有強烈的經世意識與社會使命。

107 管志道，〈答吳處士熙宇書〉，《續問辨牘》卷四，《四庫全書存目叢書．子部．雜家類》第八七冊，頁一七八。

108 邵念魯，〈王門弟子所知傳〉，《思復堂文集碑傳》，收錄於周駿富輯，《明代傳記叢刊》（台北：明文書局，一九九五），頁一一一。

109 李贄曾對此作出傳神的描述，見李贄，《焚書．續焚書》卷三，頁一二四—一二五。在〈茶池亭記〉，《太史楊復所先生證學編》卷三，楊起元也曾述及羅汝芳的親民個性，曾到深山窮谷，巡行勸課等事蹟，《續修四庫全書．子部．雜家類》第一一二九冊，頁四二一—四二三。旅美學者程玉瑛在《晚明被遺忘的思想家——羅汝芳詩文事蹟編年》（台北：廣文書局，一九九五）中亦繪有羅汝芳講學旅遊圖，另一篇英文篇章則述及羅汝芳如何打破講學界限，參Chen, Yu-Yin, "Pursuing Sagehood Without Boundaries: The Tai-chou School's Message and Lo Ju-Fang's Intellectual Development, 1515-1553"，收錄於郝延平、魏秀梅主編，《近世中國之傳統與蛻變——劉廣京院士七十五歲祝壽論文集》（台北：中央研究院近代史研究所，一九九八），頁八〇〇—八四一。

法。再者，羅汝芳講學強調「平易近情」[110]，指點人當下契入悟體，以自然圓融之意，把握活潑圓通的生命情境。這樣固然拆除了條條框框的教義，但類似「無工夫之工夫」的情境，卻不易把握。而王畿常以「空」、「虛」來證悟心體的圓通性，雖顯博大，也極其縹緲。博大與圓通，失了分際，便容易滑出儒矩之外。

因此管志道特別嚴厲批評當時一些掛名理稱號的學者，藉假良知來提高自己的德望，冀能攫取官職，實際上是狂中伏偽，偽中帶狂。有者甚至是「名曰譚道，實則鑽王」[111]的投機心態。倘若輕易即可悟道，握有道統，任何人即可利用這點來遂己之私[112]。於是乎，他疾呼「講場太濫，全不合于孔矩」[113]。何謂孔矩？管志道舉出學孔子必須符合「有大道、有大願、有大節、有大防」四大基準，並認為羅汝芳於後兩者是不及格的，因為其於「大節大防，蕩然莫檢」[114]。管志道頗為捍衛「士」階層的權益，對泰州在下階層講學，甚不以為然。開放學術門戶，將導致堤坊有缺；而門牆不嚴，學者播弄良知、高標道統、開壇聚黨、垂世立言等等，混雜著各種名利與私己欲望的歪現象，將難以被遏止。因此可了解，其述儒者之「狂」是張皇道統與師道所致，其「偽」則「緣飾經史，藉口中庸而以遷就逢迎之術，行幹名謀利之心者」[115]。若此，真良知又怎不遂漸晦暗？管志道後來自許「絕不以立言為念，亦不以聚徒為業」[116]，或是引以為戒。對此，耿定理（一五三四——一五七七）曾為泰州一脈辯護說：「泰州不假名位，不假聞見，不假文義，不假智能，匹夫而為百世師，家邦必得。」[117]但卻遭管志道駁斥，因為除以上二項以外，顏鈞與何心隱狂妄的姿態更形成了「霸學風氣」，加劇狂偽風氣，他無法認同耿定理所謂「聖中帶狂」或「狂中帶聖」的講法。在布衣

110 羅汝芳，〈勖明德諸生四條〉，《羅明德公文集》卷五（東京：內閣文庫，一九八〇），頁七四。

111 管志道曰：「弟每病姚江之脈，自心齋傳及盱江，講場太濫，全不合於孔門之矩。考《論語》諸書，孔門侍側言志之英，多不過四子，從遊亦唯十哲而已，安有聯百數遊士以為會者？聯百場數於講場，導匹夫可薄君相，而以遨遊傳食為遊士倡者。宋儒亦無是風，實自陽明上足心齋始也。再傳而刑戮之民出，名曰譚道，實則鑽王。至盱江之徒，有如黎生者，則以舌鐸壟斷於貴遊間。」〈操耿操台年丈書〉，《理要酬諮錄》卷上，《管東溟先生文集（十七）》，頁七四—七五。

112 管志道也曾指出：「然自泰州張皇道統以來，儒者好立不情之巧說，謂仲尼祖述章後所稱至聖至誠，俱指仲尼而言。」用孔子來做「活招牌」，似乎已是成為當時的一種學術慣習。〈答唐少卿凝庵年兄書〉，《續問辨牘》，《四庫全書存目叢書．子部．雜家類》第八七冊，頁二八。

113 管志道，〈操耿操台年丈書〉，《理要酬諮錄》卷上，《管東溟先生文集（十七）》，頁七四。

114 管志道，〈答鄒銓部南皐丈書〉，《惕若齋集》卷二，頁三九。

115 管志道，〈續答先生教劄中意〉，《惕若齋集》卷一，頁三一。

116 管志道，〈答趙太常石梁丈書〉，《續問辨牘》卷二，《四庫全書存目叢書．子部．雜家類》第八七冊，頁五六。管志道對於當時的講學風氣有深刻的觀察與反省，之前他曾批評當時講學者雖然一知半解，卻以假名位招生開講，以立道標來成名，參〈人龍的位〉，《從先維俗議》卷四，《四庫全書存目叢書．子部．雜家類》第八八冊，頁三九二。另，王汎森曾指出清初學者多有「不赴講會」的做法，是鑑於對晚明講學文化不滿的反彈，它已成為清代士大夫一個特殊的群體現象。從管志道身上所反映的現象，我們大概可了解，自晚明始，一些學者對講學文化不滿的情緒早已存在，這與當時的學術文化及政治風氣都有緊密的關聯。參王汎森，〈清初士人的悔罪心態與消極行為〉，《晚明清初思想十論》（上海：復旦大學，二〇〇四），頁一八八—二四七。

117 管志道，〈答耿操院書〉，《酬諮續錄》卷二，《管東溟先生文集（十八）》，頁四一。

學者當中，管志道較認同韓貞（一五〇九—一五八五）「學聖而不學狂」的姿態[118]。

二、霸儒與霸禪

依管志道的觀察，有理學家借禪以助長者，也有假禪宗染儒者，故學風幾近混亂，因此才會說道：「在今日，則不患儒家之不開禪眼，而患狂禪之引狂儒，相與掠圓宗之餘吻，而以罪福、性空之說亂天下矣。」[119]又指說：「霸禪雖影毘盧之法界以降儒，而一大事之尊自在，未必非儒流助明一貫之葦航，及吾宗之既出也。霸儒能影響普賢之行門以降禪，禪無以自振，將並儒宗一以貫之脈而俱衰。」[120]對「霸儒」的指責，主要是指向顏鈞、何心隱與李贄。管志道認為「顏鈞唯不善學心齋，而陷於縲絏；梁汝元又不善學顏鈞……，然二子猶守一鐸者。今復有影射禪玄，張皇性學，不以一貫之鐸鳴，而以二本之鐸鳴者，則狂與偽合，其弊更不知所底止矣。」[121]李贄因其行怪引來殺身之禍，因此當管志道知道李贄在牢獄自殺的消息時，表現得異常冷漠[122]。反之，袁黃對李贄被捕的遭遇，表現出更多的同情[123]。

另外，「霸」的風氣連禪門也無可倖免。晚明儒者逃禪的動機林林總總，在當時是極普遍的現象[124]，不少狂士一旦遁入禪宗，必抬高六祖不思善不思惡的宗旨，進而抑遏《大學》「有善有惡」之旨，最嚴重是「竄身於禪窟者，輒至輕父母而重師僧，視孝行為末節」[125]。針對此，管志道左右開弓，一邊揪出以儒附禪的狂禪者，一邊則對狂妄的僧人有所鞭撻。尤其是明末四大僧之一的紫柏真可，被管志道稱為「霸禪」、「佛法之賊」、「魔僧」[126]等。從「狂」、「霸」，再化為「魔」，可見責之甚苛，且深惡之，究竟原因何在？管志道曰：

> 此僧霸夫也。自負能別五家綱宗，而詭遇心重，業已養成操、懿、莽、溫亂賊種子。其花報必罹王難，果報尚在三途，不必近也。[127]

---

118 管志道，〈答耿操院書〉，《酬諮續錄》卷二，《管東溟先生文集（十八）》，頁四五。

119 管志道，〈謝李明府茹真丈夏間翰貺書〉，《酬諮續錄》卷一，《管東溟先生文集（十八）》，頁一九。

120 管志道，〈李子歸質乃師鄒南皐子〉，《酬諮續錄》卷一，《管東溟先生文集（十八）》，頁四八。

121 管志道，〈答吳處士熙宇書〉，《續問辨牘》卷四，《四庫全書存目叢書．子部．雜家類》第七八冊，頁一七六。

122 管志道弟子瞿汝稷亦不甚認同李贄的行為，汝稷門人曾在其墓誌銘上寫道：「自蚤歲即精禪理，參入微奧，嘗著《指月錄》，而最不喜溫陵人李贄，以為得罪名教，居好恆講學，至當官則絕口曰：『毋樹幟以啟偉也。』」〈明長蘆轉運使加太僕寺少卿致仕瞿公墓誌銘〉，《瞿冏卿集》，《四庫全書存目叢書．集部．別集類》第一八七冊，頁三三二。

123 袁黃，〈與吳曲羅書〉，《兩行齋集》卷十，頁三三。

124 有關這部分，請參江燦騰，《晚明佛教叢林改革與佛學諍辯之研究——以憨山德清的改革生涯為中心》；Timothy Brook, *Praying For Power: Buddhism and the Formation of Gentry Society in Late-Ming* (Massachusetts: Harvard University Press, 1993).

125 管志道，〈題沔陽七十九叟劉君孝思錄〉，《惕齋續集》卷二，頁五四。

126 管志道，〈答段幻然〉，《酬諮續錄》卷三，《管東溟先生文集（十八）》，頁四三。

127 管志道，〈題楚衲募塑旃檀佛像卷首〉，《惕齋續集》卷二，頁五二。

又教人不可輕易相信紫柏真可，又曰：

> 達觀和尚，未可輕信，自謂已歷一祇，見惑已斷，此不作之大言也。其人宗眼略開，教意未徹，詭遇之腸塞腹，豪霸之氣沖天，將來已成操、懿、莽、溫種性。為其黨者，善則為荀彧、荀攸，惡則為華歆、許褚輩。福報一盡，罪報即來，三途斷不能免。當知凡此等僧，乃佛法之賊也……安身菩薩行中，不可不察魔僧之似是而非者。[128]

據憨山德清所記，紫柏真可是振興晚明禪宗主要推動者之一，並且還是嘉興大藏經刻總召人。頗令人玩味的是，在刻經事件中，管志道曾作「檢經會約」[129]，兩人應是有所交集，憨山德清在記載紫柏真可與管志道初次相遇，也曾用「相與莫逆」來形容他們[130]，何以管志道後來對紫柏真可的鞭撻聲不斷，甚至把他比擬為曹操、王莽、司馬懿和桓溫等的「種性」？這大概與紫柏真可「性雄猛，慷慨激烈」的積極入世個性及「政治態度」有關。如佛教典籍所記載，紫柏真可不只是活躍於佛教事業的僧人，他曾為停擺當時怨聲載道的礦稅，挺身為民請命，是活躍的社會運動家。也因為這樣，他最終牽連入宮廷紛爭，因牢獄之災而遷化在獄中。此紛爭即為史上著名的「妖書案」[131]。把紫柏真可和何心隱、李贄的經歷並列，可以窺探管志道的審視判準。何心隱當時組織「聚合堂」，欲在家族中推出新的社會制度，也因為稅收事務與朝廷對抗，最終死於獄中[132]。李贄以言犯禁，最終也落得獄中自刎的結局。在管志道眼中，他們都屬行動激進的「亢龍」，只知「亡」而不

128 管志道，〈答段幻然〉，《酬諮續錄》卷三，《管東溟先生文集（十八）》，頁四三—四四。

129 錢謙益，〈募刻大藏方冊圓滿疏〉，《牧齋有學集》卷四十一，《續修四庫全書．集部．別集類》第一三九一冊（上海：上海古籍出版社，一九九五），頁四〇五。

130 憨山德清，〈達觀大師塔銘〉，《紫柏尊者全集》卷首，《卍續藏經》第一二六冊（台北：新文豐出版公司，一九九七），頁六二八。

131 有關史上的「妖書案」，可參憨山德清，〈徑山達觀可禪師塔銘〉，《憨山老人夢遊集（二）》卷二十七，頁一四一三；沈德符，〈刑部癸卯妖書〉、〈釋道．紫柏禍本〉，《萬曆野獲篇》卷三、卷二十七；張廷玉等篇，〈郭正域傳〉，《明史》卷二二六（北京：中華書局，一九七四），頁五九四七—五九四八。

132 何心隱、顏鈞和李贄常被視為是陽明後學異端的代表者。容肇祖〈何心隱集序〉即曰：「何心隱是我國十六世紀的『異端』思想家。他敢於向封建統治權威作不屈的鬥爭，因此遭到統治階級的陷害。」《何心隱集》（北京：中華書局，一九八一），頁一。黃宣明在〈前言〉，《顏鈞集》也點出顏鈞與何心隱、李贄的相同命運，因為「率性」、「任情」，思想上不偽裝及心性自然論的傾向，卻因此得罪權貴與假道學，被視為「不受名教羈絆」的「異端」而受到政治迫害，頁四。這種異端的氣氛一直籠罩中晚明的社會，李贄就曾說出「然左道之稱，弟實不能逃焉」的感慨，〈與周友山書〉，《焚書．續焚書》卷二（台北：漢京文化事業有限公司，一九九四），頁五五。也許因為個性類似，李贄頗欣賞何心隱的「亢龍」行為，曾說他「龍不容於不亢」，頗有惺惺相惜之意，參〈何心隱〉，《焚書．續焚書》卷三，頁九〇。有關何心隱的研究，參容肇祖，〈何心隱及其思想〉，《容肇祖集》（山東：齊魯書社，一九八九），頁三三五—三七六；或Chen, Yu-Yin, "The Ethics of the Sphere Below (Hsia): The Life and Thought of Ho Hsin-yin (1517-1579)"，《漢學研究》，一九九三，頁四二一—一〇二；Ronald G. Dimberg, *The Sage and Society: The Life and Thought of Ho Hsin-yin* (United States: The University Press of Hawaii, 1974)。

知「存」，如他所說：「卓吾、達觀之不向深山密林而向長安」[133]，不滿他們過於干預朝事。

管志道對有雄心與霸心的狂者，有所警惕與厭惡，應是理解狂偽心態會使學問失真，霸心更恐會擾亂社會秩序，惹來殺身之禍，如他道出「儒如李卓吾，僧如達觀，既以行怪殺身，而餘風依然未熄。目今五尺狂童，稍綽《壇經》、《合論》一兩句話頭，便欲獻奇逞雄於達官宿學之前」[134]的擔憂。尤其對後者，管志道不時嚴以待之，避免「學術將至於殺天下」[135]的情形發生，以抵擋不善學陽明者，把作為「良劑」的良知變成「殺人之毒藥」[136]。可是民間這股狂放的風氣，如星火燎原般蔓延到書院講學。書院不但失去扮演「洙泗杏壇陶鑄之場」的角色，卻轉而成為「遊俠山人之館」[137]。管志道認為「昔之創書院者多名儒，據道統以雄心；今之創書院者多豪儒，立道幟之霸心」[138]，所以在發生張居正毀書院事件時，眾多儒者挺身抗議，他反認為那何嘗不是「遏霸學之一機」[139]。誠然如此，另一個切身的深層隱憂，即是嚴峻的政治氛圍與時局，故認為無論是官僚學者或士人，都應該沉潛保身。溝口雄三就曾指說：「管東溟是位奇異的思想家，他雖然也主張三教合一、無善無惡，但與李卓吾、顏山農這些被稱作明末倡狂自恣之元兇的所謂『無忌憚之輩』是有明顯界線的，甚至可以認為他是積極追求綱常世界的人物。」[140]

三、素王意識

管志道對晚明學風的批判，其中最關鍵要素，是流行於晚明的「孔子觀」。其認為狂偽風氣與霸儒霸禪的出現，都和「孔子」這個思想符號脫離不了關係。特別是王艮尊孔子為素王，促使素王意識蔓延，狂恣者漸眾。管志道曰：

> 然以空王尊佛猶可，而以素王尊孔子，則竊以為不可。素王之稱，起於何時？蓋本漢儒附會《家語》之說，以仲尼為素王，左丘明為素臣，而杜預引之以入《春秋傳》也其曰素王。蓋謂

133 管志道在回答友人信中提及：「……病卓吾達觀之不向深山密林而向長安，亦病雲棲上人之門徒廣大，一一與鄙見相合。」〈答郭中丞書〉，《酬諮續錄》卷一，《管東溟先生文集（十八）》，頁二七。

134 管志道，〈補候曾家塚宰見台先生引告歸錦書〉，《酬諮續錄》卷一，頁一五—一六。

135 管志道，〈答茂孺書〉，《酬諮續錄》卷四，頁三一。

136 管志道，〈贈門人顧任卿春元北上〉，《惕若齋集》卷三，頁六二。

137 管志道，〈追求國學鄉學社學家塾本來正額以訂書院旁額議〉，《從先維俗議》卷二，《四庫全書存目叢書．子部．雜家類》第八八冊，頁二九二。

138 管志道，〈追求國學鄉學社學家塾本來正額以訂書院旁額議〉，《從先維俗議》卷二，《四庫全書存目叢書．子部．雜家類》第八八冊，頁二九三。

139 管志道，〈追求國學鄉學社學家塾本來正額以訂書院旁額議〉，《從先維俗議》卷二，《四庫全書存目叢書．子部．雜家類》第八八冊，頁二九二。

140 溝口雄三著，索介然與龔穎譯，〈所謂東林派人士的思想——前近代時期中國思想的發展變化〉，《中國前近代思想的演變》（北京：中華書局，二〇〇五），頁三七九。

> 帝王以位王，而孔子以德王；位尊於一時，而德尊於萬世，則素王賢於二帝、三王遠矣。[141]

從歷史角度追溯，管志道指說漢儒附會《孔子家語》，以素王尊孔子，已有踰越三王、二帝界限之嫌。再者，說孔子以「德」被尊為王，帝王以「位」為王，也有重「德」輕「位」的意味。這一切，不過是為彰顯孔子光耀萬世之「德」，反襯只能顯赫一時的帝王之「位」。另外，他認為素王意識，將導致狂儒好張道幟，爭做「有首」的偽龍，最終將不得好結果：

> 孔孟之操鐸於春秋戰國，天命之也。不然自有生民以來，豈乏乘龍御天之聖人哉？而胡獨以素王不世之業屬孔子也。此義不明，故狂儒好張道幟，爭以有首之偽龍見於世。一失則近名，再失則近刑，而梁夫山遂以周流傳食之標死於非命。[142]

客觀而言，晚明狂偽與霸學的弊病，不能全部歸咎於儒家，抑或陽明後學，前面援引羅汝芳例子來反映泰州後學在教法上的疏闊，也只是當時的一個側面而已。但這足以讓我們理解，管志道不滿講學家輕易立言，周流天下廣聚信徒的「見龍」做法。況且把孔子奉為群龍之首，導致「偽龍」出現，對狂偽與霸學風氣起了推波助瀾的作用。由此，管志道提出以「乾元統天」為法界，以「群龍旡首」為行門，除有制衡各種流弊的目的以外，是否還存有其他的「隱議程」？它最終到底要楬櫫怎樣的核心問題？

第三節　以「乾元統天」為「法界」

明中葉以後，陽明後學對《易》中的「乾元統天」曾作出幾種不同的詮釋：一是把乾元視為「生生不已之理」，如萬思默（生卒年不詳）視「乾元」為本體，而「元」為「生理」[143]、「一團生生之意」[144]。二則是從「性」與「命」的角度解釋乾坤，乾元為「性」，坤元為「命」，鄧以讚（一五三五—一五九六）便說：「乾性坤命之理，合天地萬物為一體者也。悟性修命之學，還復其性命之本然，通天地萬物為一貫者也。」[145]三則循「氣」的角度出發，尤其是唐鶴徵（一五三八—一六一九），在以「盈天地間一氣而已」[146]的認識前提下，認為乾元之生生「皆是此氣」，而「性」乃

141 管志道，〈奉答天臺先生測易蠡言〉，《師門求正牘》卷中，《管東溟先生文集（九）》，頁三一。

142 管志道，〈孝感楊子夷思出懷師錄以索言為演易傳中庸遯世二義〉，《酬諮續錄》卷三，《管東溟先生文集（十八）》，頁五七。

143 黃宗羲，〈江右王門學案六〉、〈督學萬思默先生廷言〉，《明儒學案》卷二十一，頁五〇三。

144 黃宗羲，〈江右王門學案六〉、〈督學萬思默先生廷言〉，《明儒學案》卷二十一，頁五〇八。

145 黃宗羲，〈江右王門學案六〉、〈文潔鄧定宇先生以讚〉，《明儒學案》卷二十一，頁五六七。

146 黃宗羲，〈南中王門學案二〉、〈太常唐凝庵先生鶴徵〉，《明儒學案》卷二十六，頁六九九。

「氣」之極有條理處[147]。其實無論是生生、性命或氣，彼此之間並非是相互衝突，誠如牟宗三先生曾指出：「『乾元』是一個綱領原則，這表示這個綱領涵蓋得住，涵蓋得住則表示這個綱領還有些隸屬的原則。」[148]一般儒者把乾元視為「道體」抑或「本體」，探尋人與萬物之間生成的根源，管志道則是把「乾元統天」視為他三教合一論述的「總綱領」，於此作為貫通三教的共同根源；此外，乾元統天乃出世之秘旨，是合一論述開展的統攝依據。隆慶時期，管志道參讀《楞嚴》、《華嚴》、《法華》三部佛教經典，並取《易》互為印證，從中悟及《易》中「乾元統天法界，群龍旡首行門」的道理，往後這組概念便成為他重要的思想主張，貫串其哲學思想、政治與文化實踐。

對於這一段領悟的「觸緣」，管志道曰：

> 嘉靖末，幸有所聞，猛然欲透達摩之宗而力不逮。入隆慶，偶從《楞嚴》、《華嚴》、《法華》三經有省。印諸《易》道，恍然照入乾元統天法界、群龍旡首行門，而知大乘菩薩之變化，盡在乾坤二傳中。孔子下學上達，真吾師也。[149]

管志道對「乾」、「坤」二卦的深刻體悟，也是受到《華嚴經》的深刻影響，曾曰：「《華嚴經》之賢勝如來，為乾坤二元之轉竅。」[150]「轉竅」具有「互含性」的意味，意味著兩者可互通。另外，文中述說「大乘菩薩之變化，盡在乾坤二傳中」，也說明儒佛二道的相通相濟，可互相含受。他把「乾元統天」比喻為「法界」，「群龍旡首」比喻成「行門」，便具有「儒佛不二」與「體用不二」的意思。「不二」即屬一體的兩面，可以相互轉化。在華嚴教義裡，「法界」含有本質、實相、根源之意[151]；「行門」則有教法、實踐之意思[152]，二者乃屬體用不二的關係。有關「法界」與「行門」，背後還隱藏一個「實」、「權」的問題：

大聖人出世，定是權中有實，實中有權，即權即實也。何謂實？天命之性是也，通於毘盧性

147 黃宗羲，〈南中王門學案二〉、〈太常唐凝庵先生鶴徵〉，《明儒學案》卷二十六，頁六九九。

148 牟宗三，〈乾元之道〈乾．彖傳〉〉，《周易哲學演講錄》第四講，《牟宗三先生全集》第三十一冊（台北：聯經出版公司，二〇〇三），頁二六。

149 管志道，〈柬東陶宮諭石簣文〉，《酬諮續錄》卷三，《管東溟先生文集（十八）》，頁二八。

150 管志道，〈又分欵答文台疑義五條〉，《析理篇》，《管東溟先生文集（十九）》，頁二一。

151 在華嚴宗裡，若自現象與本體觀之，「法界」實可又分為四法界。今將其義茲錄於此，或有助我們理解管志道的法界觀：（一）「法」指萬法，「界」謂「分界」；諸法各有自體而分界不同，乃構成一千差萬別之現象界，稱為事法界。（二）諸法之現象雖繁多，然其真實體性則常住不變，平等一如，超越語言文字，為寂然聖智之境，稱為理法界。（三）所有現象界與本體界具有一體不二之關係，其一一之法，相即相入，一與多無礙，法爾圓融，稱為理事無礙法界。（四）一切現象互為作用，一即一切，一切即一，重重無盡，事事無礙，稱為事事無礙法界。此外，就法界之當相而言，一切法互為一體「相即」，其作用和無礙（相入），故說事事無礙、重重無盡的緣起，稱為法界緣起。觀此種法界之構造，即稱法界觀。參慈怡主編，《佛光大辭典（中）》（台北：佛光出版社，一九八八），頁三三六八。

152 「行」，按佛教教義理解，原為造作之意，後轉為遷流變化之意。另外，也意味著動作與行為。又或為到達悟境所作之修行或行法。如行解相應、行說一致、教行證、教理行果之「行」。慈怡主編，《佛光大辭典（中）》，頁二五五一。

> 海；何謂權？修道之教是也，通於普賢行海。吾儕透此二關，則目前為道、為世之機權。[153]

以為天命之性通於毘盧性海，而修道之教通於普賢行海，正是儒佛會通的表現。華嚴經擅以大海為比喻，意在描繪出大海深廣無盡、無有邊際，又不可思議的境界。管志道以華嚴性海和行海來貫通二者，提出「權」、「實」二關。「實」是指性境，而「權」則指實踐，但其實也指涉出世法和世間法。管志道莫不是再次強調「不二」的觀念，並進一步揭示出世法不離世間法。另值得注意的是，在理學脈絡裡，天命之性是指至善，也是先天之性；而修道之教，指的是後天的教化和修行，其本源自《中庸》首句：「天命之謂性，率性之謂道，修道之謂教。」由此可知，管志道建構了一個多層對應關係的思想和工夫，例如乾元統天和群龍无首、天命之性和修道之教，以及毘盧性海和普賢行海，正是前面所說的，以「易學—孔學—佛學」相貫通的思想體系。

不過當時在究及儒佛的本源問題時，也有論者以為佛教的「無始」，旨在顯無極於天地萬物之先，而孔子的「乾元」，則含無極於天地萬物之內，便以為「資始」不及「無始」，遂產生「深釋淺儒」心理，管志道起而辯駁說：

> 愚言「乾元」，不但始萬物，亦始天地；不但統六合之內，亦統六合之外，正佛氏之所謂最初大覺。此非無極太極，而何先後有何矛盾？第玩孔子從乾元上發出資始統天之義，顯是緣有物後之太極，表無物前之太極者也，故曰：逼真露出毘盧遮那境界。蓋有物之後，太極非有；無

物之先，太極非無，一言以蔽之曰：太極本無極。而此中尚有隱意，只為儒者咸認釋氏之標毘盧法界，究及無始；深於孔子之標大哉乾元，言資始而不及無始，將起軒輊於其間，故作此回護之說。以為儒聖揭乾元，是含無極於天地萬物之內；釋聖言大覺，是顯無極於天地萬物之先。各有攸當，不可淺儒而深釋也。[154]

揭乾元，意在回護儒宗，也旨在破解對太極無極持有的迷思。乾元不只是萬物的本源，亦是天地的本源，故言乾元統天。「統」之一字應訓作「統攝」而非「統御」，前者強調其乃源自同本，後者卻指向控制或主導的力量，以乾元收二氏，除彰顯「三教同源」外，亦為抑制對佛家出世法的過度迷信：

三教之源本同，無待於還。不還同而還異，則二氏偏能以出世法該世法，而吾儒卻遺出世法矣。孔子必不樂聞此言。權言還同還異，亦必如吾之說而後可。蓋以孔子之一，貫二氏之一，則同者還其同矣；以孔子之矩，別二氏之矩，則異者還其異矣。[155]

153 管志道，〈答敬庵先生書〉，《理要酬諮錄》卷上，《管東溟先生文集（十七）》，頁三六。
154 管志道，〈答敬庵先生書〉，《理要酬諮錄》卷上，《管東溟先生文集（十七）》，頁三三—三四。
155 管志道，〈答敬庵先生書〉，《理要酬諮錄》卷上，《管東溟先生文集（十七）》，頁六四。

又曰：

愚雖不德，頗自信得元神；分諸淨土，又自驗得一貫印諸帝心。姑捨參禪念佛等課，而純向孔子下學上達路中行矣。獨念儒門豪傑，不染偽則染狂，只為迷於出世深因，無以奪其功名富貴之志，故不得不援二氏之宗旨以提之。提及二氏宗旨，而不通極於乾元，儒者終以出離生死為異途，增長世情為庸德也。故又以乾元收二氏，尊孔子一貫之脈焉。[156]

過度以為出世之因藏於佛家，不識孔子之乾元統天，才導致「今儒家已失乾元，其證卻在竺典」。再者，管志道也指說：「自孔氏祖孫去後，性學全入禪門，命學全入玄門，宋儒乃操戈以入其窟。」故不得不援二氏以貫融於乾元，但他特別強調是以「借佛氏以證乾元」而非「以乾元悉歸佛氏」[157]。熊十力曾指說「乾坤二卦，乃孔子之內聖學」[158]，洞見孔子贊《易》根本原理的精蘊，是以一元歸藏於萬物，遂對「中國有此大寶物」讚歎不已。對此更可理解管志道的精銳洞見，掘此寶物並將它作為三教合一的凝聚點。它是三教的真實源頭，也是三教各自內在根源的依據。就這點，管志道認為自明以來，聖祖作《御集》兼收二氏，立極於孔子之道，早已抉發此義：

三教何必會通哉？不問三教中人之智、愚、賢、不肖，其始必資於乾元，其終必反於乾元。孟氏以後，坤道之學尚在，乾道之學似湮，而二氏之祖，卻有潛相發明而不顯其光者，吾安得不借之以尊一貫之道哉！天命我太祖高皇帝，繼文王之文，以合周衰之所分者。分時三教必各出一大聖人，以川其流；合時三教必總出一大聖人，以敦其化。敦化本高皇之事，而三教中之承下風者，亦必有其人。則《中庸》篇之「道並行而不相悖」一句，其的已，吾儕孔子之徒也。故以吾夫子之一，貫佛老之一。[159]

三教本是同源於乾元，會通的需要，反映了乾道之不彰，管志道認為是孟子失責所致。孟子顯坤道卻湮沒乾道，故冀以一貫之學，來發揮乾元之道[160]。管志道強調當三教分離時，儒釋道各有一聖人衍其教法；而當三教合一時，必會出一大聖人為「集三教之大成者」，這集大成者的聖人便是明太祖，故勸人勿再靠三位聖人來張羅門面。由此可理解，羅汝芳、楊起元和管志道等人，不憲祖

156 管志道，〈答敬庵先生書〉，《理要酬諮錄》卷上，《管東溟先生文集（十七）》，頁四一。

157 管志道，〈答敬庵先生書〉，《理要酬諮錄》卷上，《管東溟先生文集（十七）》，頁五一。

158 熊十力，《乾坤衍》（台北：臺灣學生書局，一九八三），頁二四三。

159 管志道，〈先生答周符卿書〉，《析理篇》，《管東溟先生文集（十九）》，頁四七。

160 管志道倡一貫之道，以孔子之乾元統天收攝二氏，其實也引來不少人的質疑，故常見他澄清曰：「自吾表孔子一以貫之之宗，攝達摩之悟門，從心不踰之矩，攝普賢之行門，以稽狂宗尊禪悟而薄儒行之敝。而世之乍開宗眼者，又以非圓非頓病我。」〈答趙太常石梁丈書〉，《續問辨牘》卷二，《四庫全書存目叢書．子部．雜家類》第八八冊，頁五六—五七。

文武而近宗聖祖的原因[161]。不過當管志道進一步指出，那也是明哲保身之道，便值得玩味，且讀以下這段管志道的解釋：

然其評我祖述、憲章二語，以為祖述仲尼者，挽儒歸禪之善術也；憲章聖祖者，明哲保身之道也。可謂好察邇言，且能稽卓吾殺身之敝者。但執以盡吾願學孔子之意，則恐毫釐千里，敝孔滋多。夫吾之所以不祖述堯舜而徑祖仲尼者，何也？堯舜之道統在執中，而仲尼之贊《周易》曰：「大哉乾元，萬物資始，乃統天」，又中統所自來也。乾元實統諸佛，諸佛實受統於乾元，何言挽儒歸禪？倘曰：乾元之秘藏難參，當借內典以參之，亦為中人以上說則可，而上智殆不必也。吾所以不憲章文武而近宗聖祖者，何也？聖祖本昭代之文武，而其主孔賓釋，功又不下於文王之重興義易也。明哲保身之道，豈不該於《易》中，然特用九、中之一用耳。若究憲章之義，及其至也，便可兼世出世間之道而兩圓之，奚重保身一着。倘曰：吾儕義在居下不倍，當以危行言遜學仲尼，無若李卓吾輩之輕君重佛，恣橫議以賈禍也，則亦憲章之權說，而非實說也。[162]

管志道排斥挽儒歸禪之說，以為憲章聖祖，只是一種權宜的做法，可為其尋求「兼世出世間」之道找到一個政治權力上的認可，可避免像李贄等人犯了「輕君重佛」之弊，達到保身的目的。這也難怪管志道表面上雖是表彰聖祖之道，但又不斷強調他真正欲表彰的，是文王孔子之乾元，最後又說：「亦非表章文、孔之乾元，表章人物萬死千生所歸之道岸也。」[163]拈出具有平等象徵意思的「公共道岸」[164]，才是終極目標[165]。「公共」二字表明那並非私己之物，故管志道又曾言「孔子豈是儒家之始祖，佛老又豈是二教家始終」，意在拆除三教藩籬，不為一宗所獨占。

針對管志道對乾坤二道的看法，唐鶴徵曾對此讚賞而言：「管登之嘗分別有透得乾元者，有只透得坤元者，此千古儒者所不能道，亦千古學者所不可不知語。透得坤元，只見得盡人物之性，是人當為之事，猶似替人了事。惟透得乾元，才知盡人物之性，是人不容不為之事，直是了自己事。」[166]不過許孚遠曾強烈質疑羅汝芳與管志道二人，皆「尊釋迦於孔子之上」，認為過度相信釋典，最終恐造成「孔為佛之弟子」[167]，使原本立極於孔子之道的聖祖，也在「統一三教之宗」推崇名號下，讓士大夫有機會公然破壞名教。許孚遠不認同「借異途以入孔奧」[168]，故對「融合而增益

---

161 管志道，〈先生答周符卿書〉，《析理篇》，《管東溟先生文集（十九）》，頁四七。
162 管志道，〈又分欵答文台疑義五條〉，《析理篇》，《管東溟先生文集（十九）》，頁三二—三三。
163 管志道，〈答敬庵先生書〉，《理要酬諮錄》卷上，《管東溟先生文集（十七）》，頁四六。
164 管志道，〈答敬庵先生書〉，《理要酬諮錄》卷上，《管東溟先生文集（十七）》，頁四七。
165 管志道，〈又分欵答文台疑義五條〉，《析理篇》，《管東溟先生文集（十九）》，頁三二。
166 管志道，〈南中王門學案二．太常唐凝庵先生鶴徵〉，《明儒學案》卷二十六，頁七一〇。
167 管志道，〈錄許少司馬敬庵先生來書〉，《理要酬諮錄》卷上，《管東溟先生文集（十七）》，頁一一—一二。
168 管志道，〈錄許少司馬敬庵先生來書〉，《理要酬諮錄》卷上，《管東溟先生文集（十七）》，頁一四。

之」有所批評。針對此，管志道則自辯說，尊佛老於孔子之上，乃喪心病狂之所為，而其所為乃為揭示孔子引而不發、蘊而不出之處，以下這句話，明確道出何以拈出乾元至理之原因：

> 然愚之所以輾轉推求而作是說者，何也？端為孔子庸言庸行之教，易為釋門之一大事所奪，不得不深窮而力振之也。蓋二氏不可以儒門之威力伏，而可以乾元之至理伏；孔子亦不能以儒宗之體面尊，而能以乾元之道岸尊，昔賢亦有威力伏二氏者。[169]

管志道指出「不能以儒宗之體面尊，而能以乾元之道岸尊」，又謂「二氏不可以儒門之威力伏，而可以乾元之至理伏」，其實是就「出世法」而言。他認為孔子偏向庸言庸行的教義，容易讓釋門出世法所奪。眾人沒有體悟孔子的出世法就在「乾元之至理」，他覺得必須深窮此至理以振之。由此看來，「乾元統天」可說是管志道的哲學基礎，把它視為其思想主張的「總綱領」實不為過。這裡頭所揭示的重要意義，即在於作為天地萬物本源的乾元，實際上也是三教的共同根源，故三教實是「同源」。

如前所述，「乾元」具有本源、原理或原則的意思，由坤卦所開展出來的隸屬原則，皆依他而立。從運動的角度而言，它是「敦化」處，至於「川流」處，則是由乾卦所變化的各種現象，經由六龍不同的姿態而顯現。六龍之姿所牽引的是具體現象的不同層面，管志道把「群龍旡首」喻為「行門」，便道明其並非屬於宇宙原理，然卻是以乾元統天為依據，再將它擺放在具體的現實情境當中作檢驗，可知「群龍无首」具有很強的實踐意涵。以下將進一步剖析管志道所提出的「群龍无首」究竟維繫著怎樣的議題。

第四節　以「群龍无首」為「行門」

一、「群龍无首」之內涵

管志道在與其他學者對談當中，不時揭露對群龍无首的看法，並往返書信討論此議題。嘗檢視與管志道通信學者的身分，大致可分成三大類型的群體：一、乃隸屬泰州學派的楊起元、焦竑、周汝登、陳履祥與丁賓等。二、來自江右或東林學派的學者，如鄒元標、王時槐、李材、顧憲成、高攀龍與史孟麟（一五五九—一六二三），此群體最為龐大。三、則是在朝廷裡擁有高職的官員，如王錫爵（一五三四—一六一四）、馬自強、萬思默，以及文學家如屠隆（一五四三—一六〇五）、王世貞（一五二六—一五九〇）與江盈科（一五五三—一六一四）等。這些官僚學者曾經與管志道共同經歷過當時險峻的政治風暴，如張居正奪情與嚴嵩弄權等事。可見在管志道的論學網絡當中，

169 管志道，〈答敬庵先生書〉，《理要酬諮錄》卷上，《管東溟先生文集（十七）》，頁五九。

包含了官僚學者、思想學者、文人與佛教居士等。許孚遠曾作《六龍解私評》來回應《六龍解》，可見「群龍无首」之說，在晚明知識圈確引起不小的迴響。

（二）不執於一位一用

管志道在五十八歲時開始作《六龍解》[170]，提出「群龍无首」的明確思想立場。除了重新解釋六龍的功能及變化，論證不可「以一爻定其位，以一位定其用」[171]，也說明六龍乃依一身、一世、一時、一事而變化，不可執於一位一用，各職其位。追根究柢，這思想立場的提出，仍是針對姚江泰州一脈，其曰：

> 愚所解六龍大義，在群龍无首一句。此為姚江泰州之遺脈，執見龍為家舍，而不知有潛惕二龍者發也。此義不發，小人的然之學日盛，而四民爭持木鐸以卑國法矣。[172]

以見龍為家舍，即是以見龍為六龍之首，王艮曾說：「聖人雖乘六龍以御天，然必常以見龍為家舍。」[173]見龍之狂風若長，人人必以見龍為務，這恐會危害到國家秩序。管志道認為乘六龍的聖人，應是惕中有亢，亢中有惕，潛中有見，見中有潛：

> 聖人乘龍，乘一乎？乘六乎？曰乘一，即以乘六也。聖學以潛為基，而見以表潛、惕以持見、

> 躍以行惕、飛以伸躍。亢龍飛之極，復反於潛。六德之在人心，猶晝夜迴圈無端，隨時隨地無不可乘。若以時位論六龍，亦無並乘之理，雖道全德備之，聖所乘不過一龍。[174]

「群龍无首」脫胎於《易經》「乾元无首」之說。《易經．乾卦》曰：「時乘六龍以御天」，疏云：「言乾之為德，以依時乘之陽氣以拱御於天體，六龍即六位之龍。以所居上下言之，謂之六位。」故知「六龍」之「六」，乃是指乾卦爻。而「龍」則取其隱現無常的功能，作為六爻變化的象徵。所謂「時乘」，則依「時」、「位」的不同，使爻產生六種的變化。文中揭露「聖所乘不過一龍」，說明了聖人乃依時機或事情的變化，採取不同的姿態與反應。雖然偶爾處於幽暗的潛處，但在適當時機卻浮以見，持以警惕之心，才能真正把天德展現出來。若自覺過於激烈亢昂之時，則得

170 管志道曰：「愚作《六龍解》，實為近來講學家知有見龍，不知有潛惕二龍者發，而足下遂悟所乘之時以潛為位，以惕為心，即子輿之三省何讓焉。」〈續答楊認庵書〉，《問辨牘》卷之貞集，《四庫全書存目叢書．子部．雜家類》第八七冊，頁七八二。

171 管志道，〈答周符卿二魯丈書〉，《問辨牘》卷之元集，《四庫全書存目叢書．子部．雜家類》第八七冊，頁六九六。

172 管志道，〈答韓文學恩中弟書〉，《問辨牘》卷之貞集，《四庫全書存目叢書．子部．雜家類》第八七冊，頁八〇六。

173 王艮，〈語錄〉，《心齋先生全集》卷三，頁三。

174 管志道，《周易六龍解》，《無求備齋易經求成》（台北：成文出版社，一九七六），頁二一一—二一二。又可見於〈答周符卿二魯丈書〉，《問辨牘》卷之元集，《四庫全書存目叢書．子部．雜家類》第八七冊，頁六九六。

歸返於潛。所謂乘一龍，也等於乘六龍，一龍有六德，六德合一龍，「乘一即乘六」即是對六龍各居其位，又彼此相輔相成的看法。管志道批評「自姚江、泰州之流日漫，學者知有見龍，不知有潛龍，能以巧說圓六龍之局，不能以深心盡一龍之性。」[175]要盡一龍之性，只要六龍依位而行，就不存在首尾的問題。六龍首尾遂分，關鍵在於泰州末流標榜見龍一脈為道統[176]，並以「見龍首群龍」，管志道才起而批評：

> 古者道權統於天子，自周道衰而春秋之木鐸不得不出，故飛龍之禪於見龍，無足疑者。何以知見龍之當禪於惕龍也？洙泗仁聖之宗幾為禪學所奪，而濂、洛、關、閩相傳之緒，復為俗學所蔽。而姚江、泰州新之，皆本見龍之一脈以維世教。至於泰州末流，而其脈又窮也，則安得不承之以惕。惕之根在潛，世之君子，未有不樂見而苦潛者也。以見龍為家舍，亦不始於泰州。自宋儒有往聖繼絕學、萬事開太平之說，已開其端。而近儒復之為張大其說；但講時乘六龍之義，必合六龍之用於一龍。以為一身必兼六位，一位亦有六位；而於潛惕二繇，則必圓融其義，以合之於見龍。此皆未究群龍旡首之旨，而以見龍首群龍者也。[177]

管志道點出了對「六龍之用」解說的盲點。如前所述，六龍之性乃含六德，一龍包含了六德。但若從實踐上（用）來說，一龍並不等於兼六位，「德」可轉換，「位」卻涇渭分明，當時學者卻把兩者含混起來，把潛惕二義，涵攝於「見」；並把「見龍」的地位，提升至其他五龍之上。這使群龍之首的「首」義，便具有獨尊、根本和主導的意思，而見龍便成為六龍中的根本義。就這一點，管志道敏銳地看到對「首」的信服，實是來自對「聖」的權威性遵從。他進而追溯儒者對「聖」被賦予獨尊地位的建構過程，指出《四書》及《論語》中所提到的「仁聖」或「聖人」，並未有「獨尊」的概念。《中庸》雖有「至聖」之說，說明「聖智」者能達天德，但聖德只是「人德」，不可與「天德」同喻。兩種「德」實具有不同的境界。而「聖」字，實「俱本周之德」，如同「賢」字一樣，都是屬於「六德之一」。至孟子，雖然聖與賢在立德上有高下之分別，而孟子又獨重於「聖」，也還沒有獨尊之意。一直是到唐宋的儒家，「聖」才被提升至「極尊之德」[178]的地位。管志道試圖通過今日我們所津津樂道的系譜考古學的方式，破解了「聖」為獨尊以及歷史建構說法，使其回歸成為「六德之一」，即是要說明「德無高下」[179]，既然德無高下，又可必獨尊孔子，以其為群龍之首？在他看來，六德有高下之分，乃「人所造耳」[180]。

175 管志道，〈答王太常塘南先生書〉，《問辨牘》卷之元集，《四庫全書存目叢書．子部．雜家類》第八七冊，頁六四一。
176 管志道，〈濯舊稿引〉，《惕若齋集》卷三，頁一八。
177 管志道，〈又惕見二龍乾義〉，《惕若齋集》卷一，頁五七—五八。
178 管志道，〈與楊直指淇園公論《酬諮錄》中智仁聖義〉，《酬諮續錄》卷三，《管東溟先生文集（十八）》，頁二〇—二一。
179 管志道，〈與楊直指淇園公論《酬諮錄》中智仁聖義〉，《酬諮續錄》卷三，《管東溟先生文集（十八）》，頁二三。
180 管志道，〈與楊直指淇園公論《酬諮錄》中智仁聖義〉，《酬諮續錄》卷三，《管東溟先生文集（十八）》，頁二一。

（二）主惕不主見

理解了六龍不執於一位一用，六龍各得其位，管志道進一步指出儒者應「以潛龍之心，行惕龍之事」，才能克制對「見龍」欲望的嚮往。聖人雖時潛時見，仍需以「潛」為基，潛含惕龍，其德乃純。何謂「潛」？即是「依乎中庸遯世不知見而不悔的君子」[181]，因而「聖人主靜立極，其體常潛」[182]。潛即不顯其光，是聖人藏用之學，吉凶與民同患，才是真潛。潛體可用可不用，依乎情況而定。但眾人以「見龍」為體，是不察孔子執木鐸乃「為其川流之用」[183]，非執「見」為「體」。更何況孔子雖居見龍之位，卻存惕龍之心[184]。那何謂「惕」？惕是「人道」，在此道中君子只需孜孜進修，下學上達，進修學問以示「無言之天道」便可。這加強說明何以管志道不狂熱講學，反而常勸人要以潛龍之心，行惕龍之事，學者兢兢業業，莫熱中於為人師，居師道才是見龍之道脈。他直指道樞不屬見而屬惕，進一步指出「群龍旡首」即是「中庸遯世之學」，其曰：

> 今日之道樞，不屬見而屬惕；今日之教體，不重悟而重修。倘亦翁所揭修身為本之宗，合否？而近世諸公，每執見龍為首，而其尾遂入於浮偽。吾懼中庸遯世之學脈漸湮，而大易群龍旡首之義日晦也。[185]

當今學者不應立言學孔子，當以闇然進修學孔子，使「見龍禪於惕龍」[186]。這也是為何管志道常批評羅汝芳「急於聚徒，疏於稽斂」[187]，原因在於他不領悟中庸遯世之意，掉入在「有首」的迷思與窠臼。另外，主惕不主見，教誡學者欲效法聖人，不能只知進而不知退。管志道舉周敦頤為例，述其與李侗（一〇八八－一一五八）日常奉行「時潛時見而不離乎惕」的原則，原因有二，其中一個即是避免「素隱行怪」之徒自比擬帝王師而大行其道。管志道曰：

雖然，必如王氏之以布衣垂幟於天下，則主見而不主潛，群龍亦有首矣。其流之弊，將有素隱行怪之徒，妄自擬為帝王師者，而大盜仍起於孔孟之間，與偽儒之盜佛，一間耳。故復揭群龍

181 管志道，《周易六龍解》，頁四。

182 管志道，《周易六龍解》，頁五。

183 管志道，〈續答楊認庵書〉，《問辨牘》卷之貞集，《四庫全書存目叢書．子部．雜家類》第八七冊，頁七八五。

184 管志道，《周易六龍解》，頁八。

185 管志道，〈復李中丞見羅公赴漳後書〉，《惕若齋集》卷一，頁四七。

186 管志道曰：「聚徒者皆知見而不知惕，道統之所不歸也。帝王之道在孔子，故曰：『飛龍禪於見龍。』今不當以立言聚徒學孔子，而當以闇然進修學孔子，故曰『見龍將禪於惕龍』，此微辭也。」〈復李中丞見羅公赴漳後書〉，《惕若齋集》卷一，頁四六。又曰：「……而知道脈之流行，飛龍必禪於見龍，見龍將禪於惕龍。見者顯露其脈，而惕者陰持其脈。文成之徒，主見而不主惕，弊也。」

187 管志道，〈答許少司馬敬庵先生書〉，《理要酬諮錄》卷上，《管東溟先生文集（十七）》，頁四二。

旡首一語，與同志共參之。[188]

管志道認為子思早對「素隱行怪者」有所戒心[189]，《中庸》的「素隱行怪，後世有述焉；吾弗為之矣。君子遵道而行，半途而廢，吾弗能已矣。君子依乎中庸，遯世不見知而不悔」[190]，道出子思的憂慮。按朱子的注解，「素」為誤字，原作「索」，索隱行怪者即指行為詭異的欺世盜名者。管志道在《中庸測義》則對「素隱行怪」一義作了最直接的解釋：

夫子之戒素隱行怪何也？蓋以杜異教而塞亂源也。王制非天子不議禮、不制度、不考文。故凡不帝王而任道統，不卿士而議朝綱，不史官而撰國書，不都鄙之師儒，及有道有德之可祀於瞽宗者，而聚徒立幟，皆行怪之倫也。[191]

管志道對「聚徒立幟」者的不滿，固然如前面所述有壞學風之嫌，但其最嚴厲的指責，恐是聚徒者對社會禮節制度的破壞，以致影響社會政治綱紀的運作。像上文所批評的，是「不在其位，不謀其事」的作為。孔子早期憲章文武，述而不作，是為戒「行怪」，而其贊大易，不贊羲而贊文，也旨在示「述」而已。孔子「取其義，而不易其文」[192]，就是要遠離「行怪」，如今匹夫儼然以任道統之姿態出現，莫不是受主「見」之影響。

第二個原因，則是反芻於他的政治遭遇，管志道曰：

> 愚德非聖人，不宜亢；位非要路，不必亢。而前在江陵柄國之時，惘然不度德、不量力，以犯位卑言高、交淺言深之戒，亢已甚矣。於時進退維谷，不得已而以憲綱代膰肉之行，悔茲深焉。不龍而亢，不龍而悔，愚實蹈之。[193]

張居正掌權時，管志道不認同其「方操慱陸重權，威福侔於人主」的態度[194]，發生奪情事件時，趙用賢、沈懋學等人不滿，遂修撰上奏疏書，曾找管志道商訂內容。豈知後來趙用賢等人竟慘遭梃杖之刑，此事弄至人心惶惶。管志道之後上疏陳述九事，欲以憲綱取代梃杖，卻侵犯了以張居正為主的權力集團，他曾自剖說：「余以得罪江陵，受南韶之敕歸里。」[195]又自覺自己「以犯位卑言高、交淺言深之戒」，可知他是有深切的體悟。對於政局的驚濤駭浪，管志道文中多處皆有詳細的

188 管志道，〈耿子學象引〉，《師門求正牘》卷上，《管東溟先生文集（九）》，頁三二一—三三三。
189 管志道，〈素隱行怪〉，《中庸測義》，《管東溟先生文集（六）》，頁二一一。
190 朱子集注，蔣伯潛廣解，〈學庸〉，《四書讀本》（台北：黎明文化事業公司，一九八九），頁九。
191 管志道，〈素隱行怪〉，《中庸測義》，《管東溟先生文集（六）》，頁二一三。
192 管志道，〈素隱行怪〉，《中庸測義》，《管東溟先生文集（六）》，頁二一三。
193 管志道，〈答王相公荊石國亢龍說〉，《續問辨牘》卷一，《四庫全書存目叢書．子部．雜家類》第八七冊，頁八。
194 管志道，〈張甑山先生文集敍〉，《惕齋續集》卷一，頁一五。
195 管志道，〈兵法捷要選錄序〉，《惕齋續集》卷一，頁二四。

記載，以下為一例：

萬曆戊寅之春二月，弟既浪陳九事訖，續以揭帖補送諸大老。而兄忽過，我述當夜之夢，謂有令先兄春元者，供職天曹，已將小疏進上帝竟。而蒲案尚排弟之揭帖，將正其訛字以送諸司。續有人報兄云：弟命盡今夕矣。兄忙索余於蕭寺中，則驩然笑語如故。蓋人間私語，天聞若雷，豈有奏揭而不達天府者？於時先慈在京邸，方有惕於吳、趙諸君受杖之慘，弟恐以危事驚母懷，托所知密寫揭於城外。委有許多訛字當正，其謂命盡今夕，顯是江陵於是夕，動削籍錮余之念也。後兄以兩疏噓我於死灰中，則索蕭寺相驩之兆應也。此亦天命也。[196]

夢中栩栩如生的經歷，瀰漫著一股肅殺氣氛，高度緊張的心理氛圍。與管志道共同推動嘉興刻的袁黃也感民心之岌，道說：「今法網太密，殺戮太繁，禮義不加於士類」[197]，反映了晚明政治氛圍的真實寫照。管志道感悟自己在非常時期不返入「潛」，卻以「亢龍」的姿態高分貝向朝廷喊話，其後雖能逃過梃杖之災，往後的仕途之路卻顛簸。最後選擇辭官隱居於「惕若齋」，走向「潛」與「惕」的道路，是不得已情勢所使然。由此可理解，管志道提出「群龍旡首」，要把儒者從「見龍」一牢籠裡解放出來，說明六龍原無定局，其姿態可以隨時變化。而對應嚴峻的政治氣氛，以潛龍之心，行惕龍之事，主惕不主見，才是聖人應保持的生存姿態。

二、君師道合

（一）不以師道踞君道之上

在嚴峻的政治氛圍裡，士人對自己的生存狀態有所關注與警惕，乃屬平常。管志道關心的是社會的道德與政治秩序。王艮等人以帝王師姿態講學，有「踞君道」之嫌。故他後來特別著力於理清「師」與「道」，以及師道與君道之間的關係，試圖在兩者之間作清楚的界定。這其實又碰觸了另一個核心命題，即「道」之「統」，以及「文」與「道」的關係。管志道以群龍旡首為天則，除欲破除見龍之狂，也有整肅師道之意。由於見龍與好為人師的風氣，與王艮提倡的「出為帝王師，處為萬世師」主張有緊密關係，同時亦是見龍的思想基礎，於是有必要先了解王艮說這句話的含意：

> 門人問先生云：出則為帝者師，然則天下無為人臣者矣？先生曰：「不然。學也者，所以學為師也，學為長也，學為君也。帝者尊信吾道，而吾道傳於帝，是為帝者師也。吾道傳於公卿大

196 管志道，〈續答二魯書乙道又志隱餘言乙道〉，《問辨牘》卷之亨集，《四庫全書存目叢書．子部．雜家類》第八七冊，頁七一六。另可參〈敕封安人先妣錢氏壙〉，《惕若齋集》卷四，頁五五。

197 袁黃，〈丁丑五策〉，《兩行齋集》卷三，頁九。

夫，是為公卿大夫師也。不待其尊信而衒玉以求售，則為人役，是在我者，不能自為之主宰矣，其道何由而得行哉？道既不行，雖出徒出也。若為祿仕則乘田，委吏牛羊茁壯會計，當盡其職而已矣。道在其中，而非所以行道也。不為祿仕，則莫之為矣。故吾人必須講明此學，實有諸己。大本達道，洞然無疑。有此欛柄在手，隨時隨處無入，而非行道矣？有王者作必來取法，是為王者師也。使天下明此學，則天下治矣。是故出不為帝者師，是漫然苟出，反累其身，則失其本矣。處不為萬世師，是獨善其身，而不講明此學，則遺其末矣，皆小成也。故本末一貫，合內外之道也。」198

再看另一段王艮與董燧（一五〇三—一五八六）的對話：

董子某問：先生嘗曰「出必為帝者師，處必為天下萬世師，若疑先生好為人師何如？」先生曰：「子未學禮乎？」董子曰：「亦嘗學之矣。」先生曰：「子未知學為人師之道乎？」董子曰：「願終教之。」先生曰：「禮不云乎？學也者，學為人師也。學不足以為人師，皆苟道也。故必修身為本，然後師道立，而善人多矣。如身在一家，必修身立本以為一家之法，是為一家之師矣。身在一國，必修身為本以為一國之法，是為一國之師矣。身在天下，必修身立本以為天下之法，是為天下之師矣。故『出必為帝者師』，言必尊信吾『修身立本』之學，足以起人君之『敬信』，『來王者之取法』，夫然後『道可傳』亦『可行』矣。」199

以上兩段內容甚為相似，但可以互相補充。在上一段文，其門人主要問關於「人臣」問題，下一段文，董燧卻針對「好為人師」而發言。面對學生的問題，王艮的回答重點在於如何掌握「道」的問題。王艮認為，道為「欛柄」，一旦獲得道權，王者便會前來取法，這樣便可為君之師了。通過學習掌握道機與道權，亦可以道行使「治」權與「教」權，所以他說：「飛龍在天，上治也，聖人治于上也。見龍在田，天下文明，聖人治于下也。」[200]「治」所指的是什麼？姑且可將之形容為治理權，或秩序的制定者。王艮認為若掌握了對「道」的領導權（欛柄），無論在朝在野，便可以天下治理者自居，因為「治」的合法性是取自於「道」[201]。王艮在二十九歲時曾夢見天空星辰秩序失衡，產生了欲拯救宇宙的心理。他的《鰍鱔賦》表現出萬物一體的救世情懷，透露其行雖在民間，卻有整頓整個宇宙秩序的大情懷。狄百瑞曾以此稱王艮開啟了一種「新道德英雄主義」形態[202]。由此可知，王艮無舉業之心，卻有一套自己的「政治藍圖構想」，冀能如同掌握治權的皇帝，在社會民間進行教化工作[203]。他也曾說「不衒玉以求售」，表現出自我的主宰性，要人擺脫為

198 王艮，《重鐫心齋王先生全集》卷三，頁二八—二九。

199 王艮，《重鐫心齋王先生全集》卷三，頁二九。

200 王艮，〈語錄〉，《重鐫心齋先生全集》卷三，頁一三。

201 有關這方面的論說，可參黃進興，《優入聖域——權力、信仰與正當性》（台北：允晨文化，一九九四）。

202 Wm. Theodore de Bary edited, *Self and Ming Thought* (New York: Columbia University Press ,1970), pp. 146-147.

203 鄧志峰曾指出，王艮在逝世前一年，曾向友人詢問上疏有關「以孝弟治國的政治理想」。參《王學與晚明的師道復興運

人臣的奴隸思想，強調自我的自主能力，以「人師」為終極目標。「人師」也即是法度（秩序的維持者）之所繫。

管志道對王艮的言論有所忌諱，是認為王艮樹立師道之尊，有「藐視時王之心」：

聖祖實握君師之統，以三重王天下，而儒者猶沿其說。泰州有王氏者，侈謂「達則兼善天下，窮則兼善萬世」，以一布衣跨堯舜湯文而上之。名雖推尊孔學，而實起狂儒藐視時王之心，是烏可以為訓？愚故闡《周易》群龍旡首之旨，及《中庸》為下不倍之脈以匡之，而愧德薄力微，莫之與也。賢侯欲振士風乎？則願先稽其敝矣。[204]

上文透露了兩個重要的訊息：一、管志道認為君道與師道之統，皆掌握在皇帝的手中；二、管志道說王艮「以一布衣跨堯舜湯文而上之」，批評他有越權之舉。就第一點而言，王艮與管志道對道統歸屬權的看法是分歧的，如前所言，王艮認為只要掌握了道權，也即是掌握了治權，管志道卻認為治權與道權都在天子手中[205]。關於道統的問題，無論在朝在野，甚至在不同的學派裡，對誰才真正具有傳承「道」的權力與合法性，一直都具有競爭意識。對管志道而言，古時道權是掌握在天子手上，皆因天子具備了德、位與時（即所謂「三重」）[206]，故可為君可為師。周道衰弱以後，孔子才不得不執春秋木鐸繼承之。之後姚洛閩關承接孔子見龍之緒，故說道「飛龍之禪於見龍」。到了姚江泰州，特別是泰州末流，見龍道脈已窮[207]，於是「見龍之禪於惕龍」[208]，管志道反覆強調

「以潛龍之心，行惕龍之事」[209]，除了批判王艮之「見龍」，提倡沉潛保身以外，也有維護「君道」之意。像在〈為孔子闡幽十事〉文中，管志道反駁孔子是以講學樹立天下萬世師道的說法。對他而言，孔子終身是居臣道而非師道[210]。對於「道」的授予，管志道提出了「命世」之說：

> 意以凡稱聖者必能作，凡能作者必與於道統，而夫子僅以述文自任，為謙謙之辭耳。愚以為道非居下位者之所敢任，文非不任道者之所敢作也。蓋作君、作師，道乃統焉，是以謂之命世。凡議禮、制度、考文，皆任道者之事也。為人臣者，無以有已，寧敢自有其道？聖人在下位而

204 管志道，〈志練川明德書院緣起〉，《惕若齋集》卷一，頁四三。

205 管志道在〈奉答天臺先生測易蠡言〉，《師門求正牘》卷中即說明道統：（一）當歸於天子；（二）不落於庶人，《管東溟先生文集（九）》，頁三二二。

206 管志道，《中庸訂釋》卷下，《管東溟先生文集（六）》，頁二一〇。

207 管志道曰：「自高皇出而飛龍之的復立。飛龍現，則見龍隱。數傳而文清、文成兩君子，復樹見龍之操，流至泰州之衰，入狂入偽，於是見龍之道窮。」〈答王太常塘南先生書〉，《問辨牘》卷之元集，《四庫全書存目叢書．子部．雜家類》第八七冊，頁六三九。

208 管志道，〈群龍旡首〉，《從先維俗議》卷四，《四庫全書存目叢書．子部．雜家類》第八八冊，頁三九〇。

209 管志道，〈群龍旡首〉，《從先維俗議》卷四，《四庫全書存目叢書．子部．雜家類》第八八冊，頁三九一。

210 管志道，〈為孔子闡幽十事〉，《從先維俗議》卷四，《四庫全書存目叢書．子部．雜家類》第八八冊，頁三八〇。

任作者之道，不為倍君乎？夫子不敢以臣倍君，則亦胡敢以師自命，何者？上古君師道合，天子為天下君，即為天下師。若創起一宗，而不本於尊王之道，是以師匹君，而嫌於行考文之事，其流將以師道蔽君道，亦聖人之所不處也。[211]

何以不謂匹君？曰：師道有分有合，天子為天下師，師道之合也。師儒為一鄉、一邑之師，師道之分也。夫子亦分師之道者耳，其事則臣子之事，而其德則君師之德也。禮有先聖先師之祭，孔子足以當之。是故，後王念其功在斯文，而尊為帝王師則可。儒者以此張皇師道，而抗以帝王之上則不可。[212]

當時朝中不少人與管志道有類似的看法，如唐鶴徵便曾曰：「若夫以見龍為家舍，則非群龍旡首之見。至謂堯舜有此位，乃有此治，孔子只是學不厭教不倦，便是致中和、位天地、育萬物。便做了堯舜事業，必欲伸師道而抑君道，亦非孔子稱九二為君德意也。」[213]至於第二點，是管志道對「布衣」的態度。管志道在言談間常把「布衣」與「士」的身分置放在對比的位置上。如他曾指出「四民爭持木鐸以卑國法」[214]，批評泰州末流「以匹夫薄帝王」[215]，所以要「訓布衣兢持木鐸以卑堯舜」[216]。甚至在與李材對談中，也指說他「以庶人荷帝王之道統」[217]。匹夫、庶人及布衣等該類名詞的使用，說明了管志道自覺於「士」的身分與權力，苛責這些「非士人」均有「越位」的現象。

當時有不少布衣上書獻策，管志道均認為他們乃「行越俎代庖之事」[218]，遂而援引程朱後人與之對比，指說程朱後學中雖也多有布衣，他們卻能「闇然自修，以友輔仁」。泰州後學卻頻標榜素王之統為絕學，導致理學家相競爭道柄，文學家爭文柄的惡習[219]，所以管志道才認定「見龍之敝，敝在乎身處庸言庸行之中，而有所浮濫以高其幟，則導狂；有所巧妙以神其說，則導詭」[220]。管志道更認為，王艮以一灶丁舉身於堯舜伊尹之上，自任帝王師、萬世師，導致「潛龍之跡削，飛龍之格卑，而群龍之首，全屬於見龍矣」[221]，學風滑向「有首之端」[222]，所以不得不「本周易群龍旡首

211 管志道，《師門求正牘》卷上，《管東溟先生文集（九）》，頁一一。
212 管志道，《師門求正牘》卷上，《管東溟先生文集（九）》，頁一三。
213 唐鶴徵輯，〈王艮〉，《憲世編》，《續修四庫全書．子部．儒家類》第九四一冊（上海：上海古籍出版社，一九九五），頁五一三。
214 管志道，〈答韓文學恩中弟書〉，《問辨牘》卷之貞集，《四庫全書存目叢書．子部．雜家類》第八七冊，頁八〇六。
215 管志道，〈答屠儀部赤水丈書〉，《問辨牘》卷之元集，《四庫全書存目叢書．子部．雜家類》第八七冊，頁六六三。
216 管志道，〈答萬光祿思默先生書〉，《問辨牘》卷之元集，《四庫全書存目叢書．子部．雜家類》第八七冊，頁六四七。
217 管志道，〈答葉儀部園適丈書〉，《續問辨牘》卷三，《四庫全書存目叢書．子部．雜家類》第八七冊，頁一三二。
218 管志道，〈稽祖訓許百工技藝建言合諸司職掌糾劾不正陳言以戒奔兢議〉，《從先維俗議》卷二，《四庫全書存目叢書．子部．雜家類》第八八冊，頁二八四。
219 管志道，《師門求正牘》卷下，《管東溟先生文集（九）》，頁二一。
220 管志道，〈續答南皐丈書〉，《問辨牘》卷之元集，《四庫全書存目叢書．子部．雜家類》第八七冊，頁七二三。
221 管志道，〈曾孟程朱有首〉，《從先維俗議》卷四，《四庫全書存目叢書．子部．雜家類》第八八冊，頁三九四。
222 管志道，〈曾孟程朱有首〉，《從先維俗議》卷四，《四庫全書存目叢書．子部．雜家類》第八八冊，頁三九四。

之旨，而裁今以見龍為家舍」[223]。他甚至指責說「侵天子之權，以先覺覺後，作周流之題目，亦自心齋始」[224]。同時質疑王艮確立師道的做法，未嘗沒有「抬匹夫之師道以壓帝王」的嫌疑：

凡愚所惡於身任師道者，非指傳道授業，若周禮所謂都鄙鄉遂之師也。謂任天作之師，與作君者匹，且鄙君不能握道統以善一世，而自擡身任君師之道統以善萬世，嫌於無君而有師也。孔子正周禮中以道得民之師，述而不作，何罪可坐？若孟子雖師孔子之學，而其傳食諸侯，似不純師孔子，而染戰國縱橫游士之餘習。孔子以見群龍之无首為天則，而孟子必以群龍之首尊孔子，亦非善體聖心者。孔孟何可以一律並坐哉？元公卻是善師孔子者，但曰師道立則善人多而已，未嘗擡匹夫之師道以壓帝王也。[225]

管志道明確指出，其所厭惡的並非是傳道授業者，抑或《周禮》中所指在鄉間私塾教育工作者。而是那些自以為授命於天，可為君之師的人。對於匹夫欲僭越許可權來取代天子作為君師的地位，管志道認為孟子又得為這事負一點責任。他舉說「孟子似未嘗透及乾龍无首道理」[226]，況且孟子沾染到縱橫家與遊士的氣習，開傳食之風，把孔子看待為群龍之「首」，這與孔子之學不符[227]。對於「師」與「師道」，管志道立下不同的判準。他把「人師」的角色與「經師」作嚴格的區分。前者是指向民間道授業的德人，後者則指向了宮廷裡的導師，並且在經學認識上有一個經過鑑定的專業資格[228]，從這裡便反映出他對國學與鄉學導師不同的態度，經師的地位始終高出一等。他終究認為「師道」乃統于天子：

> ……而師道已統於天子，特行君之令而致之民耳。若樂正，修詩書禮樂以造士。春秋教以禮樂，冬夏教以詩書，此正經師之事也。雖其中亦自有道有德者，死則以為樂祖，祭於瞽宗，是即經師中之人師，而天子之憲乞不屬也。然則士由鄉學入國學，所遇莫非經師，安得人師而事之？[229]

有論者曾指出，雖然有學者把王艮視為是晚明師道復興的主要鼓吹者，但在他的後學當中，像

223 管志道，〈答王太常塘南先生書〉，《問辨牘》卷之元集，《四庫全書存目叢書．子部．雜家類》第八七冊，頁六三七。

224 管志道，〈答吳處士熙宇書〉，《續問辨牘》卷三，《四庫全書存目叢書．子部．雜家類》第八七冊，頁一七七。

225 管志道，〈答耿操院書〉，《酬諮續錄》卷二，《管東溟先生文集（十八）》，頁四四—四五。

226 管志道，〈孟子未透易〉，《從先維俗議》卷四，《四庫全書存目叢書．子部．雜家類》第八八冊，頁三八七。

227 管志道曰：「傳食乃衰世風，非盛世風。其端起於縱橫遊說之客，不起於聖賢之徒也。」〈答陳文台書〉，《酬諮續錄》卷四，《管東溟先生文集（十八）》，頁六。

228 管志道，〈剖座主舉主國學鄉學督學提調諸師真擬議〉，《從先維俗議》卷二，《四庫全書存目叢書．子部．雜家類》第八八冊，頁三〇二；〈答耿操院書〉，《酬諮續錄》卷二，《管東溟先生文集（十八）》，頁四四。

229 管志道，〈剖座主舉主國學鄉學督學提調諸師真擬議〉，《從先維俗議》卷二，《四庫全書存目叢書．子部．雜家類》第八八冊，頁三〇二。

屬三教合一會通派的管志道、楊起元與周汝登等人，不但對師道不感興趣，更有張揚君道之嫌[230]。而管志道雖力闢王艮見龍之說，耿定向卻曾以王艮善為萬世師，推舉王艮為孟子的繼承人。管志道對此表示不滿，反覆與耿定向討論中庸遯世之旨[231]，編輯成《師門求正牘》一書，管志道曰：

> 夫《六龍解》之果傳於後與否，吾不敢知。而《解》中獨詳於群龍先首之義，則為泰州之流派，以見龍為家舍，而優孟尼父者發也。故求《正牘》中，因天臺先生之過推泰州王氏而為之評騭曰：孔子見群龍之先首，而泰州則以見龍為群龍之首，此□□□□□□（字體駁落）子處也。又《愓若齋集》中，與李中丞見羅公論愓、見二龍之義，曰：見龍之用，全在作人，而立言亦其餘事。愓則不汲汲於作人，亦不汲汲於立言，而唯以進修為實地，是亦斯文之標也。[232]

不滿耿定向稱讚王艮以見龍為群龍之首，管志道遂寫出《師門求正牘》一書作回應。可惜該書未寫成，耿定向已逝世。在該書中，管志道再度標舉「愓」，勸人勿好為人師，也不好為立言，反之應以進修取代立言，才是「斯文」所在。其實王艮也曾勸人在不得志時，應以修身講學為主，但問題是在於「見」。王艮曾針對孟子曾說「不得志則修身見於世」，形容那是「見龍之屈」[233]。王艮雖沒有從仕之心，對「見世」卻一直是念茲在茲。這就是管志道一直批判的，王艮所標榜的「出為帝王師，處為萬世師」，不但顛倒了師道與君道的位序，也恐使師道踞於君道之上。

（二）治教權皆歸天子

細析之，管志道的不滿及「群龍旡首」的提出，背後實支持著一套「君師道合一」的想法。到底誰才有資格掌握「道」的詮釋權，是他最關心的一道題旨，管志道曰：

> 愚前者有感於上古君師道合，後世乃以道統屬匹夫，駕師道於君道之上，大傷夫子為下不倍之脈，而釋氏獨稱人天導師。……蓋君臣以位言，不過一時所乘之跡；師以道言，則所謂龍德也。龍德旡首，師而臣者，豈必卑於師而君者。師而君者，豈必高於師而師者。……愚闡旡首之意最詳，而兄猶起師釋臣孔之誚，蓋猶未免於君臣名色上起低昂也。出世而師人天者，唯法王；治世而師臣民者，唯聖主。是以均謂之飛龍，尊二上故也。此義明，而道中之亂臣賊子始息。不然，天下其誰不曰「道在我」。[234]

230 鄧志峰，《王學與晚明的師道復興運動》，頁三〇〇—三一〇。

231 管志道，〈答萬光祿思默先生書〉，《問辨牘》卷之利集，《四庫全書存目叢書．子部．雜家類》第八七冊，頁六三七。

232 管志道，〈答周符卿二魯丈書〉，《問辨牘》卷之亨集，《四庫全書存目叢書．子部．雜家類》第八七冊，頁六九五—六九六。

233 王艮，〈與薛中離〉，《心齋先生全集》卷四，頁六一七。

234 管志道，〈答顧選部涇陽丈書暨求正牘質疑二十二條〉，《問辨牘》卷之利集，《四庫全書存目叢書．子部．雜家類》第八七冊，頁七七〇。

「君師道合」的政治理想，是要把治權與教權打並為一，同時把道統的火脈，重新歸還到皇帝（天子）的手中。與此同時，把君臣的地位重新理清，如淡化孔子作為「師」的角色，表彰其「臣」的身分，不外是要把教化之事統合在政治結構裡，進一步鞏固君權的地位。如管志道曾道出「毋以臣道踞師道，亦毋以師道抗君道」[235]這兩句話，就是提醒眾人應遵守臣道，以遏制民間大張師道旗幟的講學活動。唯有如此，才能解決亂臣賊子的問題。管志道曰：

蓋天子所以理天下，唯治與教。盛王之世，君師道合，而治教之權翼如也。匹夫而為萬世師，自仲尼始，然仲尼不任斯道而任斯文，不比作者而比述者，何居師之道？……而君師之道復合為一。君之道，則寄之監司、守令，而部院為之綱。師之道，則屬之郡邑校官，而國學為之總。其教民榜文及臥碑、監規，一一出自聖制。[236]

明顯的，君師道合，讓天子握有治權與教權，也才能鞏固「君」的政治與道德權威性，所以必須重新審視孔子的角色與地位。管志道一再強調孔子不任道統而任文統，就是認定道統須掌握在有三重之王者手中。另外，他指出孔子本身不以作者自居，是因為理解「師道必遜於作禮樂之天子」，制禮樂是天子的職責。在這裡，管志道進一步指出，君之道，是掌握在「監司守令」的手中，以部院為綱紀；而師之道，則屬於「君邑校官」，以國學為統領。所謂的教民榜文，或臥碑監規，也都必須一一由聖祖制定。這樣，好張揚道統與師道者，就無法借意卑視國法，可避免「帝王之道」被遮蔽：

宋儒推尊師道，乃有匹夫接道統之說，其流至於好樹道標而敝帝王之道，此非夫子垂教之初意也。人心、道心之辨，序中以形氣、性命言，文義甚精細。近世王文成公以為原無二心，道心即在人心中。而盱江羅氏則曰：心雖在人中，而道寔在心中，日用不知，則道心而人矣。日用而知，則人心而道矣，其提掇尤為緊切。然而體察唐虞禪受景象，未必如此。蓋殿廷之上，豈類儒生居間講究析理欲之毫芒，不過以君道相警惕耳。[237]

「匹夫接道統」之說始於宋儒，晚明儒者對這個道統觀不加以檢視，反進一步推進這風氣，所以管志道不承認「匹夫接道統」之說。在他看來，那只是一個人為建構與「歷史化」的結果，隨著時間的演變不斷在擴大其神聖影響而已。對於宋儒的道統觀，余英時曾在〈道學、道統與「政治文化」〉文中作出詳細的分解。朱熹在〈中庸序〉把道統與道學作兩個階段的區分，前者指向有德有位的古聖王，後者則由孔孟所開創的道學，余英時進一步說明，這是「因為自周公以後，內聖與外

235 管志道，〈題知儒編〉，《惕若齋集中》卷三，頁三一。

236 管志道，〈贈別府教授張近初先生之國博任〉，《惕若齋集中》卷三，頁四五。

237 管志道，〈續訂中庸章句說〉，《惕若齋集中》卷三，頁七。

王已不復合一，孔子只能開創『道學』以保存與發明上古『道統』的精義。」[238]朱熹弟子黃幹（一一五二—一二二一）後來卻進一步用道統來指涉「有德無位」的聖賢，爾後成為宋代以後流行的道統觀。管志道像大多數儒者一樣，堅守三代的道統論，他雖然理解孔子在不得已情況下，被迫扛起闡述道統的責任，但孔子卻不因此而握有道統。「君道」擁有了治權與教權，才是克制理欲的最後一道防線。管志道從「權力」而非「文化」的角度，來追究這個問題的，追根究柢之下，遂發現匹夫承繼道統的講法，實可上溯及程朱，管志道曰：

孔子但言志於道，而不自有其道，孟子則若自有其道。孔子但述文王之文，而程朱直以道統屬匹夫，掩帝王之文也。唯其作傳而不作經，集註而不續經，此亦合於述而不作之法。[239]

又曰：

泰州創言聖人雖乘六龍，必以見龍為家當，此見亦不自泰州始。自程子與起斯文以來，儒者俱作是見矣。揆以群龍无首之義，則天下有遯世不悔之聖人。[240]

「述文王之文」，即指孔子所掌握的文統；述而不作，即是「作傳而不作經，集注而不續經。」「經」才是「帝王之文」，也是道統之所在。像袁黃在《二三場讀書備考》中大談「帝王之學」，又言「典籍之遇帝王，典籍之幸也」，其意也似在說明，能通經的帝王最能發揮春秋大意，及重申經道之意。袁黃在書裡所提的「聖學心法」，非指「聖人之學」，而是指「聖王之學」，旨在提掇皇帝的教化功能，特別是他以「漢武帝表章六經，宣帝石渠議論」（注：詔諸儒講五經同異於石渠閣）及「興武談經幸學，明帝臨雍拜老」[241]（注：臨群雍拜三老五更，又會講於白虎觀）為例，說明了皇帝在學術問題爭議上有裁定的權力。這一些都點出皇帝與經學與道之間的權力關係，對管志道與袁黃而言，經學所載乃是帝王之學。

小結

總括而言，管志道以「乾元統天」為毘盧法界，而「群龍旡首」為普賢行門，會通《易》於華嚴，同時以「孔矩」為收攝佛道的依據，由此貫通出世法和世間法。因此「乾元」便具有形上意

238 余英時，《宋明理學與政治文化》，頁三三二。
239 管志道，〈述而不作〉，《從先維俗議》卷四，《四庫全書存目叢書．子部．雜家類》第八八冊，頁四〇〇。
240 管志道，〈答徐太卿魯源公祖書〉，《續問辨牘》卷一，《四庫全書存目叢書．子部．雜家類》第八七冊，頁一〇。
241 袁黃，〈聖學〉，《增訂全場群書備考》卷二，頁一五。

義，也是統攝萬物的原理和規則。另一方面，則以《易》六龍時位的變化，提出立足於潛龍和惕龍的生存之道。而「行門」論及的是世間法，是實踐之道，並借由「群龍旡首」展開了三方面的批判：一、孟子的「有首」觀。孟子以見龍首孔子，開啟了「有首之學」；二、朱子的道統論，形成了儒教一尊的道統意識；三、王艮尊孔子的素王意識。「群龍旡首」履行了解構的任務，通過「旡首」的詮說，勸人回到「乘一」的境界，以遏止民間狂偽現象。這裡或還存有一個可探討的「隱議程」，透露管志道在解構當兒，其實也在建構他的政治理想藍圖。這皆因他曾以為三教聖人，才是「龍德旡首」義的真正貫徹者，故提倡帝王之道，並以明太祖三教治國的政策為其「背書」。其最高明處，是把「聖祖」這個符號「隱喻化」，換句話說，明太祖（天子）是實行乾元之道，將三教收攝於同一個根源的聖者。從政治層面而言，天子本身就是治教的權力根源，具備君與師兩種角色的合法性。此合法性，乃授受於天，或曰「乾元」，或曰天命，故管志道又言：「聖朝當特掀出仲尼知天命一脈，以贊高皇總持三教之正統。」242

從「乾元統天」、「群龍旡首」到「君師道合」，三者是互相緊扣的。管志道的「三教合一」論，並非是「合併為一」，而是把三者統攝至一個本源，同時強調「合中有別」、「別中有合」的規則。他推演出一個至高本體的「乾元」為總綱領，同時拈出「群龍旡首」以破除獨尊孔子意識，使三教聖人處於平等地位，彼此不相妨礙，背後可見受華嚴事事無礙圓融觀的影響。有意思的是，他把三教的分合和君師分合關聯起來，使三教論述趨向政教化。管志道曰：「愚嘗謂上古君師道合，至文王之後而衰，春秋唯仲尼明之。秦漢以來，唯我太祖行之。儒者類知仲尼之為真太極，而不知太祖之為真仲尼也。」[243]其意昭然若揭，就是要把民間所認為孔子的「道」的合法性，轉移到明太祖身上。於是他大力推崇聖祖統君師、融三教之行，並以聖祖為典範。如他所說：「蓋君師之道分，三教隨之而分；君師之道合，三教亦隨之而合，實有天命行乎其間，而非乘龍御天之至聖。」[244]最終目的是要使「三宗」同返其源，主賓互用而不相妨，權實兼綜而不相濫。

管志道先從道統繼承上否定「庶人」（或布衣）的權利，其次再通過對「群龍无首」的倡議，使孔子原本作為素王的位置不再處於「一尊」，這樣儒家就不比道家或佛家具有優勢地位。再來，強調孔子述者與臣子的角色，間接否定孔子作為「君師」的角色，破除孔子「獨尊之德」的神聖說

242 管志道，《析理篇》，《管東溟先生文集（十九）》，頁六。

243 管志道，〈答鄒比部南皋文書〉，《問辨牘》卷之元集，《四庫全書存目叢書．子部．雜家類》第八七冊，頁七一七—七一八。

244 管志道曰：「上古君師道合，自天子之不能兼有師道也。而衰周之季，天乃篤生仲尼，以匹夫為萬世師，而斯文之統移於下，此宇宙間變局也。秦漢以後，三教迭為盛衰，自程朱輩之以道統專屬儒宗也。而胡元之季，天乃篤生我聖祖，以天子持三教之衡，而斯文之統合於上，此又宇宙間一變局也。蓋君師之道分，三教隨之而分；君師之道合，三教亦隨之而合，實有天命行乎其間，而非乘龍御天之至聖，孰與總持而立其極。是故堯文之後，於斯為盛矣。世儒類知孔子集群聖之大成，而不知聖祖尤集孔子與佛老之大成。其妙在於以圓宗出方矩，使三教各循其脈，因以方矩入圓宗，使三宗同返其源。主賓互用，而不相妨，權實兼綜，而不相濫。」見《師門求正牘》上卷，《管東溟先生文集（九）》，頁三七—三八。

法。縱然管志道曾表明「所以綜核三教之意，全不為參同二氏，而為表彰孔學也」[245]，但其層層迭進的論說，綿密的思維，是否旨在為孔子道統繼承與師道的重要性「降位」，間接指出道統並非儒家的私物，值得深究。

管志道的門人錢謙益，少時從學於東林學人高攀龍，好讀管志道的著作，私淑數年後，於吳郡之竹堂寺執弟子禮。錢謙益獨喜管志道驚人的才辯，如他所說：「間嘗涉公之書，而驚其才辯，以為如河漢，如鬼神。驟而即之，有道貌，無德機，渾然赤子也。」[246]這實點出了管志道和其他理學家不一樣的地方。他具有過人的時代敏銳感，對晚明學術風氣往往能剖析徹透，一針見血點出癥結所在，鮮明社會評批家的姿態，令人側目。不過批判個性鮮明的他，在政治意識上卻是保守。如前面所論，當心學崛起後，民間百姓皆好學孔子，管志道儼然感到「士」的藩籬已被拆除，四民聲稱道統在其手中，理學家亦踞於君道之上，最為憂慮的是庶人之心學，蔑視天子之國學。古太學原是以大人之道教國子，如今儒者尊大學，以天地一體訓大義，也使太學之原名逐漸被湮沒。他暢談「群龍旡首」義，提出六龍不執於一位一用，應「以潛龍之心，行惕龍之事」的中庸遯世之學。這種種做法，就是要替當時流行與浮濫的師道與道統觀作「去魅」工作。

管志道重新為孔子闡幽十事，特別點明兩點：一、說明孔子不任道統而任文統，道統必握於有三重之王者；二、孔子述而不作，不以作者自居，是因為他不居師道而居臣道，由此證明孔子的「素王」與「聖人」並非獨尊地位，藉此把道統與教化之權歸還到皇帝手中，鞏固君道在朝廷或民間的地位。總的來說，即意圖「以中庸遯世之案，裁泰州兼萬世之說；亦以群龍旡首之案，裁宰我賢於堯舜之說」[247]。深一層理解，「群龍旡首」表面上意在制遏師道與道統說的氾濫，以及社會狂偽的現象，但在深層意識裡，卻試圖重振君道，欲重新把對「道」的詮釋權歸還到皇帝，讓皇帝握有「治」權與「教」權，並效法明太祖以三教治國，達到君師道合一的理想境界。這赤裸裸暴露了管志道捍衛君道的心態，一方面替孔子去神聖化，轉身卻把此神聖光環掛於天子頭上；欲不以孔子為「師」，卻欲視天子為師。可是這樣的政治理想如何達致？管志道把其政治訴求寄託在「三教合一」的論述裡，把三教收攝在「一貫之學」[248]。

但管志道的作為曾引起諸多爭議，丁賓曾讚他「議論出群，實為三教宗範」[249]，可是陸世儀（一六一一—一六七二）卻認為管志道雖然「論乾龍義大約欲救正泰州一派」，但「剽竊二氏，推墨附儒，三教合一之說，昌言無忌」[250]，形成了另一種論說弊病，何嘗不是一種禍害。高攀龍則

245　管志道，〈答陳文䑓書〉，《酬諮續錄》卷四，《管東溟先生文集（十八）》，頁四。

246　錢謙益，〈管公行狀〉，《牧齋初學集》卷四十九，頁一二六五—一二六六。這實與錢謙益性格相符，黃宗羲曾述錢謙益的個性——「其敘事必兼議論」，參〈錢謙益〉，《思舊錄》，《黃宗羲全集》第一冊，頁三七五。

247　管志道，〈葉儀部園適丈書〉，《續問辨牘》卷三，《四庫全書存目叢書．子部．雜家類》第八七冊，頁一三一。

248　管志道曰：「嗣後漸通華嚴之宗於易道，而悟乾元統天為毘盧法界也，群龍旡首之為普賢行門也，始豁然於一貫之學。」〈東焦翰撰漪園丈〉，《酬諮續錄》卷二，頁二〇。

249　丁賓，〈復管東溟臬憲〉，《丁清惠公遺集》卷七，頁二三二。丁賓在言論中，多處對管志道稱讚有加，請見〈與管東溟臬憲〉，頁二二五；〈復管東溟臬憲〉，頁二二八。

250　陸世儀，《思辨錄輯要》卷三十二，《景印文淵閣四庫全書》第七二四冊，頁四〇八。

懷疑管志道拈出群龍旡首，是欲暗奪素王道統，使佛氏陰篡飛龍之位[251]。他甚至反駁管志道對明太祖所持的「合一觀」，並認為：「聖祖所以不廢二氏，不過以其陰翊王度，使其徒各守其教，亦未嘗合之使一也。」[252]對高攀龍而言，「二氏」不過是明太祖統治與管理的手段，管志道卻將其視為「目的」。由此可知，論及管志道的三教合一論述，不能只關注其學理，必須看見在論三教分合其中涵括的議題和關懷所在。管志道三教合一論述的爭議，也透露其思想與論述的複雜性，或許與下一章楊起元的論述有所對照後，會讓我們益加了解其思想的獨特性與籠罩在晚明社會的合一氛圍。這也說明了「乾元統天」與「群龍旡首」是互為關係的。乾元統天是三教「敦化」處，群龍旡首則是三教「川流」處，如此一來，前者指向「圓宗」，後者指向「方矩」，這樣才能避免儒釋之間相礙相濫之弊，達到「一案兩破」[253]的目的。

251 高攀龍，〈答涇陽論管東溟〉，《高子遺書》卷八上，《四庫明人文集叢刊》（上海：上海古籍出版社，一九九三），頁四六九—四七〇。高攀龍指說：「拈出群龍旡首，破道統之說，使素王不得獨擅其尊。拈出敦化川流，示遮那全體，見儒教不過三流之一。創溯太極於無極之旨，欲學者從此悟虛法界之，不然終落儀象五行，立聖體仁體一宗。」〈與管志道二〉，四八九。

252 高攀龍，〈答管東溟二〉，《高子遺書》卷八上，頁四八三。

253 黃宗羲在寫管志道的小傳時，特別強調了這「一案兩破」的想法，但黃宗羲認為管志道「決儒釋之波瀾」，終是屬於泰州一派之門徒，此或須再作商議。〈泰州學案一〉、〈前言〉，《明儒學案》卷三十二，頁七〇八。

第四章

楊起元：以「孝弟慈」為三教之大成

管志道對「乾元統天」與「群龍旡首」的演繹，固然與建立一個儒家的「出世」傳統與宗教語言表述不無關係。誠如李孝悌曾指出，明清儒者試圖挖掘一套「儒家式的出世觀」來抗衡佛道的出世觀，當時的士大夫「用一套自己的宗教語言來對抗一套通行的宗教語言」[1]，反映出對佛道一種「即包容又抵抗」的態度與思想氛圍。另一個顯著例子是晚明的王啟元（生卒年不詳）作《清署經談》[2]，一方面為抵擋陽明後學主三教會通論者，一方面為抗衡佛教復興及天主教的衝擊，竭力建立一套儒家宗教化的理論[3]。縱然如此，我們可以發現，管志道更加關心的，是如何解決當時三教會通氾濫與君師道位序顛倒的問題，進而思索在三教分合與君師道關係之間，如何確立政教秩序與規範倫理邊界。而管志道大部分的想法，是他退休後居於太倉而寫成的文字。讓人好奇的是，從中央退居到地方，何以作為一個地方退休官員，仍試圖通過論述介入地方或中央政教事務，積極尋找自己的發言權與社會立場？美國學者Jaret Weisfogel在管志道一六〇一年撰寫的《從先維俗議》這部書裡，已注意到管志道有意在其居住地提倡明初開國所奠下的宗教禮儀政策，認為這樣一種對明太祖政策的「召喚」，其實是和管志道作為一名退休的政府官員，思慮如何在地方上保障權利與維持社會尊重息息相關[4]。Jaret Weisfogel的洞察力提供我們一個很好的思考點。所謂尋找思想出路，固然有欲為社會思想尋找精神指南針的意願，但那往往不是屬於一道抽象的哲學問題。除了關乎個人的思想抉擇以外，也和個人期盼扮演怎樣一種社會角色分隔不開。換言之，固然安頓自身性命與思想為大多數儒者的第一義，也不能否認裡頭醞釀著某種權利（力）意識。管志道站在維護士大夫知識階層的利益，是要防堵政治權力與道德權威被轉移到地方布衣或庶民手裡。反觀楊起元，他不像管志道以泰州學人的思想為批判參照，其出發點也並非針對布衣或庶民階層。相較於管志道重「位」，楊起元更重於「德」，一生心力在於整頓晚明的道德價值，確立倫理規範問題，權力訴求意

1 李孝悌指說：「明清的士大夫很少有人能完全脫離宗教的影響，從一個全新的典範批判舊有的典範。事實上，士大夫是用一套自己的宗教語言來對抗一套通行的宗教語言。兩套論述既有重疊之處，也常呈緊張衝突的局面。」見〈明清的上層社會與宗教〉，《明代政治與文化變遷》（香港：城市大學出版，二〇〇六），頁五八。

2 目前學界對王啟元與《清署經談》的關注不多。陳受頤在一九三六年寫成的〈三百年前的建立孔教論〉，是第一篇有系統全面討論王啟元《清署經談》的論文，論文中把《清署經談》視為一部「衛道的書」。《清署經談》著書時代是西學東漸的晚明時期，多股宗教勢力相互競爭與交融。陳受頤認為王啟元要「建設一個整齊的儒教神學」，把孔子稱為「教主」、天子為「教皇」、儒家經典為「聖經」，建立一套對抗天主教的「儒家話語」。另，王汎森也曾指說這部書的構想，是要將儒家改造成像天主教般的教派。有興趣者，可參陳受頤，〈三百年前的建立孔教論——跋王啟元的《清署經談》〉，《歷史語言研究所集刊》（第六本第二分），一九三六，頁一三三—一六二；王汎森，《中國近代思想與學術的系譜》（台北：聯經出版公司，二〇〇三），頁四二。另外，則有一本碩論專門研討王啟元的思想，參黃譔禧撰，〈王啟元《清署經談》在晚明思想史上的意義〉，國立清華大學歷史研究所碩士論文，王汎森、陳華先生指導，二〇〇五。

3 有關明末清初儒學宗教化情況，可參王汎森，〈明末清初儒家的宗教化——以許三禮的告天之學為例〉，《新史學》，九：二，一九九八，頁八九—一二三。

4 退休官員角色常與地方社會角色產生巨大的緊張與張力，於是便可理解何以管志道要檢視退休官員在地方上可享有的資源，以及與地方菁英、布衣學者、生員與善人等權力分配問題，甚至試圖從中擬出一套評估與資格審查制度。然此部分非論文重點，僅提出作背景補充，詳論則可參 Jaret Weisfogel, "Invoking Zhu Yuanzhang: Guan Zhidao's Adaptations of the Ming Founder's Ritual Statues to Late-Ming Jiangnan Society," *Ming Studies*, No. 50（Fall 2004）.

識較為淡薄。他極力提倡「孝弟慈」的觀念，推行《孝經》的流行，認為那才是孔子的「一貫之道」，符合以孝治天下的理想主張，所以對明太祖「揭六諭以作君師」[5]的做法大為推崇。明顯的，他不從一個形而上的本源，尋找君主治統與道統的合法依據，而是從現實中的「孝」和《孝經》的實踐來論證這點，從而肯定明太祖的三教政策。由此可見，兩人在尋求秩序與規範上的思維差異。

可是「孝」如何成為秩序與道德資源？它在三教中扮演怎樣的角色？在君師道脈絡中又起著怎樣的作用？三者之間的問題似是獨立，卻互為呼應。當今學界已有學者注意到晚明談「孝」與三教政教化有千絲萬縷的關係。呂妙芬曾以與陽明學者有密切關係的虞淳熙（一五五三—一六二一）為例，述其孝論具有濃厚的宗教性意涵，很能說明當時的孝論與《孝經》如何反映晚明多元思想與宗教氛圍。此外，呂妙芬更試圖勾勒出孝論背後援引的文化資源，如緯書傳統與其他宗教文化資源，鋪展出晚明《孝經》論述的文化脈絡。重要一點，她指出與虞淳熙關係密切的楊起元提倡的「孝」，亦認同《孝經》可感通神明。同時以《孝經》的「愛身」來串聯三教經典與教義[6]，引領我們窺探晚明三教論述政教化的不同面向。

楊起元曾自述受業於羅汝芳：「不肖某受業於門二十餘年，初如嚼蠟耳。久之，如餳入口，甘矣。轉向覺其酸也。至於今，則如穀食之療饑，不可一日廢也。彙其語為聖諭發明，方思所以孝養吾親，以無負君師之教。」[7]他認為「孝養」雖然是道德倫理，也是國家教化綱要的一部分；是維護人倫關係穩定法則，亦是促使國家秩序安穩的不二法門。又曾言「孝弟慈即東土出世法」，認為

「彼其齋居、素食、習威儀、閑音樂以交於神，上為朝廷祝釐，下為兆姓禳禱，孰非忠敬孝慈之用哉？」[8]這就進一步把「孝」當作眾人與神明溝通的媒介。這不但揭示「孝」所具的宗教意涵，甚至是扮演上層朝廷與下層百姓之間的橋梁。這樣的言說，莫不吻合明太祖的三教政策。對於三教之間的關係，楊起元很明確把二氏定位為「陰助」與「羽翼」[9]的角色，視之為可與儒家「相為用」[10]的思想資源，從其含有的「孝」的意識中，進而肯定釋道中的治理與倫理意識。就這點上，便可看

5 楊起元，〈一貫編序〉，《續刻楊復所先生家藏文集》卷三，《四庫全書存目叢書·集部·別集類》第一六七冊，頁二四二。清代以後，明太祖的六諭在康熙皇帝進一步發揮之下，創立了具有十六條目的《聖諭廣訓》。而自世祖開始，即重視《孝經》與以孝治天下的理念，曾指示臣下編纂《孝經衍義》，於康熙二十八年（一六八九）年編成刊布。參王爾敏，〈清廷《聖諭廣訓》之頒行及民間之宣講拾遺〉，收錄於周振鶴撰，顧美華點校，《聖諭廣訓集解與研究》（上海：上海書局，二〇〇六），頁六三三—六四九。王爾敏更稱明太祖之《洪武寶訓》與康熙之《聖諭廣訓》為「帝王統治傳習錄」。

6 呂妙芬，〈晚明《孝經》論述的宗教性意涵：虞淳熙的孝論及其文化脈絡〉，《中央研究院近代史研究所集刊》第四十八期，二〇〇五年六月，頁三八。

7 楊起元，〈聖諭發明序〉，《續刻楊復所先生家藏文集》卷三，《四庫全書存目叢書·集部·別集類》第一六七冊，頁二五〇。

8 楊起元，〈筆記〉，《太史楊復所證學篇》卷一，《續修四庫全書存目叢書·集部·別集類》第七四冊，頁三四九。

9 楊起元，〈筆記〉，《太史楊復所證學篇》卷一，《續修四庫全書存目叢書·集部·別集類》第七四冊，頁三四九。

10 楊起元，〈管東溟〉，《續刻楊復所先生家藏文集》卷七，《四庫全書存目叢書·集部·別集類》第一六七冊，頁三二六—三二七。

出楊起元與管志道對三教政教化採取不同的思考模式。

另外，楊起元本身顯著的特色，是熱切於重新整頓君臣關係。他曾為解決災異的問題，編輯了明太祖的《訓行錄》，並為其作詮注[11]，嶄露「格君為上」[12]的心態。他曾經指說，孔孟曾分別向魯哀公和齊宣王陳述有關明善誠身之道，但孔孟之後，學術不明，格君無術，處於「有君無臣」的狀態，是因為當時的臣子並無「致君之學」[13]。楊起元賦予君臣關係宇宙法則，把君主視為天理，君臣為父子。這一切作為，旨在把君臣之道奠定在一個天賦基礎上。我們可以注意到，在楊起元思想脈絡裡，「忠」與「孝」是一組可隨時對換位置的概念，他深信「忠」必於「孝」[14]的理念，寄託對統紀合一，以君道為中心的「皇極世界」的嚮往，荒木見悟曾稱他為「保守思想家」[15]，便值得細嚼其中的含意。

本章的主旨，即著重於探索楊起元如何以「孝」作為「三教合一」的連結點，並在彰顯「孝弟慈」思想之下，如何收攝二氏以形成一套合一論說，並叩問他所呈現的君師道觀念與思想世界。鄧志峰認為羅汝芳和楊起元是處於君道與師道之間的「折衷派」[16]，主張三教會通之餘，不時面對師道與君道之間的內在張力。只是楊起元不像管志道對道統和師道觀持嚴厲批判，因此如何窺探他在君師道之間的分際拿捏，如何處理兩者之間的張力與緊張感，格外讓人注目。

第一節　楊起元對管志道「群龍无首」的回應

楊起元，字貞復，號復所，廣東歸善人。十五補諸生，二十一而魁於鄉，三十一而成進士，入讀中秘書[17]。曾任授翰林院編修、歷國子監祭酒、禮部侍郎等職，最後召為吏部侍郎兼侍讀學士，

---

11 李贄，〈侍郎楊公〉，《續藏書》卷二十二，張建業主編，《李贄文集（第四卷）》（北京：社會科學文獻出版社，二〇〇〇），頁五三七。

12 吳道南，〈明吏部右侍郎楊復所先生墓誌銘〉，《吳文恪公文集》卷十七，《四庫禁毀叢書刊．集部》第三一冊（北京：北京出版社，二〇〇〇），頁五四七。

13 楊起元，〈對儒者所以不言問〉，《太史楊復所證學篇》編首，《續修四庫全書存目叢書．集部．別集類》第七四冊，頁三二八。

14 楊起元注，〈相鑑賢臣傳序〉，《訓行錄》卷下（東京：內閣文庫，一九八〇），頁三。

15 荒木見悟，《明代思想研究：明代における儒教と佛教の交流》，頁三八。

16 鄧志峰，〈泰州學派與晚明的師道復興思潮〉，《王學與晚明的師道復興運動》中，頁八。值得思考的是，當鄧志峰進一步解釋羅汝芳的「折衷方案」時，曾提及這種方案實際上是「以君道為掩護，在擴張儒學對社會影響力的同時，也在提升師道的地位。」換言之，它是使「在君道面前甘拉第二把小提琴的師道，也以一種隱晦的方式被君道所認可。」頁三〇八。

17 吳道南，〈明吏部右侍郎楊復所先生墓誌銘〉，《吳文恪公文集》卷十七，《四庫禁毀叢書刊．集部》第三一冊，頁五四五。

惜未及上任即猝逝，年五十三[18]。楊起元出生於書香世家，曾祖父與父親都是「一經名諸生」[19]。其父傳芳，號肖齋，曾從湛伯宗游，任潮州府儒學訓導等，堪稱儒林中人。楊起元門人吳道南（一五五〇—一六二三）曾寫道：「肖齋公學，研經史識，精數理，其所著要義諸書，用以開先生者，不可殫述。」[20]生長在書香家庭，楊起元幼而薰染，在自幼聞正學之下，言動舉止咸莊重不苟。從小文筆就很好，八歲時曾作祭文，其叔祖公讀其文，竟淚盈盈數行下。可見他的文章很有才情，其同道好友鄒元標就曾說：「當公中省試之年，會有詔厘正文體，公文勃卒理窟，海宇既爭傳頌之。」[21]

楊起元是經由羅汝芳之甥黎允儒的引介[22]，接觸並心契於汝芳的學問，三十歲方拜羅汝芳為師，歸為受業弟子[23]。當時羅汝芳在京城講學，張居正嚴禁講學，羅汝芳被彈劾，遂歸從姑山[24]。針對羅汝芳遭遇的政治風波，邵廷采（一六四八—一七一一）曾評說是「不為龍惕，而為亢龍」的結果[25]。那時楊起元有感「吾師老矣，今者不盡其傳」[26]，遂辭官赴從姑山侍奉羅汝芳。羅汝芳逝後，楊起元置其肖像於室，出入必奉，以偕晨夕，有事必稟命而行，並以其學化於鄉，李贄曾記楊起元之行，曰：

18 有關楊起元的小傳，可參章壽彭，〈人物〉，《歸善縣誌》卷十四，《中國方志叢書》（台北：成文出版社，一九六六），據清乾隆四十八年刊本影印，頁一六九。鄒元標，〈復楊公傳〉，《願學集》卷六，頁二七六—二七七；李贄，〈侍郎楊公〉，《續藏書》卷二十二，頁五三七—五三八；吳道南，〈明吏部右侍郎楊復所先生墓誌銘〉，《吳文恪公文集》卷十七，頁五四五—五四六；彭紹昇，《居士傳》卷四十四，《續修四庫全書．子部．宗教類》，頁五五二。

19 鄒元標，〈復楊公傳〉，《願學集》卷六，《景印文淵閣四庫全書》第一二九四冊，頁二七六。

20 吳道南，〈明吏部右侍郎楊復所先生墓誌銘〉，《吳文恪公文集》卷十七，《四庫禁毀叢書刊．集部》第三一冊，頁五四五。

21 同上注。

22 有關黎允儒的生平，楊起元曰：「黎先生建昌南城人也。平生以學為命脈，弱冠補邑博士弟子業，舉過勞得中虛病，因棄去。本羅氏甥，周旋近師講席有年，敦孝友，罕過。」〈文塘黎先生墓誌銘〉，《續刻楊復所家藏文集》卷五，《四庫全書存目叢書．集部．別集類》第一六七冊，頁二七八。又曰：「號文塘，生嘉靖戊子閏十月初八日亥時，卒萬曆庚戌十月十一日丑時，享年七十。」，頁二七九。

23 楊起元，〈送譚見日山人序〉，《太史楊復所證學篇》卷三，《續修四庫全書存目叢書．集部．別集類》第七四冊，頁四二四；〈近溪子集序〉，《太史楊復所證學篇》卷四曾提起這段拜師因緣：「起生嶺東，幼奉庭訓即慕白沙之學。年三十訪道金陵，邂逅文塘黎子，一語豁然，徵其所自，則師近溪羅先生。次年起第翰林，而先生以齎捧入京，乃修贄門下時，屨常滿戶外。」頁四五二。另，黎允儒在其《遊粵記》書末載有〈楊復所傳〉，也載有這段問學淵源。《遊粵記》是黎允儒於萬曆十四年（一五八六）冬楊起元於粵時講學之語錄。參英屬哥倫比亞大學善本書資料庫：http://digitalcollections.library.ubc.ca/cdm/compoundobject/collection/asian/id/10927/rec/。

24 羅汝芳曾如此形容該地方，曰：「從姑山，在盱江之南，最稱名勝。根盤土阜，標聳巨石，望之若屏豎。」〈從姑山前峰書屋乞言〉，《羅明德公文集》卷五，頁三九。

25 邵廷采曾曰：「江西之學，宗龍溪者為羅汝芳，再傳為歸善楊起元。汝芳號近溪，南城進士，官雲南副使。張居正惡其收名朋徒講學，嗾言者劾免之。歸復及聞人走安城下劍江，趨兩浙、金陵，往來閩廣，益務張惶，不為龍惕，而為龍亢，論者惜焉。」〈王門弟子所知傳〉，《思復堂文集》卷一，頁一九。

26 彭紹昇，〈楊復所〉，《居士傳》卷四十四，《續修四庫全書．子部．宗教類》第一二八六冊，頁五五二。

平生事親孝，與弟友，厚宗族閭黨。人有過，耳不欲聞，而惟就其所善獎成之。僮僕有違，亦不加鞭樸，微以意諭戒之而已。一聞羅先生之學，銘心刻骨，無須臾忘。雕一小像，出必告，反必面，歲時約同志祭奠於所居以為常。四方之士受學者，屨常滿戶外。公隨機指授，人人躍然意滿去。持論以明德、親民、止至善為宗，而要歸於孝弟慈。謂孩提不學不慮之良心，即聖人之不思不勉。耳目手足之生生即心，愚夫愚婦之知能即聖。氣稟物欲，皆明德之寄寓。共覩共聞，即不覩不聞之本體。大抵皆本父師之言而推衍之。[27]

李贄被管志道稱為「霸儒」，楊起元卻視之為可論學的「道友」[28]與「真休歇漢」[29]。此外，李贄曾針對楊起元寫的文章直言說：「楊復所《心如穀種論》及《惠迪從逆》作，是大作家，論首三五翻，透徹明甚，可惜末後作道理不稱耳。」[30]兩人可謂是「諍友」。而從以上的描述，透露出無論從思想學說內容的推廣，或對聽教者的教授方式，整體氛圍都烙印著深刻羅汝芳的影子。楊起元對羅汝芳的態度，宛然當年羅汝芳對待顏鈞一樣崇敬，顧憲成便曾謂：「羅近溪以顏山農為聖人，楊復所以羅近溪為聖人。」[31]而如「雕一小像，出必告，反必面」這種含有宗教性的虔誠與敬畏的行為，在當時實為普遍。瞻望聖像旨在「仰止而興思」[32]，猶如孝子慈孫睹先世遺容，必思其啟處，思其操存一般，具有省悟作用[33]。

羅汝芳逝世後，楊起元讀其遺言有悟，積極著手重編，進一步發揚老師的學說[34]。不過羅汝芳在個人學習上多有轉折，思想上也多有創發，楊起元在這方面顯然謹慎多了，大抵遵從師說的部分

較多，他曾自剖說：「生性極鈍極拙，惟確守師說一字，不敢輕易竄謂。孔子一線真脈，至我師始

27 李贄，〈侍郎楊公〉，《續藏書》卷二十二，頁五一五—五一六。對此，楊起元曾坦言受羅汝芳影響，才能時時持平和之氣，其曰：「先師羅近溪先生平日見人有過，便『此恠不得』三字出口。黎文塘常為予誦之。予因觸類得此章之旨，而平生粗暴之氣，十亦消其五六，敢附野鹿呼朋之義，與同志共之。」〈為懷遠路孝廉書二條〉，《太史楊復所證學篇》卷一，頁三六一。

28 楊起元，〈李卓吾〉，《太史楊復所證學篇》卷二，《續修四庫全書存目叢書．集部．別集類》第七四冊，頁三八〇—三八一。

29 楊起元曰：「近讀李氏焚書，益覺此老是真休歇漢，世上難覓此人。」〈周柳塘〉，《續刻楊復所家藏文集》卷六，《四庫全書存目叢書．集部．別集類》第一六七冊，頁三〇八。

30 李贄，〈復焦弱候〉，《焚書》卷二，頁四七。

31 顧憲成，《小心齋箚記》卷十四（台北：廣文書局，一九七五），頁三四四。

32 鄒元標，〈聖像記〉，《願學集》卷五，《景印文淵閣四庫全書》第一二九四冊（台北：臺灣商務印書館，一九八三），頁一六五。

33 鄒元標，〈聖像記〉，《願學集》卷五，《四庫全書存目叢書．集部．別集類》第一六七冊，頁一六五。

34 楊起元曰：「自壯歲讀中秘書時，會近溪羅先生入都，因得請為弟子，蓋聞先生之教如此。先生既歿而遺言在，起抱而讀之，其言仁言孝，燦乎若日月之明也，起謹集之，為《孝經宗旨》，為《識仁篇》，梓之燕邸。又數年，家居，讀先生之言，益熟而自覺。夫向之所集者尚未善也，乃手自抄錄，補其遺漏，芟其重複，所存者蓋萬餘言，分為兩卷，上卷曰《孝訓》，下卷曰《仁訓》，一以志傳習之省，一以公聲氣之同。」〈仁孝訓序〉，《續刻楊復所家藏文集》卷三，《四庫全書存目叢書．集部．別集類》第一六七冊，頁二二八。

全體承受者正在於此。」[35]甚至在地方實踐上，如推動鄉約[36]，或推廣聖祖六諭，為百姓日行孝道建立準則等方面[37]，都可感受羅汝芳強大的精神感召。楊起元曰：

先師盱江近溪先生，承善餘慶，家學淵源，天性孝友，參學勤苦，遂徹三才之至理，透千聖之根宗。謂學必宗孔孟，宗孔孟必由孝弟慈，而欲以此自學，以此教人必憲章高皇六諭，是以居鄉則行於鄉，而發揮不厭其煩。居官則行於官，而宣說不遺餘力。[38]

努力遵循羅汝芳的遺旨，是楊起元思想發展最大的動力。楊起元遵守孝道與師道的情懷，在儒者當中是異常突出的。他曾有一弟，不幸早逝，父親逝世後，多次請辭歸鄉，以照顧七十有餘高齡母親。在〈請養母疏〉奏疏中，他甚至援引《大明會典》條例記載，述凡官員父母年七十以上者，許告侍養，請辭歸鄉心理堅決[39]。但羅汝芳對楊起元的影響不只是在學問上，焦竑曾以「如和風甘雨，無人不親」[40]形容楊起元淡然謙沖的個性，與羅汝芳極其相似，是個具有親和力的人。像周汝登曾曰：「復所公來攝部務公署作講堂，亦一勝事。遠地聞之，令人神情勃勃」[41]，透露楊起元在地方上甚受百姓愛戴。楊起元和羅汝芳的人格風範，也深深影響了後學袁黃，袁黃在〈答楊復所座師書〉中便說道：

羅先生遂捐館哉？茫茫寓宇，貿貿生民，梁木其頹，豈不深痛！然遺言在編，高足在座，羅先生固不死也，在後進勉之耳。某日受官以來，輕徭緩刑，頗得民和。每朔望群弟子員而授之經，講《論》《孟》之遺言，而實示以現在之至理。生童之屬環明倫，而觀聽者不下數百人，

35 楊起元，〈焦漪園會長〉，《太史楊復所證學篇》卷二，《續修四庫全書存目叢書．集部．別集類》第七四冊，頁三九一。

36 楊起元甚至思及如何把鄉約推廣到偏僻的鄉下，並提議能夠讓各鄉社擁有一位老師，負責推行鄉約與聖諭六言。〈迂語〉，《太史楊復所證學篇》卷四，《續修四庫全書存目叢書．集部．別集類》第七四冊，頁四七九。

37 就這點，荒木見悟曾指出羅汝芳發揮六諭實受顏鈞所影響，《明代思想研究：明代における儒教と佛教の交流》，頁一四一。翻查羅汝芳文集，發現他曾指說，顏鈞成立「都萃和會」時，於「會中啟口勸勉，罔非祖訓六條，至今四十年如一日也。」〈柬當道諸老〉，《羅明德公文集》卷五，頁二二。有關這部分，亦可參顏鈞，〈箴言六章〉，《顏鈞集》卷五，頁三九—四二。

38 楊起元，〈聖諭發明序〉，《續刻楊復所家藏文集》卷三，《四庫全書存目叢書．集部．別集類》第一六七冊，頁二四九。

39 楊起元，〈請養母疏〉，《續刻楊復所家藏文集》卷一，《四庫全書存目叢書．集部．別集類》第一六七冊，頁一八七。

40 焦竑曰：「嶺南復所楊先生倡道金陵，問學者屨常滿戶外。二三高足有契於中，輒筆其語以傳，今載《錄》中者是已。當是時，溫陵李長者與先生狎，主道盟，然先生如和風甘雨，無人不親。長者如絕壁巉岩，無罅可入。二老同得法於盱江，而其風尚懸絕如此。余以為未知學者，不可不見先生，不如此則信向靡從；既知學者，不可不見長者，不如此則情塵不盡。天生此兩人，激揚一大事於留都，非偶然也。今兩人往矣，常吉輩既刻長者《問答》，復以先生語屬余題其簡。嗟乎，劍逝舟存，鴻飛爪在，然覽之，知諸君通道之篤，與為法之勤，安知無透脫情境者，出於其間乎？餘故不亂而書之，亦以見江南道德所在，未全寂寥也。」〈題楊復所先生語錄〉，《澹園集》卷二十二，頁二八五—二八六。

41 周汝登，〈與李選司景穎〉，《周海門先生文錄》卷十，《四庫全書存目叢書．集部．別集類》第一六五冊，頁三四七。

誦義之聲，達於四境。此皆先生及羅先生之教也。[42]

楊起元著有《證學篇》、《論學存笥稿》；並輯有《孝經宗旨》、《識仁編》、《孝經引證》[43]、《諸經品節》、《白沙語錄》[44]。並且曾為《訓行錄》、《四書眼》[45]、《南華經品節》[46]、《老子道德經品節》[47]、《維摩經》作評注等。楊起元的書，後來多被視為夾雜釋道之書，像《證學篇》本多推明羅汝芳之旨[48]，卻被喻為是一部「纂道釋二家之書」[49]。有學者即認為楊起元的《諸經品節》二十卷，即是闡釋道、釋二教的經典著作，表現一定的宗教化傾向[50]。值得注意的是，鄒元標曾以為楊起元逝世後，影響寥寥，直到讀到《秣陵紀聞》，才知道其學問傳播深遠[51]。鄒元標曾提及羅汝芳與許孚遠之間意見的分歧，導致後人以兩人之間的爭議矛盾，來抨擊及貶低楊起元的學問。他不認同這樣的行為，曰：「世之論學，惡異黨同者」[52]，一針見血道出學術門戶對學問評價的影響。但《秣陵紀聞》這本書也不無爭議，陸世儀認為這書恰恰證明了楊起元的學問「近禪」，如他所說：「予自十八歲時讀楊復所時文，便批評他是禪學。今讀《秣陵紀聞》，其所謂禪，固不待言而明也。至於記錄體式，亦語語抄襲禪門語錄、公案，不意當時狂瀾之倒至如此。」過去《秣陵紀聞》沒有收入在《四庫全書》抑或《楊復所全集》，但近年來中國各地有規劃性收集和整理地方文獻，包括楊起元的家鄉惠州。在徐志達主編的《惠州文徵》（上篇），即收錄了由楊起元門人佘永寧、吳世徵編纂的《秣陵紀聞》。

縱讀楊起元的集子，可以發現兩大特點：一、楊起元具有很強的地方意識，這可從他修地方志，極力發揚地方學派，同時能打破儒佛藩籬，欲建立良好的文風窺其端倪。例如他曾修成《廣州志》，在地域學術上，有欲以新會接續盱江學派之志，對同鄉陳白沙[53]與六祖禪師更大為推崇[54]。他

---

42 袁黃，〈答楊復所座師書〉，《兩行齋集》卷九，頁二六。

43 此書後來與虞淳熙合著《虞子靈節略》（一卷），羅汝芳述、楊起元《孝經宗旨》合為《寶顏堂秘笈》裡的《說孝三書》。

44 清代學者劉禹生曾指出，《白沙語錄》在清代重新為新寧的陳遇夫重新編訂，開清初治白沙之先，其曰：「清初，新寧陳遇夫延際，尋溯白沙之學，重訂楊復所所輯白沙語錄，以明白沙之學，由博返約，非墮禪語，是為清初治白沙學者之先聲。」《世載堂雜憶．嶺南學派述略》，《清代史料筆記叢刊》（北京：中華書局，一九九七），頁二七五。

45 《四書眼》，共十九卷，梁知論次，楊起元批評，蕭孔譽參訂，《中國古籍善本書目》、《靜嘉堂文庫漢籍分類目錄》。

46 《南華經品節》六卷，《無求備齋莊子集成續編》第十七冊（台北：藝文印書館，一九七四）。

47 《老子道德經品節》、《無求備齋老子集成初編》（台北：藝文印書館，一九六五）。

48 彭紹昇，〈楊復所〉，《居士傳》卷四十四，《續修四庫全書．子部．宗教類》第一二八六冊，頁五五二。

49 紀昀，《欽定四庫全書總目》卷一百三十二，頁一一三七。

50 方勇，〈明代心學家的莊子學〉，《莊子學史（第二冊）》第三章（北京：人民出版社，二〇〇八），頁三八三。

51 鄒元標，〈復楊公傳〉，《願學集》卷六，《景印文淵閣四庫全書》第一二九四冊，頁二七七。

52 鄒元標，〈東許敬庵司馬〉，《願學集》卷三，《景印文淵閣四庫全書》第一二九四冊，頁七三。

53 楊起元曾言：「吾今日奮然有立，亦所以繼續白先生之脈，使白沙不死矣。」〈李門野史〉，《太史楊復所證學篇》卷二，《續修四庫全書存目叢書．集部．別集類》第七四冊，頁三七七。

54 〈重刻法寶壇經序〉，《太史楊復所證學篇》卷三亦強調：「而六祖大鑒禪師，予東粵人也。得法黃梅弘法曹溪，是有法寶壇經之籍，東南人士家傳。」《續修四庫全書存目叢書．集部．別集類》第七四冊，頁四二八。

在一篇寫給莊昶（一四三七—一四九九）的祭文時，也表明自己是「白沙先生鄉後學」[55]，對自己的在地認同充滿自豪感。二、如前所述，他的思想深受羅汝芳影響，予人難出其右之感，包括他曾自述四十歲前，讀陳白沙集子，「未足以窺先生藩籬」；而四十歲後，跟羅汝芳學習，「乃稍窺一斑」[56]。對於師徒的關係和學問傳承，鄒元標曾指說：「由盱江而直接新會，以近溯孔孟嫡傳，捨公誰屬」，對楊起元多有讚譽。這跟楊起元極力發揚師學，以及經常為羅汝芳的思想與觀點辯護有關。楊起元在粵、浙一帶落力表揚王學，後人把他和投入整理王陽明集子的重要門人之一薛侃（一四八六—一五四五）並提，遂言：「粵中言王學者，前以薛中離，後以楊復所。」[57]

在當代學界，楊起元和管志道都面對較冷清對待，有關楊起元思想的當代研究，雖然開始較受到關注[58]，但仍是比較零落。最早一篇專論，應是荒木見悟的《明代思想研究：明代における儒教と佛教の交流》第五章〈羅近溪の思想〉，有一小節論及〈楊復所による佛教思想の導入〉[59]，篇幅雖短小，卻扼要勾勒了楊起元「儒佛合體」的思想特色，是對楊起元較為精准與詳細的討論。對楊起元的忽略，是否為研究取向與視角所限，抑或是文獻問題？李贄曾指出，楊起元的思想特色「大抵本父師之言而推衍之」，是否因其平實的思想而後人覺得缺乏吸引力，皆待進一步的研究。

「六龍觀」：重龍之「德」甚於「位」

管志道雖然比楊起元年長，但從兩人的對話可以發現，管志道常把楊起元視為同輩道友。相反的，楊起元對管志道卻一直抱持崇敬的態度。楊起元對管志道的敬重，有部分是出自羅汝芳生前對管志道的倚重，甚至託志於管志道，而楊起元似乎也認同，唯有管志道能完成他老師生前的志業，其曰：

南中既多同志，而又與我翁相近，亦一得也。伏承念及敝師近溪先生，蓋聞先師精神靈爽，眷眷于翁，此必有未竟之志，托之翁以畢之也。此在翁自彌重而非淺學，若生者所敢窺測。六龍詳讀之，儼若神龍之變化，不可羈而狎也，是真解六龍手段也。[60]

到底羅汝芳「未竟之志」是什麼？為什麼說要由管志道來幫忙完成？楊起元何以又自認見識淺顯以致不敢有所窺測？再看以下這段話，管志道錄鄭養貞的來信內容：

55　莊昶，《定山集．補遺》，《景印文淵閣四庫全書》第一二五四冊（台北：臺灣商務印書館，一九八三），頁三六四。
56　楊起元，〈白沙先生全集序〉，《續刻楊復所先生家藏文集》卷二，頁二二四。
57　劉禺生，《世載堂雜憶》，《清代史料筆記叢》（北京：中華書局，一九九七），頁二七四。
58　近期的碩士研究論文則有黎大偉，〈明儒楊起元生平及思想研究〉，上海復旦大學中國古代史碩士論文，鄧志峰先生指導，二〇一二。
59　荒木見悟，《明代思想研究：明代における儒教と佛教の交流》，頁一三〇—一四八。
60　楊起元，〈管東溟公祖〉，《論學存笥稿》卷一，《楊復所全集》第六冊，頁二。

以西來之意合聖宗，以東魯之矩收二氏。闡三教之秘，成一貫之宗。此從古無人覷破，亦從古無人道破。間有窺見一班者，又膽小氣怯，不敢直心直腸拈出，往往躲閃說騎牆話，令人捉摸不定。……近溪羅先生在時，嘗語彰曰：「三教聖人之道，支離已久，我朝幸挺生高皇帝。穿透此關，以開其合之端。將來必生一至人，大大合併一番，但氣數未齊，時候未到。」……今老先生之乾元統天之學出世，以坤元承天之學經世，以孔矩收二氏，悉符近師之說，第近師隱而未露。老先生盡捧出，大大合併，無踰於此。[61]

將兩段話對照，便可瞧出端倪。所謂的未竟之志，應是指是「合三教聖人之道」。楊起元認為，管志道拈出乾元統天為三教根源，把二氏之道也收攝在聖人之道裡，使三者得以合併，乃羅汝芳未完的志業。楊起元曾向羅汝芳學《易》，並獲羅汝芳指點「以乾元為究竟，以復為入門」[62]，楊起元曰：

我師常言此章，須詳「復」之一字。《易》曰：雷在地中，復。又曰：復以自知。此大地陽回，百嘉暢遂之際，故以商旅不行，後不省方，《象》之見不得輕動一毫也，而敢云「克」乎？蓋遍地皆春，渾身是寶者，復之《象》也。而去其間隔者，則噬嗑象也。顏子之學，由復入乾，故他卦皆不足以當之。我師平日看孔子話頭，及看《易》十分細膩，十分親切。而其看「仁」之一字，「復」之一卦，尤為細膩。至於主張「克己」二字，尤極力提防盡命爭辯。……

竊常聞之師矣。此四句非「克己」之功，乃孔子贊復之妙也。[63]

楊起元認為，「復」有「復以自知」，即指恢復心本然之明。羅汝芳曾言「復者，正以其原日已是如此」，又曰「復以自知，自知云者，知得自家原日的心也」。而「禮」則指向「天理之節文」，因此「復禮」是要體悟自己的赤子之心。故楊起元強調「禮」，非要指出作為仁心的赤子之心，而是重其可「貫通」萬物之意，並將之成為人與萬物之間的貫通基礎。特別的是，他並沒有特別表彰仁或良知本體，卻表出天地萬物為一體，皆是以禮為本體。在他看來，「理」、「天」與「我」是三位一體，三者之間即感即應。可是，縱然楊起元對《易》之「復」有所領會，面對管志道，他卻自謙「淺學」，不敢對《易》有所窺測，原因何在？楊起元曾曰：「《易》之為書也，其詞危，是有憂患之聖人所為作也。非操危慮深者，不足以言《易》。」[64]可見他深感《易經》微意難

61 管志道，〈答鄭文學養貞書〉，《續問辨牘》卷二，《四庫全書存目叢書．子部．雜家類》第八七冊，頁八五。

62 楊起元，〈祝許母任太夫人壽序〉，《續刻楊復所先生家藏文集》卷二，《四庫全書存目叢書．集部．別集類》第一六七冊，頁一九九。

63 楊起元，〈焦漪園會長〉，《太史楊復所證學篇》卷二，《續修四庫全書存目叢書．集部．別集類》第七四冊，頁三九〇—三九一。

64 楊起元，〈易原易說題辭〉，《太史楊復所證學篇》卷三，《續修四庫全書存目叢書．集部．別集類》第七四冊，頁四二四。

觸，非一般人所能把握，故對管志道能從《易》的乾坤卦，導引出「道」的敦化與川流，同時揭示三教源頭，朗照天命的幽微；又能指示六龍與時位的變化，覺得佩服，故讚其為「真解六龍手段」。此外，楊起元從「周公之學傳自文王，周易首乾，格知天命矣。平之一言，實其洩天之秘也」[65]，了解到揭秘之不易，益能體會管志道的苦心[66]，故其曰：「雖然知東溟者百，不如我丈之知一。夫知者，當務為急親賢也」[67]，體恤與相惜之情，流露無遺。據知趙南星（一五五〇—一六二七）也曾向對《易》有所窺的管志道討聞「玄秘」[68]之事。

針對管志道對「群龍旡首」的詮釋，楊起元並不完全認同。管志道以泰州王艮「以見龍局孔子」看法為批評前提，特別側重於破除「首」的獨尊意義，楊起元關注的是如何「藏」與「不見身」：

> 龍未嘗旡首，而乾爻見群龍旡首則吉。蓋亦有所藏也。藏之《易》，則人見《易》而不見身矣。藏之《禮》，則人見《禮》而不見身矣。藏之恕，則人見恕而不見身矣。亦群龍旡首之義也。[69]

管志道退休後，過著深居簡出的日子，有段時間甚至是杜門謝客，在其惕若齋書房，專注疾筆與人書信論學，所以五十歲至七十歲這段期間，文章生產量極高。楊起元曾表明自己修道「不能離人」，無法過著「善用潛」的生活態度[70]。管志道提出以「潛」、「遯」為「旡首」為實踐基礎，並以《中庸》的道理為思想原則[71]，此乃其一貫思想。但楊起元強調「旡首」的意義，卻在於「藏」

〈不見身〉，並舉出《易》、《禮》與恕皆可為「身」的棲所，這裡頭的思考就很不一樣。「身」所喻示的是龍之「德」而非龍之「位」。所謂「身」，並非只是一個無知覺的血肉之軀，相反的，它是具有情感意識與感知能力，是彰顯理與天命處[72]。楊起元甚至把「一身」喻為「天君」，即可知其

65 楊起元，〈壽南大司徒應翁陳老先生六十序〉，《續刻楊復所先生家藏文集》卷二，《四庫全書存目叢書．集部．別集類》第一六七冊，頁一九五。

66 楊起元曰：「管東溟先生者，天下莫不聞。然率知其才之高，而莫知其心之苦。自古聖賢無不苦心者，惟苦心，故知之者鮮。惟知之者鮮，故其心愈苦也。或謂吾見坦坦自如耳，何苦之有？弟曰：東溟惟坦坦自如此，東溟之所以苦也。」〈孫蘇州〉，《續刻楊復所先生家藏文集》卷七，《四庫全書存目叢書．集部．別集類》第一六七冊，頁三五五—三五六。

67 楊起元，〈孫蘇州〉，《續刻楊復所先生家藏文集》卷七，《四庫全書存目叢書．集部．別集類》第一六七冊，頁三五六。

68 趙南星，《趙忠毅公詩文集》卷二十二，《四庫禁毀叢書刊．集部》第六十八冊（北京：北京出版社，二〇〇〇），頁六八三。

69 楊起元，〈附復葉綱齋書〉，《太史楊復所證學篇》卷一，《續修四庫全書存目叢書．集部．別集類》第七四冊，頁三六二。

70 楊起元，〈曾直齋年兄〉，《續刻楊復所先生家藏文集》卷七，《四庫全書存目叢書．集部．別集類》第一六七冊，頁三三二。

71 管志道認為泰州（王艮一脈）與盱江（近溪一脈）的毛病是「見孔子以中庸善世，不見孔子之能以中庸遯世。急於聚徒，疏於稽弊。」〈答敬庵先生書〉，《理要酬諮錄》卷上，《管東溟先生文集（十七）》，頁四一。

72 曾有學者就此質疑恐是身外有心，造成「遺心」之嫌，故楊起元解釋說：「孔子止說自天子以至於庶人，一是皆以修身為本，孟子亦止說家之本在身，未嘗說心，非遺心也。心不在身外，亦不在身內，渾身是知，即渾身皆心。」〈李鳳

對「身」的詮釋持有特殊意義。「身」是一個道德生命與價值所在，含有自我主宰的意志，不像管志道把身看待為血肉身軀而已。明中葉以後，王艮談存身、保身與尊身，儒者對於「身」的解說開始產生不一樣的意義。但究竟「身」是比較關乎私領域抑或公領域的問題，兩者尚沒有很好的界說。像顏鈞雖關注有關「長生保身」之說，但其常言「負荷綱常只此身」，將「身」的概念與倫理實踐作連結。另外，耿定向也曾說「吾身視聽言動之皆天」[73]。

管志道重龍之「位」之「用」，楊起元重龍之「德」與「身」，並以「一體觀」來解讀「群龍旡首」。楊起元雖頗讚賞管志道六龍解，卻對管志道欲領其入川流敦化之域，持有不同看法：

> 辱札教欲進生於川流敦化之域，生安所托業以及於此，生夙夜強學人耳。雖師羅子，實未足以盡羅子之道。譬之丁蘭刻木為母，想念雖殷，而血脈絡不貫也。祇今日用持循，僅做得本身分上事。目要看便看，不看便不要看耳；耳要聽便聽，不要聽便不聽。此外更著「一」字，視之如斤擔子，惟恐其去之不速。況川流敦化，許大名目乎？然則非惟不能及，抑且不敢妄意希企也。[74]

「丁蘭刻木」[75]的典故，原本是敘述一名叫丁蘭的孝子，因父母逝後思親不見，於是刻木事之。而思慕之誠，使木亦通神，忽而不懌，忽而流涕，皆孝子精誠所致。可是最後木像被擊，丁蘭繼而刺殺張叔。丁蘭雖然犯法，但最後地方官感動於他的孝感神明，奏明皇上，皇上下詔把丁蘭的形像畫上去。楊起元舉出丁蘭刻木為母之事，來比喻自己雖然有意學羅子之道，卻又不足以盡羅子之道。所以表達自己只想持循做本身分上事。他沒有像管志道背負著「一」的重擔，只強調對實修的重視。楊起元言中表現出誠惶誠恐的謹慎，是擔心在修行上有所偏差，恐會「學患不成龍」而最終「則轉為蟒」：

> 六龍之義，門下作解，漏洩殆盡。雖然學患不成龍耳，不患其不六也。雖乘六十四龍，又乘三百八十四龍皆可也。蓋聞蛇修易成龍，或動一念，殘物之念，則而轉為蟒。夫一念之微，而形性變易如此，是以君子慎之，未敢及於為人，而必先自為。雖確然龍矣，尚不自恕。如禹戒

陽〉，《續刻楊復所先生家藏文集》卷七，《四庫全書存目叢書．集部．別集類》第一六七冊，頁三四四。

73 楊起元曰：「吾人一身，皆主宰於視聽之中，渾融於耳目之外，是曰：『天君。』學者要識得，自不滯於形骸，不礙感應，不騖虛高，混跡人寰而遊真天載。」〈為懷遠楊孝廉書二修〉，《太史楊復所證學篇》卷一，《續修四庫全書存目叢書．集部．別集類》第七四冊，頁三五九。〈與焦弱侯〉，《耿天臺先生文集》卷三，《四庫全書存目叢書．集部．別集類》第一三一冊，頁七五。

74 楊起元，〈管東溟〉，《續刻楊復所先生家藏文集》卷七，《四庫全書存目叢書．集部．別集類》第一六七冊，頁三五四。

75 隋唐徐堅載「孫盛《逸人傳》：丁蘭者，河內人也。少喪考妣，不及供養，乃刻木為人，彷彿親形，事之若生，朝夕定省。其後鄰人張叔妻從蘭妻有所借，蘭妻跪報木人，木人不悅，不以借之。叔醉疾來誶罵木人，以杖敲其頭。蘭還，見木人色不懌，乃問其妻。妻具以告之，即奮劍殺張叔。吏捕蘭，蘭辭木人去，木人見蘭，為之垂淚。郡縣嘉其至孝，通於神明，圖其形像於雲台也。」〈孝弟〉，《初學記》卷十七（北京：中華書局，一九六二），頁四二二。

舜，無若丹朱傲是也，舜也而龍，丹朱也而蟒，間不容髮，此龍之成者也。猶若是㢆㢆也，矧若其未成者哉？若生者方自有意於修焉。修尚未逮，安敢輒有所犯。若門下所稱引仲尼、如來，以及周程諸聖儒，普渡利生，立人達人，全機大用，收放翕辟之妙，此則龍之事。而修龍去之尚遠，不敢遽議也。76

蛇轉為蟒，常在一念之微，故楊起元認為要「為人」必先「自為」，不敢輕易深測《易》的深蘊，那是屬於「龍之事」。而它著重是要「修龍」，從修行實踐層面著手。與管志道、楊起元皆有深交的周汝登，亦持與楊起元同樣的「六龍觀」，周汝登曰：

《乾》有六龍，皆其自然之變化。而或者擬議於潛、見、惕、躍、飛、亢之間，是為齊其末。君子問其是龍、非龍而已，龍德無虧，則時潛而潛，時見而見，以至於時惕時躍，時飛時亢。而惕、躍、飛、亢，所謂「時承以御天」，豈容一毫意必措置於其間哉？彼潛、惕、見、躍、飛、亢之不當其時者，以其非龍故耳。故根本只在龍德。龍德如何？自強不息而已。自強不息，非有所加。吾本是龍，適如其體，知至至之，知終終之，有多術乎哉？又曰：《易》之道明說「屢遷，不可為典要」故此六爻之用，謂一人占一爻，可謂終身具六爻。可謂一日之間、一事之頃、一念之微，而具六爻。亦可潛中有見、亢中有惕、躍中有飛、飛中有潛，以至輾轉變化莫測。其端，蓋不可言解，不可慮通者也。嗟乎！安得忘言絕慮之士，而與之論六龍之用哉。[77]

周汝登認為管志道過於重視「時位」，著重於六龍因應不同環境而作出的調整，以及對每一「位」所賦予的權力界限。對他而言，無論處在哪一個位置上，尚須以「龍德」作為審視基礎，否則以一時一爻之龍來做評價，恐是把龍德分解。周汝登強調的龍德，是一種整體或一體觀。換言之，他與楊起元是著重在六龍之「體」而非「用」。若我們再採取管志道的老師耿定向所言「一聖乘一位」加以對照，便可看出管志道和楊起元、周汝登的思想差異：

古惟孔子善學《易》，看他翼《易》、卦卦學，爻爻學也。即賢所舉《乾》一，卦中潛、見、惕、躍、飛、亢六位。自學者一身而言，一身有此六位。更歷代來，自一時一事而言，一時一事有此六位更相代乘者。即賢時居令職，蓋九三之位也。由此內召簡任，則九四以上時乘之矣。就賢時位而學其精神凝翕處，為潛；其政事敷施處，為見；其宜民，獲上與否，不忘警惕，為惕。由此或躍、或飛、或亢，與時宜之，方為學《易》。槩古今而統言之，有一聖乘一

76 楊起元，〈管東溟〉，《續刻楊復所先生家藏文集》卷七，《四庫全書存目叢書．集部．別集類》第一六七冊，頁三五四—三五五。

77 周汝登，〈文王〉，《聖學宗傳》卷二（山東：友誼出版社，一九八九），頁一一一—一一二。

位者，若伊尹桐宮之放，周公東山之斧，此居亢之位不得不然也。知進而不知退云云，亦謂唯聖人以此。若吾夫子則時乘六龍以御天，知進退存亡，而不失其正者也。[78]

管志道和耿定向剖析六龍，向來是扣緊著政治時局，是以六龍之「位」與「用」來衡量一個人之行是否符合「德」，才是所謂的「正」。依耿定向所言，學《易》是為其政事把握恰當時機，藉以應對各種政治狀況。管志道還進一步把六龍所乘之位，以上下體來區分「窮通」，其曰：「龍德不見有一首，則以上下體分窮通，為六龍所乘之位耳。上三龍定屬『達』而在上者，下三龍定屬『窮』而在下者。」[79]這恐非是楊起元和周汝登對龍之「德」所持一體觀者所能認同的。

另，耿定向雖比楊起元年長二十六歲，卻極欣賞羅汝芳與楊起元之學。羅汝芳逝世後，耿定向曾寫祭文，祭文完成後，懸壁讀之，有感羅汝芳對孔子深思與己相契，竟不禁號啕大哭起來[80]。當周柳塘對羅汝芳、楊起元學問頗有微言，耿定向卻道說：「未可即近溪一二不檢押行事，而盡疑近溪言論也。」故他勸周柳塘不應就羅汝芳之學，而懷疑楊起元之學，其曰：「兄慎勿因近溪一二遺行，而並棄近溪之言論，慎勿因近溪而並疑復所之學也。」[81]言論中無不維護二人之意[82]。耿定向對楊起元從「性」上辨迷悟的做法特別讚賞，認為人們從「念上研幾」以求復性，容易沾染邪說與形成偏見，反應該如楊起元所說：「切須以知性為先，虛而信者，知性之根也。一了百當，不掛一絲者，知性之驗也。賢愚平等，不生分別，俱立俱達，隨感隨應，知性之成也」[83]，方為直截工夫，因而稱「復所之眼，非世人可及也」[84]。這樣一種知性的手法，實與羅汝芳打破光景的工夫有異曲同工之妙，注重於「自然」與「減」的工夫，與禪宗的工夫形態有所接榫。也難怪憨山德清曾說：「嶺南自曹溪偃化，大顛絕響，江門不起，比得楊復老，大樹性宗之幟。貧道幸坐其地，歡喜讚歎不窮也。」[85]楊起元樹立「性宗」標幟，為當時委靡的禪宗注入了生機，使性宗與禪宗互為激發，為憨山德清所讚賞。

78 耿定向，〈答錢廬陵〉，《耿天臺先生文集》卷五，《四庫全書存目叢書．集部．別集類》第一三一冊，頁一三一。
79 管志道，〈答敬菴先生書〉，《理要酬諮錄》卷上，《管東溟先生文集（十七）》，頁一九。
80 耿定向，〈與周柳塘〉，《耿天臺先生文集》卷三，《四庫全書存目叢書．集部．別集類》第一三一冊，頁八七。
81 耿定向，〈與周柳塘〉，《耿天臺先生文集》卷三，《四庫全書存目叢書．集部．別集類》第一三一冊，頁八五—八六。
82 耿定向對楊起元「性學」頗為讚賞，曰：「來教云：『性無得失，無是非。』誠然，顧念之萌於欲也，寧無邪正乎？念之生於見也，寧無偏全乎？學者從念上研幾，閑邪祛偏，亦是復性實功，似未可破除。如足下教旨，只從性上辨迷悟，則誠為直截真詮，得上乘矣。」黃宗羲，〈泰州學案四〉，《明儒學案》，頁九五。
83 楊起元曰：「吾師以孝弟慈盡人物之性，其即孔子一貫之旨乎？一而已。一何在，一之於孝弟慈也。儒先皆謂一不可，以予觀之安在？其不可說也，孔子引其端，而吾師竟其說矣。後聖復起不易，吾師之言矣，於是以四書五經為綱，以羅子會語為目，類輯成書命之曰《一貫編》。」〈周柳翁座主〉，《太史楊復所證學篇》卷二，《續修四庫全書存目叢書．集部．別集類》第七四冊，頁三六八。
84 耿定向，〈與子健〉，《耿天臺先生文集》卷六，《四庫全書存目叢書．集部．別集類》第一三一冊，頁一七六。
85 憨山德清，〈答鄒南皋給諫〉，《憨山老人夢遊集》卷十六，《卍續藏經》第一二七冊（台北：新文豐出版公司，一九九七），頁四四二。

第二節　三教皆務為治為「一」

一、佛可助儒

楊起元在儒家氛圍中長大，承繼著家學，但他卻自認「慕曹溪大風」。曾經重刊《法寶壇經》，為《曹溪志》作序，也曾為道家經典作注。在僧人當中，楊起元與憨山德清素有深厚的交情，楊起元作〈曹溪舊志序〉時，對憨山之文與佛教貢獻多有溢美之辭：

> 予嘗慕曹溪性宗，結屋韶石，往還甚熟，覽其志甚不稱。未幾，赴闕於燕邸，得憨山緒言，讀之，愛其文雅，旋得覩光儀，類其文。孰意數年間飛錫南來，竟為曹溪作志耶！曹溪我盧祖說法地，當時得法者青原、南嶽為冠。其後衍為五宗子孫，布滿寰宇，皆祖曹溪，可知其地之勝矣。顧非憨上人慧性超悟，克紹宗風，文藻優長，辯才無礙，安能部分臚列，綱舉目張，創例發凡，掩前光後者也。86

至於憨山德清，他在《夢遊集》也曾記述與楊起元「法門深契」：

惠州楊少宰復所公，往與予有法門深契。久以憂歸，今秋乃訪之。至之日，公已卒於瑩所，詰朝將入山，公靈已至城矣。予即往視殮，為求棺槨，值潮陽道，觀察任公陪（指任養弘），直指於惠陽。請遊西湖，登東坡白鶴峰而歸，歸即掩關卻埽矣。[87]

憨山德清曾不惜路途遙遠去訪楊起元，豈知他竟已謝世，故前往殮棺，可知二人交情之深。一直以來，楊起元對佛教或禪宗保持開放的心態，不但稱禪宗之性宗為「寶物」[88]，在對「知性」的表述當中，也常是儒禪互釋，如說道：「譚道者多，悟道者少，豈不然哉？悟之一字，本出禪宗，然究其實，即大學所謂致知，孟子之所謂著察也。」[89]他把「悟」比喻為儒家的「致知」，孟子的「著察」，進而合併儒禪二者工夫。楊起元縱然也感「後世學佛者，張皇太甚」[90]，但對禪宗的態度，始終很寬容[91]。這除了來自和六祖慧能同鄉的地方意識，以及佛教主張「性宗」與他所關懷的

---

86 楊起元，〈曹溪舊志序〉，《中國佛教叢書．禪宗篇》，頁六二二一。

87 憨山德清，《憨山老人夢遊集》卷五十四，頁九六八。

88 楊起元，〈與路子易〉，《續刻楊復所先生家藏文集》卷六，《四庫全書存目叢書．集部．別集類》第一六七冊，頁三三三。

89 楊起元，〈鄒南皋年丈〉，《太史楊復所證學篇》卷二，《續修四庫全書存目叢書．集部．別集類》第七四冊，頁三八七。

90 楊起元，〈論佛仙〉，《太史楊復所證學篇》卷首，《續修四庫全書存目叢書．集部．別集類》第七四冊，頁三四三。

91 耿定向亦說：「蓋謂學佛者實是清淨，不至傷風敗化；實是慈悲不至傷人戕物；實是靈通，不至痲痹迷罔，未可過焉分

「性命之學」一致之外，最重要一點是，他認同佛教有助於儒。

楊起元言佛教可「明其心」[92]，不違孔宗，能使儒者如佛之徒，苦心專志以求明其心。曾經有學者質疑「分心於佛學而不並力於孔宗」[93]時，楊起元解釋說：「弟非學佛者也，因其書然後稍窺心體。回視儒先所論，如隔靴搔癢，入海較砂，深為可惜」[94]，清楚表達他的立場。可知他把「援佛入儒」立基於「佛可助儒」立場上，才會說：「盧祖豈特有功於釋？抑亦有功於孔矣。」[95]楊起元對佛教投入很大的信心，嘗苦口婆心勸友人接受研讀佛典，並信誓旦旦說出，若無得益處，願受「妄言之罪」類似的話[96]。此外，他也曾評注明太祖〈還經示僧篇〉、〈諭僧篇〉與〈道患篇〉三篇文章[97]，以測其精微之蘊，這些思想裡都具有鮮明「儒佛合體」[98]的特色。檢視楊起元的為學經歷，便可理解他的開放思想的養成過程。他自幼受學於白門，十三歲時又受業於陳育[99]，三十歲方歸於羅汝芳門人，學問養成並非專學於一家[100]。楊起元曰：

> 予年友海門周先生彙輯是編，號曰：《知儒》，取張子韶公「學佛然後知儒」之語。予讀之，尚未足以知儒，僅足以益知予之病耳。竊謂儒學雖失其傳，然有宗門之學，則吾儒之傳為不失。學者雖不求宗門之學，第能真實參究儒者之學，至於無絲毫疑處，未有不默合於宗門者也。其不默合於宗門，其於儒猶未也。若夫陰用之而陽闢之，或稍賴其益即棄其言，或掇拾餘唾徒資口給，且將使此編又與吾儒之書同成文具也。[101]

楊起元以孔子「學無常師」為例，喻之為資百工機械的「良農」，藉以證明證學問勿須定於一

別。」〈與劉調甫〉，《耿天臺先生文集》卷四，頁一〇六。對好佛者亦能分其特質，如曰：「吳旺湖、陸平泉之修潔，近佛之清淨。趙大洲、陸五臺之剛簡，近佛之真截。羅近溪之寬和，近佛之慈悲。」〈與吳少虞〉，《耿天臺先生文集》卷四，《四庫全書存目叢書．集部．別集類》第一三一冊，頁九五。可見未必是視佛為洪水猛獸。

92 楊起元，〈送劉布衣序〉，《太史楊復所證學篇》卷四，《續修四庫全書存目叢書．集部．別集類》第七四冊，頁四六七。

93 楊起元，〈曾植老〉，《續刻楊復所先生家藏文集》卷七，《四庫全書存目叢書．集部．別集類》第一六七冊，頁三四五。

94 楊起元，〈曾植老〉，《續刻楊復所先生家藏文集》卷七，《四庫全書存目叢書．集部．別集類》第一六七冊，頁三四四。

95 楊起元，〈曹溪舊志序〉，《中國佛教叢書．禪宗篇》，頁六二三。

96 楊起元曰：「今有人能汲汲乎？求明其心，求之於六經而不得也。又求之諸子百家，又求之釋典。惟主以明其心而已。是真併力於孔宗也，而奈何少之，即如佛說楞嚴一經，其徵心者亦良苦矣。其仁後世者，亦可謂至矣。學以求心者，安可置之漫然不省耶！此弟所以有勸於兄丈也，試取藹藹之言，賜三五日之青睞，於是無所益則弟受妄言之罪可也。」〈曾植老〉，《續刻楊復所先生家藏文集》卷七，《四庫全書存目叢書．集部．別集類》第一六七冊，頁三四五。

97 楊起元，〈管東溟〉，《續刻楊復所先生家藏文集》卷七，《四庫全書存目叢書．集部．別集類》第一六七冊，頁三二六—三二七。

98 荒木見悟，《明代思想研究：明代における儒教と佛教の交流》，頁一三四。

99 楊起元，〈贈對育陳老先生七十有一禱序〉，《續刻楊復所先生家藏文集》卷二，《四庫全書存目叢書．集部．別集類》第一六七冊，頁二二七。

100 楊起元，〈知儒編跋〉，《太史楊復所證學篇》卷三，《續修四庫全書存目叢書．集部．別集類》第七四冊，頁四二六。

101 楊起元，〈知儒編跋〉，《太史楊復所證學篇》卷三，《續修四庫全書存目叢書．集部．別集類》第七四冊，頁四二六。

家[102]。他認為董仲舒罷黜百家，獨尊儒術，或韓愈《原道》敘堯舜之傳至於孔孟，已開「執一之端」，因而對宋儒「陰用陽闢」的佛學立場，有所不滿。不過楊起元過於推崇禪宗的行為，也惹來不少批評。顧炎武（一六一三—一六八二）在《日知錄》〈舉業〉一文中曾引艾南英[103]（一五八三—一六四六）之序文為證據，替楊起元冠上「制舉業中始為禪說者」的罪名。顧炎武依艾文指出，自南宋起，楊慈湖首開其端，在學說中引入禪理。隨後的明儒雖也標榜異學，卻僅止於師友講論立教明宗而已，皆未嘗將禪理以入制舉業。自楊起元開始，科舉考試答卷上禪風瀰漫，顧炎武認為楊起元要負上很大的責任，所以稱他為「舉業之俑者」。《四庫全書總目提要》記載以上這段事蹟，嚴厲指責這種援禪入儒的思想是種「流毒」：

> 艾南英嘗作文待序曰：蓋自摘取良知之說，而士稍異學矣。然予觀其書，不過師友講論，立教明宗而已，未嘗以入制舉業也。其徒龍溪、緒山闡明其師之說，而又過焉，亦未嘗以入制舉業也。然則誰為之始歟？吾姑為隱其姓名，而又詳乙注其文，使學者知以宗門之糟粕，為舉業之俑者，自斯人始云云。顧炎武曰：《日知錄》嘗考南英所乙注者，即起元文也。然則起元變亂先儒，其流毒且及於經義矣。[104]

艾南英曾對援引禪風入舉業者「姑隱其名」，顧炎武經考證後，知其所指乃是楊起元，故於艾文下注明「萬曆丁丑科場起元」[105]。顧炎武批評楊起元把儒教變為傳燈之教[106]，似乎呼應管志道有關「儒不儒、禪不禪」的批評。當時與楊起元同為浙中考場擔任考試官的趙南星，就曾感慨左道之習日熾，並指說：「今之士子皆醉釋氏之糟粕，文體之壞極矣。世道人心至，蓋被髮左衽之漸也。」[107]另外，《明史．儒林傳》一方面說楊起元「清修姱節」，另一方面又批評「其學不諱禪」。《四庫全書總目提要》對他的評論尤為嚴厲，曰：「起元傳良知之學，遂浸淫入於二氏，已不可訓。至平生讀書為儒，登會試第一，官躋九列，所謂之大臣，民之表也。而是書卷首，乃自題曰比

---

102 楊起元，〈筆記〉，《太史楊復所證學篇》卷一，《續修四庫全書存目叢書．集部．別集類》第七四冊，頁三四六。楊起元在闡發羅汝芳之學，也特別提掇他求知之博，「非學一」的學習形態，並述及羅汝芳發憤參學求於四方的經驗，其曰：「窮髮烏言無不歷也，蓽門圭竇無不窺也，深山邃谷無不造也，露肘決踵無不問也，緇流衲子無不禮也，乞兒馬醫桁楊接槢無不聽也。」〈又擬作答問集序〉，《太史楊復所證學篇》卷四，《續修四庫全書存目叢書．集部．別集類》第七四冊，頁四五四。

103 艾南英，字千子，江西東鄉人。好學，無所不窺。萬曆末場屋文腐爛，南英與同郡章世純、羅萬藻、陳際泰以興起斯文為任，世人翕然歸之。天啟中舉於鄉，對策有譏刺魏忠賢語，罰停三科。崇禎初詔雪試，卒不第，而文日有名，負氣陵物，人多憚其口。兩京覆，入閩，見唐王，陳十可憂疏，授兵部主事，改御史，未幾卒於延平，年六十四。有《天傭子集》、《艾千子全稿》。見《明人傳記資料索引》，頁一一二。

104 〈雜家類存目二〉，《四庫全書總目提要》卷一百二十五，頁二八八。

105 顧炎武，〈舉業〉，《原抄本日知錄》卷二十（台北：明倫書局，一九七八），頁五三一。

106 顧炎武，〈舉業〉，《原抄本日知錄》卷二十，頁五三一。

107 趙南星，〈寄桂徵室掌科〉，《趙忠毅公文集》卷二十二，頁六八五。

丘，尤可駭怪矣。」[108]

二、佛可治理天下

主張三教會通者面對眾人最大的質疑，便是佛道「逃倫棄物」與「不可為天下治」這兩項。歷年來闢佛道者，莫不從這兩方面展開激烈的抨擊。明儒薛侃曾曰：「二氏之蔽在遺倫」[109]，又曰：「歸之二氏，則必落形器、守方隅、泥文義」[110]，導致聖學不明。胡直（一五一七—一五八五）則認為儒家主在經世，其學貴「盡心」。盡心則能察乎天地萬物，常處之有則，儒與釋氏之差，是在「盡心與不盡心之分」[111]。對於「逃倫棄物」這點，管志道曾論說：

> 蓋三教法門，不越理事二字。禪門演此二字，而為君臣五位，賓主四位之說。理全而事偏，全者圓而偏者方也。見地從理，教體從事，如釋氏以出世為教體，必不使比丘畜妻子以從俗。孔子以經世為教體，必不使儒流棄妻子以從僧，即此便是方也。方中有圓，自不待言，何者？教理本圓，教意亦圓，而教體則未有不方者。《大學》「平天下」章不言絜規而言絜矩。《魯論》志學章，不言從心所欲不踰規，而言從心所欲不踰矩。三教聖人，所以整齊百物，垂憲萬世，恃有此方矩在耳。如使教體不方，則臣可侵君之事，子可侵父之事，妻可侵夫之事，而三綱將裂，且緇可濫黃，黃可溫素，法王所以衮晚朝諸侯，世主可以袈裟踞法席，而三教亦漓矣。故

> 愚以方判教體，蓋本孔矩而為訓也。[112]

管志道提出「教體要方」，旨在回應楊起元「圓宗」之說，同時批評泰州「毀方為圓」的行為。他認為「盱江宗泰州，以見龍為家當，其行往往毀方為圓。愚每推敲於此，少宰初不以為然。」（少宰即楊起元）一直到後來他證明如何「以圓宗出方矩，以方矩入圓宗」[113]，楊起元才肯定「方矩」的作用[114]，故管志道又說：「**已而見《求正牘》中，論到聖祖三聖人之大成，以圓宗出方矩，以方矩入圓宗，潛歎不啻。**」[115]管志道向來以「三教之不相礙為圓，三教之不相濫為方」為原則，警惕三教過度強調「圓融性」，而忽略個別宗門的「規範性」[116]，恐會形成弊病。倘若各宗門

---

108 〈諸經品節〉，《四庫全書總目提要》卷一百三十二，頁二七三五。
109 薛侃，《研幾錄》卷三，《續修四庫全書・子部・儒家類》第九三九冊（台南：莊嚴文化，一九九五），頁一四九。
110 薛侃，《研幾錄》，《續修四庫全書・子部・儒家類》第九三九冊，頁一四九。
111 胡直，〈六錮〉，《鬍子衡齊》卷二（上海：上海古籍出版社，一九九五），頁四一六。
112 管志道，〈答吳縣令君文又損袁父母書〉，《惕若齋集》卷二，頁五一。
113 管志道，〈答葉儀部園適丈書〉，《續問辨牘》卷三，《四庫全書存目叢書・子部・雜家類》第八七冊，頁一三二。
114 同上注。
115 管志道，〈答許少司馬敬庵先生書〉，《理要酬諮錄》卷上，《管東溟先生文集（十七）》，頁二四—二五。
116 荒木見悟解「圓」為圓融性與超規矩性；「方」則解為規矩性與規範性，文中有關圓與方的解釋，大致取自荒木之意思。參《明末宗教思想研究——管東溟の生涯とその思想》（東京：創文社，一九七八），頁六六。

嚴守壁壘，儒者就不必毀儒行而遵禪，禪者也不需要違宗戒律來學習儒家。因此管志道讚賞明太祖經綸三教的方式，述其「主則不主二氏而主孔子，奴則不奴二氏而兩賓之。妙在圓其宗而不圓其矩，鼎其教而不鼎其心。」[117]管志道的批評，顯示兩人在三教合一論述上，所寄託的目的不一樣。管志道重權力與規範，欲從三教源頭重新確立邊界。這樣各教在相互跨界時，也有一個可依循的規矩，楊起元重心點卻不在此，其曰：

無二道者，有常道也；無兩心者，有常心也。仲尼之道明，故其持身榮；仙佛之道幽，故其持身儉。儒者任國家之事，則可以受朝廷之祿爵，佛仙不預世事，則草衣木食乞化為生，所以勸人無貪著也。濟給之理，豈不一乎？世人皆愚，恆賴三教以化之。一有智者，必為三教攝受，為將來教主。自三教立，而生人之命脈有所繫矣。然非我高皇聰明之大，安能洞見其然而處之各得其宜哉？[118]

楊起元重教化與倫理，冀把三教工夫收攝到個人「身」上，使其發揮工夫倫理作用。他不排斥儒釋道可以並列，並用一種超越的眼光來看待世俗所認知的「道」。這個「道」並非只是儒家之道，它可以是釋家之道或道家之道。縱然如此，這並不意味他追求三種道的境界。反之，他是從儒釋道所能提供的「濟給之理」上來審視，發現三者發揮的功能是一樣的。為什麼會是一樣呢？主要是世俗所認識的「道」已被割裂，眾人忽略實際上只有一個完整的「常道」運轉流行。「常道」代表的是一個恆久不變，具有超越與穩定性的宇宙法則，也是天地萬物賴於正常運行的規律。所以說，道是「常道」，心是「常心」，以此道此心來攝受三教，便可使其所濟給之理趨「一」。楊起元最終也提到，它最終又賴於可充當「三教主」的智者出現，使三教得以確立，而這位三教主即是明太祖，其曰：

佛出世法也。世之儒者，每病其不可以治天下國家，我高皇會而通之，遂為經世至良之法，是誠造化在手者矣。是故神農嘗百草，一日遇數毒不能害，竟以起人之死回人之生，彼無神農之神者，一入口而輒死矣。

高皇以佛法明世法，是味毒以生人也。佛法本無毒，為不善用者成其為毒，猶草亦本無毒，為不知宜者成其為毒也。夫苟不知宜，雖穀食可以殺人。夫苟不善用，雖仁義可以亡國，然穀食、仁義不因之而廢於世。而神農之藥方，佛之法，又可以一日廢乎？矧惟佛法，經我高皇神智轉為世典，尤當與天地同其覆載，日月同其循環，生人之類同，其終始無疑矣。[119]

117 管志道，〈題程君房墨苑〉，《惕齋續集》卷一，頁一九。
118 楊起元評注，〈三教論〉，《訓行錄》卷中（據日本內閣文庫藏明萬曆二五年序刊本），頁二六。
119 楊起元評注，〈心經序〉，《訓行錄》卷中，頁三六。

楊起元反駁了世人對佛教不可治天下的指控，指出明太祖會通儒釋，已把出世法轉為經世的法典。若沒有由明太祖扮演神農先行者的角色，嘗盡百藥，也就無法使人起死回生了。關鍵不在於那些草藥是否有毒，而是在於「善不善用」。換言之，佛教如穀食，若不善用可亡國。反之若善用，亦有「回生」的效用，所以才說「佛法本無毒，為不善用者成其為毒」。這番談話，無疑就是認同明太祖把佛道視為有益於國家治理的「草藥」，認為「三教皆務為治耳」[120]。因此楊起元認為明太祖為三教定治之意，以仲尼之道來擬定典章制度，以佛仙之幽靈暗助王綱，是一種精細的政策[121]。而其中的「暗理」，非淺薄者所能測。在他看來，益處有三：第一、借佛脈入孔脈，以佛教來把握孔子沒有說或沒有解釋的部分。如子貢曾言：「性與天道不可聞」，孔子又曰：「朝聞道，夕可死」，但秦漢以後便無以得知其底蘊。反之，經由佛教能使儒家之徒守心性之法，然後再經由禪宗悟入孔脈。第二、是要拉近士庶之間的貧富差距。自周以來，公卿士大夫過著奢侈有錢的生活，一般老百姓卻無以享福，為消弭長久以來的紛爭，故倡議佛教「喜捨身」的觀念，使士大夫公卿過清貧惜福的生活，讓士庶階層亦可享福德，這樣人主皆可相保。第三、則是從招攬人才的角度來考慮。就算是「學無方，其法無可思議」，也可在「收異才、收天下」原則下被延攬[122]。這樣的思考，可以說是明太祖三教政策的「翻版」。明太祖在其著名的〈三教論〉文中，亦是從「無二道」、「無兩心」及「濟給之一理」來奠定佛仙暗助王綱的角色[123]。尤其是出自於招攬治國人才的考慮，如朱鴻曾指出：

明太祖處處儼然以師者的姿態，訓諭佛道二教，他要宗教永遠臣服於政治之下。但是太祖亦不刻意壓制二教的發展，更無滅絕之，這不僅是因二教之勢力已大，在事實上不可能完全禁絕。更重要的原因，還是因為太祖輕視宗教為達到政治教化目的的必要工具。由於明初佛道二教時有齟齬，太祖乃採調和的政策，使二者皆隸屬於政治之下，利用以達陰翊王度的目的。[124]

明太祖即位後，即以廣羅人才為要務。鑑於當時人才多集中於江浙，而江浙文士又多信奉佛教，希望能借用宗教力量來籠絡這些人。可見暗理背後所考慮的，是立基於治國理念。如此而言，楊起元拾其摭說，也有力圖鞏固君道力量之嫌。

120 楊起元，〈論佛仙〉，《太史楊復所證學篇》卷首，《續修四庫全書存目叢書．集部．別集類》第七四冊，頁三三四。

121 楊起元特別指出，明太祖有訓曰：「仲尼之道，刪書制典，為萬世師。其佛仙之幽靈，暗理王綱，益世無窮。治天下之道於斯三教，有何不可缺者。如此則互崇奉之矣。及論靈谷寺僧則謂：人主之財，皆為民而用，下至公卿輔相，皆無可施之財。言之甚切。」〈論佛仙〉，《太史楊復所證學篇》卷首，《續修四庫全書存目叢書．集部．別集類》第七四冊，頁三三四。

122 楊起元，〈論佛仙〉，《續刻楊復所先生家藏文集》卷二，《四庫全書存目叢書．集部．別集類》第一六七冊，頁三三四—三三五。

123 朱元璋撰，胡士萼點校，〈三教論〉，《明太祖集》卷十（安徽：黃山書局，一九九一），頁二一五。

124 朱鴻，〈明太祖與僧道——兼論太祖的宗教政策〉，《國立臺灣師範大學歷史學報》第十八期，一九九〇年六月，頁六五。

至於儒佛之間的關係，楊起元常勸人分辨所謂的「名」與「跡」。對他而言，三教常是名異跡同，為了打破儒家之「名」對儒佛的限定，楊起元把孔子的「習」比為佛教的「業」[125]，又把禪宗的「悟」，解為《大學》的「致知」以及孟子的「著察」。甚至以堯、舜、禹、湯、文、武和周公為比擬，述其為「過去七佛也」[126]，由此主張經世乃與出世法通：

夫儒之學，以經世也。而苟不能知出世法，則亦不足以經世。古之真儒，必明於出世之法。吾儒出世之法何也？素其位而行，不願乎其外是也。心如鐘焉。一扣一鳴，百扣百鳴，不扣則寂然而已矣。故聖人於物也無畔援，有天下而不與也。佛之學，吾不知其詳也，然考西方之典載，世尊一日勅阿難，食時將至，汝當入城持鉢，阿難應諾，世尊曰：「汝既持鉢，須依過去七佛儀式」。阿難便問：「如何是過去七佛儀式？」世尊召阿難，阿難應諾，世尊曰：「持鉢去。」蓋佛出世法大略盡是矣。而此諾此持，豈出世事哉？然則出世者，佛學之名也。盡其所以出世之實，恰與經世法類焉。經世者，亦儒學之名也。盡其所以經世之實，亦恰與出世法通矣。天地間寧有二道乎哉？」然今之為吾儒之學者淺矣，堯、舜、禹、湯、文、武、周公，乃吾儒過去七佛也。[127]

楊起元也強調世法與出世法兩不相妨：

吾黨有倫屬之緣，非若無緣者之能出家，亦不必棄緣以出家，然後可以學道也。第吾人心性根原落着，則不可以不求，欲求之，則釋典宗教不可以不博。遇善知識不可以不敬而訪之，如佛所戒律儀，雖不能盡遵，然殺盜淫其大者，不可以不戒。壯強之前，嗣續為重，職業為急，不免於混俗。至於衰白之後，宦名可休而婚嫁已畢，亦須發遠離之志，尋逐高明，托處精舍，研究一乘。大足以了生死，而次足以不犯在得之戒。如此，則世法、出世法兩不相妨礙矣。128

楊起元認為自明太祖始，儒釋道不再是「一鼎三足」的狀態，三者實已「定於一」，其曰：

高皇千有餘歲，世代遼邈，學術多岐，不啻如文王、孔子之間，五百年而已，諸子百家僅如繁星，惟二氏與儒分為鼎足。迨高皇興，然後定於一。純用儒術以治天下，而以仙佛陰助之。而從前之崇二氏，闢二氏者，皆大謬。不然矣，以斯文論之。高皇功德，不在孔子下。至於再闢

125 楊起元，〈重刻法寶壇經序〉，《太史楊復所證學篇》卷三，《續修四庫全書存目叢書．集部．別集類》第七四冊，頁四二九。
126 楊起元，〈葉龍老〉，《太史楊復所證學篇》卷二，《續修四庫全書存目叢書．集部．別集類》第七四冊，頁三八四。
127 楊起元，〈葉龍老〉，《太史楊復所證學篇》卷二，《續修四庫全書存目叢書．集部．別集類》第七四冊，頁三八四。
128 楊起元，〈陳居士茹素序〉，《太史楊復所證學篇》卷四，《續修四庫全書存目叢書．集部．別集類》第七四冊，頁四六三。

> 混淪，奉修六紀，尤當集二五以來，君師之大成者也。[129]

又曰：

> 學者篤行，期於厚倫，惟軀殼之念重而倫理薄矣。甚矣。天之陰騭下民也，篤生聖人以司其教。儒以名教也，為陳其理；佛以空教也，為釋其念。老以虛教也，為柔其氣。凡得其一，必兼其兩，而三者並陳於世，天之愛民也。[130]

以上這段話，似乎可以回答何以楊起元如此看重「身」。在他看來，當時學者重「身」輕「倫理」，是把「身」、「倫理」分隔。而他認為所謂的「理」、「念」和「氣」實際是集於一「身」，故曰「得其一，必兼其二」。這樣說來，三者乃為「一」。這也說明，在楊起元想法裡，倫理意識的養成與實踐，非屬於儒家名教而已，佛教的「空教」和道家道教的「虛教」，也能發揮相同的作用。在這層意義底下，「釋其念」、「柔其氣」和「陳其理」便具有同質意涵，也具備了倫理的實質，間接破除釋道只是屬於玄虛縹緲想像的說法。楊起元在讀了《孝經》、《圓覺經》和《道德經》後，曾作〈三經序〉，並言「三聖人者，皆以善愛其身為教，其言有淺深詳略，而實相為用，不相用不足為聖」的感言[131]。從倫理角度肯定釋道，超越儒家的本位，是楊起元個人思想最顯著的特色，以下將進一步詳論。

第三節 孝與「合一」思想

楊起元以倫理的角度，論證三教在國家治理所能扮演的角色，並且把「合一」導向「濟給之理一」，是一種試圖統合三教倫理的政治理念。管志道把「合一」根源溯自「乾元」，楊起元的「合一」則指向「孝弟慈」。值得進一步思考的是，羅汝芳提倡「孝弟慈」是在於「盡人物之性」[132]，楊起元卻是從政教功能上著眼，同時也賦予它具宗教色彩的感應觀。長久以來，「孝治」一直是許多儒者的政治理想[133]。晚明談「孝」與《孝經》，難免無法脫離當時的思想氛圍，特別是具有「宗教化」與「政教化」互涉的特質。就前者而言，強調《孝經》可通感神明，增加了它的宗教向度。

129 楊起元評注，〈孔訥誥文〉，《訓行錄》卷中，頁三。

130 楊起元，〈書與甸南許子〉，《續刻楊復所先生家藏文集》卷四，《四庫全書存目叢書・集部・別集類》第一六七冊，頁二五八。

131 楊起元，〈三經序〉，《太史楊復所證學篇》卷三，《續修四庫全書存目叢書・集部・別集類》第七四冊，頁四二八。

132 如楊起元另一位同門熊子儐曾言：「吾師以孝弟慈盡人物之性，其即孔子一貫之旨乎？性一而已，一何在，一之於孝弟慈也。儒先皆謂一不可說，以予觀之安在其不可說也。孔子引其端，而吾師竟其說矣。」〈一貫編序〉，《續刻楊復所先生家藏文集》卷三，《四庫全書存目叢書・集部・別集類》第一六七冊，頁二四三。

133 楊起元，〈孝經序〉，《太史楊復所證學篇》卷四，《續修四庫全書存目叢書・集部・別集類》第七四冊，頁四四七。

後者把孝弟慈與明太祖的《六諭》關聯起來，使「孝弟慈」不僅屬於私領域所謂孝養雙親的道德行為。《六諭》作為一個經由皇帝頒布的教化條例，具有國家倫理綱紀下的教化統合意義，如此說來，「孝」亦是一個公領域的政治與社會道德倫理。楊起元即曰：「綱常即倫理中事，而紀法度特維持是倫理者也」[134]，又說：「高皇之制，使孤老為木鐸以宣聖諭，即佛以出家人說法之意，使鄰里共贍養之，亦佛使出家人乞化為生意也」[135]，大讚明太祖善於經世，使木鐸之職，成為維持社會與國家穩定的力量。聖諭載含佛法，孝弟成為儒釋會通的基礎，難免予人道德宗教化之感。

楊起元所謂的「孝」，是屬於道德意義，抑或亦具有道德本體意義？當時不少儒者欲從天賦基礎上替「孝」尋求本體意義，將「孝」之德上升到宇宙法則運作的高度。於是如何把握「孝」與「仁」之間的關係便至為重要，楊起元曰：

> 孝弟者，為仁之本也。甚矣。有子之言，似夫子也。夫子告哀公曰：仁者，人也，親親為大，非即其旨耶。顧下文曰：思事親，不可以不知人；思知人，不可以不知天。蓋知天則難言之矣。是故孝弟有二：有由知天來者，其為孝弟也，達諸天；有不由知天來者，其為孝弟也，滯於跡。達諸天，則仁道自此而生。滯於跡，則宗族稱孝，鄉黨稱第，一篤行之士而已。非本立而才不足，乃所立者，非生生不息之本也。
>
> 夫所謂天者，非蒼蒼之謂也。又非二氣五行化生萬物之謂也。中庸曰「天命之謂性」，人之

> 性，即天之命非有兩也。是故莫之為而為者，人也；莫之致而至者，命也。其在於人則不慮而知者，其良知也。不學而能者，其良能也。孩提之童，豈有所學且慮哉？然無不知愛其親，無不知敬其兄，是乃所謂出於天而不繫於人者也。知此之謂知天，然後能事天，能事天然後能事親。自善事天而言，謂之仁人；自善事親而言，謂之孝子。然則仁也，孝也，一也，孝豈特為仁之本而已哉？[136]

自朱子以來，「孝弟者，為仁之本也。」這句話有不少爭議。究竟是該把這句話理解為所謂「為仁」之本，抑或為「仁」之本？有學者曾舉出程朱的講法，說「為仁」並不是「等於仁」，而是具有「實行仁」的意思。程朱在解「仁」與「孝」，乃基於「仁體孝用」的論說。不過須警惕的是，體用之說是先秦未曾出現的概念，宋代流行此說，會否有強解之意，不可不慎。朱子雖曾釋「本」為「猶根也」，但如張崑將所指出：「『本』是時間序列終始的『始』，非超越的本體義之『本』。」[137] 陽明亦曾引程顥語曰：「行仁自孝悌始，孝悌是仁之一事，謂之行仁之本則可，謂是仁

---

134 楊起元，〈序中都會語〉，《太史楊復所證學篇》卷一，《續修四庫全書存目叢書．集部．別集類》第七四冊，頁三五五。

135 楊起元，〈冬日記〉，《太史楊復所證學篇》卷三，《續修四庫全書存目叢書．集部．別集類》第七四冊，頁四一五。

136 楊起元，〈孝弟策〉，《太史楊復所證學篇》卷四，《續修四庫全書存目叢書．集部．別集類》第七四冊，頁四九六—四九七。

137 張崑將，《德川日本：「忠」「孝」概念的形成與發展——以兵學與陽明學為中心》（台北：國立臺灣大學出版中心，二

之本則不可。」意即把「孝」當成是現實生活中諸道德行為的最初根本，而並非是「性」或「道」意義下之「本」。這就有如同朱子所言，「孝」不是本體論之「本」[138]。

在此基礎上再來檢視楊起元的言說，可發現他談「孝」並不從實踐義或本體義上著眼，反而欲凸顯出「孝」作為一種道德工夫。它可實踐的兩個面向是：它一方面通過行孝能達至「知天／命」境地，另一方面則可以在宗族鄉黨之間做一個有德行篤實的人。此外，從楊起元把「行孝」視為一種良知良能，即知他把「孝」看作是一種自然而然內在於人的德性，此即是「仁」，故楊起元又說：「仁也，孝也，一也。」倘若如此，孝即是仁，仁即是孝，這裡頭是否不存在所謂的「體用關係」？而楊起元指說的「一」，是否就表示兩者只是同一概念的不同用語？關鍵也許在於，在楊起元的觀念裡，是有一個更高的主宰本體——「天」。

楊起元所認知的「天」並非是屬於空洞、不具情感，又或屬於「氣」的一種物質形態。「天」乃是具道德性的天。它賦予人自然之本性，如不慮而知的良知，與不學而能的良能。親情、朋友，以及君臣間的情感秩序，都可視為天所賦予人的自然情感。了解了這點，自然會去體現天命之所在，須臾不離。因此「天」並非是個虛空的道體，抑或生成萬物的本源，而是一個統攝諸德的天。像他說「達諸天，則仁道自生」，在這樣的脈絡底下，「仁」非再屬於本體義，而是如同「孝」，全屬天之德行。如此一來，欲知「天」或「天命」，並不需要一個仲介本體。如以往孟子言「心」、朱子言「性」、陽明言「良知」，較偏向內在性的修養工夫。現只要行孝即可通暢無阻把握天至深精微的部分，洞悉「命」之所在，打破天人之間的阻隔，故此不難理解何以他認可「即孝弟即天，即天即仁」的說法：

天無一息之不運仁，無一息之不生孝弟，亦無一息之能離。即孝弟即天，即天即仁。孝弟非粗，仁非精；孝弟非先，仁非後，若今日孝弟而明日仁也，非知天之學矣。聖人者純乎？天者也。惟曾子知之，故其稱孔子以黜有若，惟以江漢秋陽為喻意可想也。若夫記稱居處不莊、事君不忠、涖官不敬、朋友不信、戰陣無勇之五者皆非孝也。發諸朝廷行乎、道路至乎、州巷放乎、搜狩脩乎、軍旅之五者，皆弟達也。得此意而引伸之，孝弟可勝窮哉？[139]

楊起元曾任教育官員，對推動《孝經》不遺餘力。不但親注《孝經》，也曾刻《孝經》頒於太學，又曾雜採《小戴禮》言孝之語，編成《孝經引證》一書。同時也曾節錄虞淳熙的《孝經集靈》，連同羅汝芳的《孝經宗旨》及《孝經引證》、輯成《說孝三書》。這主要是他認同《孝經》一書，如羅汝芳所言，「孝」乃是「德之本」：

〇〇四），頁一〇一。

138 張崑將，《德川日本：「忠」「孝」概念的形成與發展——以兵學與陽明學為中心》，頁一〇一。

139 楊起元，〈孝弟策〉，《太史楊復所證學篇》卷四，《續修四庫全書存目叢書．集部．別集類》第七四冊，頁四九七。

吾羅子所說孝道，直究根原，原本之不學不慮，則包裹六極，兼總萬法。深乎？深乎？未可以尋常測矣。蓋是經所謂孝者，德之本，一言以蔽之，引而不發，以待後世之知德者，其在羅子乎？是故羅子之說真《孝經》之宗旨也。附著引證之後，聯綴成篇，自便持誦云爾。及讀經文云：教以孝，所以敬天下之為人父者也。羅子亦曰：天下皆孝，其孝始成，苟一人不孝，即不得謂之孝也。[140]

在「天」主宰底下，「孝」和「仁」並非處於一種體用關係。但進一步要理解「孝」與「德」之間的關係，即可發現楊起元所指的「孝」即是「德」之「本」。這裡的「本」是指「本源」而非「本體」。此外，楊起元也指出，羅汝芳所說的孝道之中含有「六極」。「六極」說本出於《尚書．洪範》，而楊起元書中記載有關「六極」時說：「一曰凶短折，二曰疾，三曰憂，四曰貧，五曰惡，六曰弱」[141]，它包含了六種不順天降之罪罰。述孝道包裹六極，正說明「孝」具有對這六種行為的檢視，如此而言，是否說明孝道裡也能感應天，扮演裁判的角色？

一、「感應」的宗教體驗

如前所提，呂妙芬已為文詳述楊起元與虞淳熙《孝經》觀點的相似，說道：

他也和虞淳熙一樣從《禮記》論孝的實踐，他的《孝經引證》便是雜採《禮》之言而成，並同樣引述強調《禮記・祭統》論天子、諸侯、後妃將祭前的齋戒工夫；他對〈西銘〉的重視與評價也和虞淳熙相同。[142]

呂妙芬在處理晚明《孝經》流行的問題時，論說晚明儒者朱鴻所輯的《孝經總類》具有政教化的傾向[143]。而虞淳熙的《孝經集靈》，則呼應著晚明宗教化和天人感應的思想氛圍，兩者有所區別。我們在楊起元身上，看見其談孝弟或對《孝經》的觀點，可說是集合了以上兩大特徵。楊起元相信孝之德亦如佛道典籍一樣，具有感應天地的能力，其曰：

> 自古及今，孝感之事，史不勝書。武林虞淳熙氏，獨採其持經者為《集靈》，已至數百年矣。

140 楊起元，〈孝經序〉，《太史楊復所證學篇》卷四，《續修四庫全書存目叢書・集部・別集類》第七四冊，頁四四八。

141 孫星衍撰，陳抗、盛冬鈴點校，〈洪範第十二・周書三〉，《尚書今古文注疏》（北京：中華書局，二〇〇四），頁三二〇。鄭玄注：「未齔曰凶，未冠曰短，未婚曰折。愚儒不壯毅曰弱。凶短折皆是夭枉之名。凶短折，思不睿之罰；疾，視不明之罰；憂，言不從之罰；貧，聽不聰之罰；惡，貌不恭之罰；弱，皇不極之罰。」

142 呂妙芬，〈晚明《孝經》論述的宗教性意涵：虞淳熙的孝論及其文化脈絡〉，《中央研究院近代史研究所集刊》第四十八期，頁三六。

143 有關朱鴻孝論的政教化，可參呂妙芬，〈晚明士人《孝經》與政治教化〉，《臺大文史哲學報》，頁二二五—二二七。

> 孰謂是經文句不多，而可忽哉？竺乾之典、玄元之篇，世咸知尊重之者，以其靈於感應也。不知孝之為德，一切天地山川、鬼神萬靈，莫不率由。故是經所在，必皆擁護；誦之出口，必皆欣悅；持之在身，必皆瞻仰。何則？生生之大本在是也。噫！使世人咸知生生之大本，自知是經感應，尤甚於竺典、玄篇，而其尊重之情，亦豈有異哉？予是以取《集靈》略節之，附著是經之後，至於孔曾言孝，見之他書，及他聖哲之訓，足以與是經相發明者，採之為引證。[144]

「感應說」常營造出一種玄思與深邃的意境。這種意境在宗教體驗中多不勝數，放在儒家脈絡當中，也並不陌生。漢儒談災異或讖緯，皆含有感應的色彩。楊起元提說《孝經》具感應一事，主要是針對人們過於信賴佛道典籍而發，為反駁眾人以為感應之理為儒家所缺欠。楊起元認為孝之德可以通神明光四海，只要眾人得以把握人之孝思，明孝之所始，便可以把孝之德（慈愛之心）推衍於天地萬物[145]。但眾人對感應說的崇迷，乃在於禍福吉凶之事。就這方面，楊起元除提了《尚書．洪範》與《易》卦爻為例，又特別強調「窮理盡性以盡於命」，冀能說服眾人相信儒家亦有趨吉避凶之理[146]。

由此可知，楊起元談感應，乃是收攝到倫理的層次裡，不像虞淳熙記述曾子著成《孝經》說：「忽有赤虹自天而下，化為黃玉刻文」[147]般有詭奇瑰麗般的奇境，比較多神秘的感應現象。對待《孝經》的方式，如他在〈誦孝經觀〉裡所提供的方式是：

每日清晨，盥櫛盛服，上香北向。禮拜畢，面北默想，閉目觀想，從自身見今年歲，逆觀想回孩提愛親時，光景何如。又逆想回下胎一聲啼叫時，光景何如。又逆想在母胎中，母呼亦呼，吸亦吸時，光景何如。到此情識俱忘，只有綿綿一氣，忽然自生歡喜，即便將身觀想作個行孝的曾子。[148]

禮拜、默想、逆觀等儀式化的舉止，都充滿佛教宗教味道。這樣一種注重玄思與孝感的情況，一直到清初仍被學者追憶，並記載在筆記當中。如屈大均（一六三〇—一六九六）所輯的《廣東新語》，便記載楊起元為葬父親肖齋，惜未得吉兆，故未能葬。於是前往占卜，請求指示，最後得以夢見亡父給予祥兆，遂能葬[149]。這段記述突出了楊起元以真摯孝心感動天，以致被賜予夢的孝子形象。有關楊起元的「感應說」，耿定向曾提及周柳塘甚不認同楊起元，反之李贄卻頗為讚譽。可知

144 楊起元，〈孝經序〉，《太史楊復所證學篇》卷四，《續修四庫全書存目叢書．集部．別集類》第七四冊，頁四四八。
145 楊起元，〈太上感應篇〉，《太史楊復所證學篇》卷四，《續修四庫全書存目叢書．集部．別集類》第七四冊，頁四六五。
146 楊起元，〈太上感應篇〉，《太史楊復所證學篇》卷四，《續修四庫全書存目叢書．集部．別集類》第七四冊，頁四六五。
147 虞淳熙，《虞子集靈節略》，《叢書集成新篇》第二五冊（台北：新文豐出版公司，一九八四），頁一。
148 楊起元，〈誦孝經觀〉，《太史楊復所證學篇》卷四，《續修四庫全書存目叢書．集部．別集類》第七四冊，頁四四八—四四九。
149 屈大均，〈孝感〉，《廣東新語》卷九，《筆記小說大觀》第二四冊（台北：新興書局影印，一九八六），頁二九八。

眾人對感應說的看法仍多有分歧[150]。

二、「愛身」與「孝」的倫理

楊起元的「合一」，除以治理與倫理角度尋其「一」以外，他更進一步指出三教中「愛身」之緣由，實可溯源至儒家的「孝」，以證對「愛身」的看法，而三教乃「一」：

孔子言孝，自不敢毀傷始，而推極於不敢惡、不敢慢、不敢遺。小國之臣，不敢侮鰥寡，不敢失於臣、妾妻子何也。蓋不能愛人，不能有其身也。故聞孔子之教者，愛其身，必自愛人始。雖然惟無所加於己也，苟有加於己，所傷僅如毛髮，即咈然怒填乎？膺而殘賊，應之矧惡慢，遺失之小乎？則其視體膚重矣。於是有老子者出曰：後其身而身先，外其身而身存，無私也。故能成其私不自生也，故能柔弱處下，而虎兕兵刃莫之傷。若此則可謂真不敢毀傷者矣。雖然吾之身見在也，而安能外之，而安能無之。於是有釋氏者出曰：發毛、爪齒、皆歸於地，唾涕津液皆歸於水，暖氣歸火動轉歸風，四大各離，今者妄身，當在何處？六根、四大、中外、合成，妄有緣氣於中積聚，假名為心，身心皆幻也。離幻即覺，得無憎愛。人之所以堅執，愛牢不可破者，由其認妄緣為真心耳。誠知身且假合，何有於心，心且妄緣，何有憎愛，夫既無憎愛，即能平等行慈；不受死，不敢毀傷之至也。由此觀之，三聖人之愛身一也。[151]

楊起元以孔子愛身不毀傷為基點，進而推致出有所不敢有所畏的心理。而老子後人，則因眾人過於「愛身」而造就私己心理，故提倡柔弱處下，莫把己身看得過重。至於佛教則把「身」視為破執與了生死的手，視身為幻，使人不滯於身而產生妄心。三者在對愛身的態度實為一致，只是表述思維方式有所異而已。此外，他也認為「古者求忠臣於孝子之門，故此示以孝道，乃所以教忠也。」[152]並述及明太祖曾曰：「忠於君，孝於親，無私於己。」[153]此處說明人若能把主體價值依附在忠孝，便能不囿限於私己的自我。楊起元有這樣的想法，其實只是跟隨明太祖的忠孝觀，如曰：「太祖高皇以孝弟慈望之，人人而謂天地命脈全在乎。」[154]對他而言，所謂「保命」、「孝親」與「忠君」，是處於相互依賴的關係，楊起元曰：

> 能律身，然後可保命；能保命，然後能孝親；能孝親，然後能忠君；能忠君，然後能成名。孔子曰：身體髮膚受之父母，不敢毀傷，孝之始也。立身行道，揚於後世，以顯父母孝之終也。

---

150 耿定向，〈與周柳塘〉，《耿天臺先生文集》卷三，《四庫全書存目叢書．集部．別集類》第一三一冊，頁八七。

151 楊起元，〈三經序〉，《太史楊復所證學篇》卷三，《續修四庫全書存目叢書．集部．別集類》第七四冊，頁四二七。

152 楊起元評注，〈諭年幼承敕郎曹儀及給事中等省親〉，《訓行錄》卷下，頁八。

153 楊起元評注，〈遊新庵記〉，《訓行錄》卷下，頁一五。

154 楊起元，〈六諭論〉，《太史楊復所證學篇》首，《續修四庫全書存目叢書．集部．別集類》第七四冊，頁三二四。

始於事親，中於事君，終於立身，此之謂也。[155]

許省親，所以教孝；許摯妻孥，所以教慈。慈者，又孝之所由生也。孔子曰：孝慈則忠。[156]

把「忠」立基於「孝」上，認為「忠」以「孝」為始，亦以「孝」為終，這不啻是一種把「孝」政治結構化的做法。把對國家或皇帝的忠誠，建立在宗族與人倫關係，以確保「忠」不只是個人的意義，也是一種道德價值，甚至是天之「道」的彰顯，如趙南星亦曾言：「皇上不匱之思，而願大小臣工皆移孝為忠。」[157]當時儒者把忠孝當成可相互轉換價值的內容，似乎極為普遍。

此外，我們亦可回頭印證前文論及楊起元「藏身」的問題。楊起元把「身」為「明德之發用」，才會說：「故身字下提一家字尤為吃緊，若治國平天下者，捨孝弟慈而求之，安在為明明德於天下哉。故曰：身者，家國天下之本，而家者國天下之則也。」[158]可見「德」、「身」、「孝」三者乃緊密關聯。再者，把《孝經》與聖諭六言相提並，又曰：「高皇天縱神聖，德統君師，只孝弟數語，把天人精髓盡數俸在」[159]，實是為君之「師」的角色奠定道德權威基礎，視其為一切道德規範的總原則。此亦是他認同於君道的主要依據。

第四節　德統君師

楊起元對明太祖的認同，一是在於推廣聖諭六言，推行以孝治天下的理念。二則是他對待三教的政治，即把佛仙定位在一個「羽翼」與「輔助」的地位。他顯然沒有管志道般複雜，就乾元統天和群龍无首的論述，從根源上奠定政治與社會秩序的哲學基礎。管志道展開論述的對話對象是泰州學，特別是王艮「出為帝王師，處為萬世師」的思想，以及晚明「師」與「師道」的觀念。另一方面，則是因應佛道挑戰而作出回應，尤其是禪宗的復興。至於楊起元，則是希望通過三教合一論述，建構一個統合在國家綱常下，以「德」與「孝」為主體的倫理體系。在師道問題上，楊起元和管志道態度頗為一致，是他們皆把君主視為師道來源的權威，一如古帝王是師道價值的來源，像楊起元言：「高皇之德，且至孝矣。」[160]

155 楊起元評注，〈諭山西布政使華克勤詔〉，《訓行錄》卷下，頁三。
156 楊起元評注，〈諭年幼承敕郎曹儀及給事中等省親〉，《訓行錄》卷下，頁七。
157 趙南星，〈詔恩不敢濫乞以光孝治等事疏〉，《趙忠毅公文》卷二十，頁六一二。
158 楊起元，〈尺牘節文〉，《太史楊復所證學篇》卷一，《續修四庫全書存目叢書．集部．別集類》第七四冊，頁三五四。
159 楊起元評注，〈教民榜〉，《訓行錄》卷上，頁五。
160 楊起元，〈孝經序〉，《孝經》，《寶顏堂秘笈》，頁二。

一、君即天

楊起元曾取明太祖《訓行錄》為之作注，借題闡發他對君臣關係以及三教的認同，曾曰：「《訓行錄》，蓋竊取《洪範》是訓是行，以近天子之光意也。限於時日，未及全釋，姑存而附刻焉。」[161]在書中，他不但歌頌聖祖六諭，同時極力推崇明太祖對二氏的寬容。針對此書，周汝登亦曾曰：「別又一載，緬想遊茫之樂，懷注不可言。《訓行錄》莊誦踴躍，仰見聖王名世先後輝映，是昭代一大著述，可慶。」[162]可以想像此書在當確廣為儒者所看重。楊起元在寫給管志道的信曰：

> 近日理會得宇宙間一件大事，此道之統，自堯、舜、湯、文、孔子而來，幾二千年至我高皇直接之，無纖毫不滿之遺憾。飛龍御天位用，人所知也。至其成就淵微處，人未之知也，具在文集。《還經示僧篇》，又《諭僧篇》，又《道患篇》，試取三製讀之，可以測其精微之蘊矣。弟至愚拙，自謂此舉庶乎，少裨於世。近摘數篇，稍為詮釋。刻之本部，以示同志，須風行之後，表其書，無不妙者也。[163]

楊起元把高皇視為道統繼承人，且認為高皇所倡議的「暗理王綱之訓」，能為儒家注入思想刺激，所以特別著重於揭露有益儒家的佛教暗理。楊起元相信它不但能刺激儒家思想，也能在儒者當中產生一種道德制衡能力。楊起元對高皇接千餘年斯道之統深信不疑[164]，主要來自對羅汝芳的信任。他認為羅汝芳主張憲章高皇，為姚江之集大成者，使統紀可合而為一，表現出對高皇時政的信心：

> 高皇者，何必當其時哉？予之學，蓋師盱江近溪羅子。羅子之學，實祖述孔子而憲章高皇。蓋自江門洗著述之陋，姚江揭人心之良知，暗合於高皇，而未嘗推明其所自，則予所謂莫知其統者也。姚江一脈，枝葉扶疏，布散寰宇，羅子集其成焉。至於釋老之徒，岩居川觀浮游雲水，有一得之長者，亦順風請益。聞一言之教，若饑而得太平也。[165]

---

161 楊起元評注，〈附訓行錄〉，《訓行錄》，頁碼不詳。

162 周汝登，〈答楊太史復所年丈〉，《周海門先生文錄》卷十，《四庫全書存目叢書．集部．別集類》第一六五冊，頁三四三。

163 楊起元，〈管東溟〉，《續刻楊復所先生家藏文集》卷七，《四庫全書存目叢書．集部．別集類》第一六七冊，頁三二六—三二七。

164 楊起元曰：「近日得高皇之文，讀之然後知斯道之統，自堯舜湯文孔子而來，千餘年始集於高皇，而學者尚未之知。予師盱江近溪羅子嘗言及此，而予時寡昧，亦莫之考信。蓋懵懵而至於今也，予方自恨知高皇之晚。」〈壽松坡畢先生八十有一序〉，《太史楊復所證學篇》卷三，《續修四庫全書存目叢書．集部．別集類》第七四冊，頁四三〇—四三一。

165 楊起元，《別稿》，《楊復所全集》第十四冊，頁一八—一九。

又曰：

> 高皇成就而歸藏，此所以得統於堯、舜、湯、文、孔子而無歉於聞知也。若羅子則所謂見而知之者，非耶。二百年間學者未嘗亟稱高皇，而羅子亟稱之。予謂此者必由羅子以上遡於高皇，然後統紀可一。[166]

楊起元認為羅汝芳不但是「集大成者」，也是憲章高皇第一人。但這說法旋即遭到管志道的反駁。管志道指說：「今日之學在於祖述仲尼，憲章聖祖，盱江羅先生委有此意，而揭提二語，實自愚始。楊少宰貞復即採之以推尊其師。」[167]這就說明了，管志道不否認羅汝芳也有此想法，可是把它作為一種「主張」提出來，他自認為首倡者。顯然的，他對楊起元採納其言，藉以推崇自己的老師，形同剽竊的做法有些不滿。唯可惜是，楊起元後來並沒有針對此事，再作澄清或辯駁。

另外，楊起元也注重於君臣之間的關係。他認為君臣之間除了需要有相同的理念之外，也應該彼此信任，這樣才能像父子般關係相處得融合[168]。楊起元曾以日月的比喻，藉此描繪他心目中理想的君臣關係，曰：「君道象日，臣道象月。月近日則不得見其光，遠日而光盛焉。」[169]於此同時，他認為君即是天，具有賞罰賜福降禍的權力，這無疑賦予君主至高無上的權力與道德權威：

> 予曰：然人臣見君，其情固宜，如此君天也。君操賞罰二柄，即天之禍福也，其誰敢曰：我有

> 德，克享天心，天必我福，無亦皆戰戰兢兢，粟於難諶，是謂敬天畏天。人臣受百里之寄於君，有四夫四婦不獲其所，皆予辜也。[170]

前文曾提及，楊起元認知的「天」是個統攝諸德的天，也是具有道德意志的天。君主具賞罰禍福二柄，如天一般擁有主宰能力，故勸人要以「敬天畏天」的心情來對待君主，把君主當作天一樣來看待，故又說：「敬君如敬天，畏君如畏天，有是敬畏之心存於中，即侯之舉職也。」這樣的論說，冀能增加君主的主宰性與威望，以能震懾眾人，與此同時，為君主的力量增加幾分神秘色彩。

---

166 楊起元，《別稿》，《楊復所全集》第十四冊，頁二〇。

167 管志道，〈答許少司馬敬庵先生書〉，《理要酬諮錄》卷上，《管東溟先生文集（十七）》，頁四〇。

168 楊起元曰：「自古君臣之相遇，同聲相應，同氣相求。聲氣何以同，以其學之同也。古者道術純明，其所學者，如執符節於此以合於彼也。君合於臣，則信其臣；臣合於君，則信其君。一信之後，其君臣之交踰於骨肉，堅於膠漆，勿復能間之矣。」楊起元評注，〈諭山東承宣布政使吳印詔〉，《訓行錄》卷上，頁一二。

169 楊起元，〈賀大中丞兩廣制府如翁陳老先生榮膺錫祉詩序〉，《續刻楊復所先生家藏文集》卷二，《四庫全書存目叢書．集部．別集類》第一六七冊，頁二一九。

170 楊起元，〈邑宰朋麓晉侯入覲序〉，《續刻楊復所先生家藏文集》卷二，《四庫全書存目叢書．集部．別集類》第一六七冊，頁二一三。

二、君師之大成

另外，楊起元也認為，明太祖不只繼承了道統，而且還集君師於一身，將治統與教統並為一，其曰：

> 高皇功德不在孔子下，至於再闢混淪，肇修人紀，尤當集二五以來，君師之大成者也。世儒嘗疑自孔子以後何無聖人，而不知高皇已得其統。又嘗稱三代以後，道統治統分為二，而不知高皇已合為一。良由道至聖神，實有未易知者。若人即得而知之，何以為聖神哉？然則陰騭之大，自古以來孰有踰我高皇者，億萬年無疆之休可預卜矣！[171]

把高皇視為君師之大成的論調，極其耳熟，和管志道的倡議頗為雷同。把高皇視為孔子的繼承人，象徵明太祖具備道統繼承人的合法身分，套上了如孔子般道德權威的光環。在「道一」基礎下，高皇就等於「太極」的化身，也是集政治與教化權力於一身的人：

> 高皇闢乾坤於劫運，揭日月以重新躬資上聖。全體太極，總彰政教，兼作君師，乃於萬幾之暇闡發道真一，至於此堯舜之間，僅聞一中之訓。羲皇而上，肇開一畫之遺道。[172]

他何以認為聖祖符合君師的角色？其曰：

地之有利，必資天時。少違其時，雖有地利，而不全獲，故曰：負農桑以養之，所以作之君也。學校以教之，所以作之師也。昔大舜即位之初，首咨十二牧，所云食哉惟時者，即農桑之謂。所云柔遠能邇者，即學校之謂。前聖後聖，若合符節如此。173

又曰：

曩，猶昔也。曩之學者，前輩先覺之稱，是後學之師也。師者，人之模範；模範其志，志為人師也。發，啟發也，良能即不學之能也。人人具有良能，特其行之而不著耳。教人者，不必別求道理，以塗人耳目，但啟發其良能而已。物之如式，必由規矩；人之循理，必由師教，天人之道也。174

171 楊起元評注，〈孔訥誥文〉，《訓行錄》卷中，頁三。
172 楊起元評注，〈還經示僧〉，《訓行錄》卷中，頁一三。
173 楊起元評注，〈農桑學校詔〉，《訓行錄》卷上，頁九。
174 楊起元評注，〈論國學師徒〉，《訓行錄》卷中，頁五。

依楊起元所言，「君」是「衣食父母」，主要任務在於解決百姓的生計。而建立學校提供教育，則是君為「師」的作用。前者屬於生活基本需求，後者為精神與道德需求。然而，也有另一種「師」，則扮演「先覺者」的角色，負責啟發人內在的良知良能。楊起元認為萬物運行，乃根據一定的規則，人若要依循天理，需要有老師引導啟發後，才能懂得如何依據理而行事。從這裡便可以區分，楊起元言「師」有兩種不同的意義。君之「師」與人之「師」的職責不盡相同。人之師，是人之模範，其職不在傳授知識，而在於啟發其良知良能。由此可知，學校之師，則重以學習道德知識與道德規範，像楊起元曾建議「擇儒生之醇謹，有行義者，使往各社而為之師」，負責講聖諭六言以誘化百姓，此又為「社師」[175]，至於人之師則只引導促成道德自覺。由此楊起元指出，羅汝芳立師道，重在「道」而非「位」：

> 昔者嘗得近師席，某稱「師道立則善人多」語。近師點頭曰：師之道立，則善人自多。近溪語氣重「道」字，又重「自」字，某因會其意，元來師不在「位」而在「道」也。……師道立矣，位君可也，位臣亦可也。有位可也，無位亦可也。[176]

以上這番對話，有一個特別的意義，它點出了向來以為君乃合治統與道統的羅汝芳，不以「位」來立師道。換言之，他並不把師道與道統看作是同等的意涵。如果「道統」意味著一套正確詮釋「道」的教義的話，就羅汝芳與楊起元的看法，「道」的合法性是指向統治者而非儒家聖人。

至於立師道，重在道德自覺，並不需要制度或某些有權力界限崗位的資格認可。其乃立於道、立於自我，所以有沒有「位」，變得不重要了。縱然如此，楊起元援引漢代董仲舒奏議為例，說明若在上位者沒有制定統一的制度規範，在下位者也沒有規範可遵守，繼而提出他所嚮往的皇極世界，是一個「統紀合一，法度可明」的世界。而這必須在「德位相輔」之下才能實現《別稿》中記：

漢董生之告武帝曰：「春秋大一統者，天地之常經，古今之通義也。今師異道，人異論，百家殊方，指意不同。上無以持一統，下不知所守。臣愚以為，諸不在六藝之科、孔子之術者，皆絕其道，勿使並進，然後統紀可一、法度可明」。洋洋乎董生之對，可謂明於統矣。而世儒相沿之說曰：三代而上，治統、道統合於一；三代以下，治統、道統分於二。夫治與道亦何可分也，而況以匹夫與天子分統乎？蓋自堯、舜、禹、湯、文、武，皆聖人在天子之位，以道治天下，故得以言統。悠悠千餘年，而我高皇接之。此千餘年間，治有污隆，道有離合，然皆以聖人之位存道。而非聖人之德，故不可以與統。雖不可與統，然群生之治亂繫之，亦自有其統也。若我高皇則直接，夫帝王而上之者也，何可若是班也。道在箕子不能翼殷守之以待武王，

175 楊起元，〈迂語〉，《太史楊復所證學篇》卷四，《續修四庫全書存目叢書．集部．別集類》第七四冊，頁四七九。

176 楊起元，〈與周明所〉，《續刻楊復所先生家藏文集》卷六，《四庫全書存目叢書．集部．別集類》第一六七冊，頁三四〇。

然其待也近；道在孔子不能興周，守之以待高皇，然其待也遠。夫其遠若足而接之不爽也，非大聖人孰能當此乎。[177]

以上大部分文字，實出自於《漢書．董仲舒傳》有名的〈天人三策〉。楊起元援引的文字有些出入，但大抵仍可看出他對董仲舒政治主張的認同，傾向於大一統的政治思想體系。董仲舒欲建立的是一個天人感應的神學體系，任繼愈曾指出：「董仲舒說的『天』是一位有喜怒、司賞罰、有絕對權威的至上神，既主宰天上的諸神，也支配人間的帝王，這樣一個絕對權威的神。地上有了一個具有絕對權威的君主，天上才有絕對權威的上帝。」[178]楊起元對天的認識，非常接近董仲舒的思想。只不過他並非從災異裡頭吸取資源，而是以孝感為其基礎。楊起元從董仲舒汲取思想資源，有些痕跡可循。任繼愈就曾提及董仲舒思想中包含了「燕齊文化的陰陽五行、神仙方士、三晉文化刑名家思想」，並且其「學說中心是三綱五常觀念。這恰恰是維護封建宗法制度的核心，也是孔孟思想的核心」[179]。除了名家思想，前兩者在楊起元思想裡都可尋獲一些蛛絲馬跡。像他對「仙」的態度別於一般儒者，他曾肯定「仙」為一「教」─「宗」[180]。有趣的是，楊起元把老子與「儒」歸為一家，不承認老子為「仙家」的祖宗，把老子和赤松子區別開來，顯然是把要分離道家與道教。楊起元也認為把眾教之道凝聚起來的仲介在於「氣」。天道中有陰陽二氣，孔子之道為「陽德」，佛仙之道為「陰德」。二德各司其職，一者專以「生育長養」為事，一者則「空虛不用」為吉。彼此調和與互輔，持守各自的規律。楊起元十分認同董仲舒所倡議的「統紀合一」，並認為明太祖以前

「治有污隆，道有離合」，原因出在於，君主乃以「位」而非以「德」為聖。這導致道統從君主手上分離出來。這也是何以別於管志道重「位」，他卻強調「德」的原因。楊起元受董仲舒影響，尚反映在語言思維上，如他曾說：「明興高皇帝，神聖統天，罷黜百家，昭明聖學，愚常莊誦其諭。」[181]所謂的「聖學」即指孔子之道，此與獨尊儒術有異曲同工之妙。然而我們終究得回答，在君道與師道之間，楊起元是否真屬於所謂的「折衷派」？楊起元雖曾曰：

> 觀師道之至者，勝君道之至者，蓋堯舜君道之至者也。而夫子賢之遠，則師道至也。宰我真知聖哉？其說曰：學者難際乎？聖作之期，觀聖者須具夫千古之目，如吾夫子，吾党皆以為祖堯述舜而已矣。以予觀之，則不然。予嘗上下古今典謨之事，予皆通之矣。唐虞之理，予皆識之

177 楊起元，〈原古下〉，《別稿》，《楊復所全集》第一四冊，頁二二六。

178 任繼愈，《中國哲學發展史．秦漢篇》（北京：人民出版社，一九八三），頁三二五—三二六。

179 任繼愈，《中國哲學發展史．秦漢篇》，頁三六一。

180 楊起元曰：「仲尼之道顯明，共覩共聞，陽德也，故為世教之主。佛仙之道，幽靈不可覩聞，陰德也，故為世教之助。天道之大者，在陰陽二氣，不可闕一，故曰皆天道也。然『陽』常居大夏，以生育長養為事；『陰』長居大冬而積於空虛。不用之處得其常則吉，失其常則凶。近世士大夫談禪失宗，毀形變服，惟淨上之事者，謂之不失常，吾不信也。」楊起元評注，〈三教論〉，《訓行錄》卷中，頁二六。

181 楊起元，〈序〉，《證書道義》，《楊復所全集》第八冊，頁二。

矣。如堯舜之德，固足以稱君道之隆，如夫子之德，始足以師道之至。182

卻又說：

三代而上，師道在人主，而物睹有期。三代而下，師道在素王，而物難一。183

兩段話似有些矛盾，是否真反映出他對君道與師道的態度，楊起元並沒有很清楚的表態。然相對於董仲舒利用「天」的權威與神聖性來抑制君主的權力，楊起元賦予君主天德，卻沒有創造出一套權力制衡的說法。慶幸的是，楊起元對好為人師的態度仍有所警惕，其曰：

未聞道也，而好為人師，則無而為有，終於不可得聞也。即聞道也，而好為人師，則虛而盈，終於失其所聞也。先知覺後知，天道乎？而加一「好」，心必且離其根本，多其節目，以稱夫先知之名，古人所為切而復磋，琢而復磨，以造於至善之域者，無復望之矣。先覺覺後覺，人道乎？而竟一好，念必且礪而廉隅，張其門戶，以稱夫先覺之寔，聖人所為忘食而憤，忘憂而樂，以不知老之將至者，亦無復望之矣。是故質不患，其不美也，而患此心之不虛道，不患其難造也，而患此好之不抑，故以卜商之賢，充其所至。可以為曾參，而不能者，則西河為之患也。以有若之賢，充其所至，可以為顏回，而不能者，則似聖為之患也。皆其為人師之念未忘卒，並其所得於師者，失之也。學者之患，孰大於此，故以君道而兼師道者，古帝王也。而心常有以自下，以匹夫而隆師道者，吾夫子也。而自謂不如其徒，皆知道之無窮，而心不敢自足故也。[184]

引此贊文，較可清楚看見楊起元對好為人師態度的不滿。特別是他認為好為人師者，容易無中生有，故難以聞道。倘若得以聞道，又將因其好為人師的習性，最後無法把握到道的精義。二者皆不可取。故不可輕易自稱為先知先覺者，以好為人師者著稱。

小結

把楊起元與管志道作比較，我們將發現一些有趣的現象。二人的思想行為，有不少相同處，比如：一、貫通三教，兩人皆為三教合一論的支持者。楊起元把乾元視為天命的依據，同時以畏天命

182 楊起元，《證書道義》卷之下，《楊復所全集》第八冊，頁四－五。
183 楊起元，《證道書義》卷之下，《楊復所全集》第八冊，頁三九。
184 楊起元，《證書道義》卷之下，《楊復所全集》第八冊，頁九－一一。

為家法[185]，只是別於管志道注重「天道」，楊起元極力闡釋的是「孝」。二、整頓君臣關係，兩人不約而同藉由君臣關係的處理，重振政治秩序與社會階層倫理，並齊尊明太祖為三教聖人，推崇三教政策。在維護君道方面態度接近。楊起元曾注釋明太祖的《訓行錄》，注釋中高分貝的讚譽，比管志道更有過而無不及。但兩人在思考秩序與尋找規範問題上，卻有著迴然不同的思考。

首先，我們可以發現，兩人所援引的思想資源有很大的差異性。例如管志道向來十分標榜周敦頤，認為其融合三教之舉，創造了一個太極本體的思想體系，為三教尋得根源處。楊起元思想裡透露的，卻是對漢代統紀合一的皇極世界表現極為傾慕。他雖然沒有熱中於建立一個形上的思想本體，卻有意建立類似董仲舒以感應為基礎的孝感倫理體系。不只具有宗教意涵，也含有政治色彩。因此他特別標舉董仲舒的思想。其次，楊起元也援引不少《尚書．洪範》的思想，來表達他對一個具有道德意志的天的崇仰。這裡頭是否意味著他把人間秩序的統治者對倫理與禮儀行為的最終裁仲，交給了至高無上的「天」，態度很曖昧不清。

另外，別於管志道看重「位」所提供的權力界限，楊起元卻以「德」為衡量依據，甚至以它作為道統與師道握有者的首要條件。而他認為「孝」乃「德之本」，由此建構出一套蘊含感應成分的倫理體系。使原為人倫表現的孝道，遂成為擁有神秘色彩的孝感。此外，楊起元又進一步把「孝」和「六論」關聯起來，頓使「孝論」具有國家教化的綱常意義，也使《孝經》在政治光環加持之，地位亦被提升。可是要如何解釋「孝」與三教合一論的關係？對於三教，楊起元曾花很大心力在說服人們相信「佛可助儒」，他以三教「濟給之理為一」，以及三教皆為「愛身」為出發，尋求三教之間的交叉點。就第一點而言，可窺視他是從治理角度去連結三教的社會功能，並從倫理角度去肯定釋道，以回應眾人對於「佛道遺棄倫理」以及「不可治天下」兩大指責。另外第二點，他把三教對「身」的觀念根源，溯源至儒家的「孝」論，可看出他仍守「以儒為主」的本際。至於君師道的問題，楊起元縱然不否定孔子之德為師道至者，卻把道統與師道區分開來。換言之，說其對「道統」的理解，乃在對於對「道」有「統一」權者的身上，此即指向君主。楊起元雖然把孔子視為「人師」，肯定其啟發人的內在道德自覺，可以對於維持社會道德規範的教化與倫理制度的運作，仍覺須由君主來擔任「師」的角色。

此外，楊起元與管志道「圓宗」和「方矩」的差異[186]，反映出兩人不同的思想風格。管志道曾指出教體要「方」可「圓」，否則各教理踰越界限，勢必造成混亂。為克制這種混亂現象，管志道雖認同可「以圓宗開拘儒之執」[187]，卻堅持應「以方矩裁狂儒之濫」[188]。在這點上，楊起元反其道而行，不但注重性體之圓，對各宗門的規矩不甚看重。再者，管志道惡講學，楊起元卻志於講學，

185 羅汝芳，〈奉楊復所少宰附〉，《羅明德公文集》卷五上，頁一七。羅汝芳亦嘗謂：「中庸戒慎恐懼本於道，不可離。蓋道命於天，則吾心之幽獨，天所必察也。此正君子敬畏天命之實理。」〈勖明德堂諸生四條〉，《羅明德公文集》卷五下，頁七五。

186 管志道，〈答葉儀部園適丈書〉，《續問辨牘》卷三，《四庫全書存目叢書．子部．雜家類》第八七冊，頁一三一。

187 管志道，〈答許少司馬敬庵先生書〉，《理要酬諮錄》卷上，《管東溟先生文集（十七）》，頁二四—二五。

188 管志道，〈答許少司馬敬庵先生書〉，《理要酬諮錄》卷上，《管東溟先生文集（十七）》，頁二四—二五。

對講學投入很大的熱忱。他曾經在聞唐曙臺自禁講學時，去信勸他重開講學之門[189]。管志道年長楊起元十一歲，兩人經歷了萬曆期間危峻的政治環境，以及蓬勃的三教合流的思想趨勢，但兩人的合一論述有不少差異的地方，反觀在三教論述的政教化方面，卻有高度的契合。

189 楊起元，〈唐曙臺〉，《續刻楊復所先生家藏文集》卷六，《四庫全書存目叢書‧集部‧別集類》第一六七冊，頁三一七。

第五章

周汝登：三教「統體」與君師道

楊起元和管志道「六龍觀」的分歧，凸顯了在重建秩序與規範上，各自對「德」（道德權威）與「位」（政治權力）的不同偏重。管志道重「位」甚於「德」，楊起元則相反。周汝登雖也強調要以「龍德」為基礎，但此「德」並非如楊起元從三教的倫理資源，又特別是從《孝經》中汲取而得。反之，周汝登試圖超越六龍的體用兩面，去把握「德」的整體意義，並且把這問題上升到一個本體哲學思考的層次[1]。這樣的一種思考其實也清楚反映在他的「三教觀」。周汝登曾撰《佛法正輪》，闡發儒禪關係，透露其「分合論」[2]，並進一步指出「今之為儒禪者，蓋滯於分合之跡」，以水為例子來強調儒禪之不可分，其曰：「水有江有河，江不可為河，猶河不可為江，必合為一。雖至神不能，此儒禪不可合也。江河殊，而濕性同、流行同、利濟同、到海同，必歧為二。雖至愚不許，此儒禪不可分也。」[3]周汝登以水的屬性與功能說明分合皆不然，江與河雖為二，又實為「一」，由此點出「心性之根宗無二」而為「一」的根本基礎，有意破除在分合之間的「相對性」的觀念。這顯示他一貫的思維邏輯，乃慣用「無對治」方式來看待儒釋關係。例如他曾說「佛祖即是凡夫」、「出家即是在家」、「西天即是東土」等話語，也是採取對應方式來看待儒釋關係，藉此說明二者之間只是命名上的分別而已。對於別人指責他「近禪」，周汝登把問題歸咎於人們無法「行著習察、飲食知味」，卻以「意識承當，訓詁抹過」，動輒就把涉佛者扣上「異端」的名號。周汝登也指說，千聖相傳的「秘密之旨」已為《周易》所宣洩詳論，此秘旨即指向「性命之學」，儒釋有著共同的關懷課題[4]。

相較於管志道和楊起元，周汝登受到較多的關注[5]。現今學界對周汝登的印象，主要集中在四

個面向：一、他常把三教比喻為身體需求，乃是求道者飢渴的對象，三教亦可為「食物」[6]；二、

1 周汝登曾曰：「體用一原，本不可分此歸根之旨也。」〈越中會語〉，《周海門先生文錄》卷二，《四庫全書存目叢書．集部．別集類》第一六五冊，頁一六一。

2 周汝登，〈序〉，《佛法正輪》曰：「孔子之旨，闡在濂洛以後諸儒，故錄取程門及邵、楊諸詩而示之儒。如來之旨，闡在曹溪以下諸師，故摘取壇經及諸宗數條而示之禪。嗟乎！人而有悟於此，則儒自儒，禪自禪，不見其分；儒即禪，禪即儒，不見其合。……儒門之語別見，而此專禪家語也。號之曰《佛法正輪》，知佛法正輪，而孔子微言亦在是矣。」周汝登，〈佛法正輪引〉，《佛法正輪》，《中國古籍海外珍本叢刊．美國哈佛大學哈佛燕京圖書館藏中文善本彙刊》（桂林：廣西師範大學出版社，二〇〇三），頁三—四。

3 周汝登，〈佛法正輪引〉，《佛法正輪》，《中國古籍海外珍本叢刊．美國哈佛大學哈佛燕京圖書館藏中文善本彙刊》，頁一一二。

4 周汝登，〈刻邵楊詩微〉，《周海門先生文錄》卷四，《四庫全書存目叢書．集部．別集類》第一六五冊，頁二二七。

5 在一九九〇年代，有兩本以周汝登為題的碩博論文，一為輔仁大學博士生韓國學生劉哲浩所撰〈周海門哲學思想研究〉，完成於一九九〇年；另一本為東吳大學碩士論文，許馨元所撰〈周海門及其《聖學宗傳》研究〉，完成於一九九九年。前者基本上仍以「無善無惡」為問題討論框架，並企圖理清周汝登的心上工夫。後者重於《聖學宗傳》的文本分析，將該書的體例、內容，及周汝登對其他學者的研究皆一一羅列。另外，中央大學碩士生王湘齡，則以〈許敬庵、周海門九諦九解義理研究〉為其碩士論文，二〇〇一。該論文所著重的乃是對無善無惡爭議的義理分析。而近年來，彭國翔不但梳理了周汝登的學派歸屬問題，更致力於整理周汝登和僧人的交往關係，可參其三篇重要論文——〈周海門派歸屬與《明儒學案》〉、〈周海門與佛教——歷史與思想〉、〈周海門先生年譜稿〉，收錄於《近世儒學史的辨正與鉤沉》（台北：允晨文化，二〇一三）。

6 同上注。

一五九二年與許孚遠圍繞在無善無惡的「九諦與九解」論辯[7]；三、為陽明學尋求道統與正宗學脈，他於一六〇六年編纂《聖學宗傳》；四、熱中於講學，提倡友道甚於師道。就第一點而言，實際上也再度論證晚明三教融合氛圍的普遍化，當時學者置身於儒釋道當中，援引三教就像是吃飯填飽肚子一樣自然而然的事，它不僅僅是屬於精神層次的事，更是關乎身體的內在需求。至於第二點，則是中晚明學術的重要問題。王陽明與王畿、錢德洪在天泉橋上的對話，牽引出「四句教」的問題，尤其是王畿的「四無說」，引發眾多爭議。「無善無惡」成為中晚明的重要學術議題，許多儒者參與辯論。周汝登和許孚遠的「九諦與九解」，以及管志道與顧憲成對「無善無惡」的論辯，大致反映了這個論題在晚明三教風潮推波助瀾之下，進入更深邃的討論。以上兩場論辯，當代學者已累積不少研究成果。

扼言之，周汝登和許孚遠爭議的關鍵處，是始於周汝登把大學的「至」解釋為「無善無惡」，遂引來許孚遠的鞭撻[8]。許孚遠認為善無惡的說法將解構所謂的「善」，而他相信「善」能確保秩序運作的正規化，且能提供道德制衡力量。但對周汝登而言，「善」也是「名言」。倘若具有先天為主的道德判斷，把某些事規定為「善」，則容易使它被扭曲為「不善」。在和許孚遠的論爭，周汝登向來採取的兩個判準點是：一、無跡，「無善無惡」為「為善去惡」的「無跡」。二、無對治／相對，他指出「善」與「惡」並非一組相對的概念，反之，二者乃互為關係。這兩種判準點，貫串在他的思想觀念裡，成為他判斷事物的依據和思考模式。

至於周汝登編纂的《聖學宗傳》，則一般被視為是一部學術系譜承傳的道統書。周汝登曾說：

「聖賢授受，未有不統於宗者」[9]，對學術宗派很是看重。魏偉森曾指說《聖學宗傳》的基礎是心學的承傳，雖以伏羲為起點，卻又不像朱子般以「十六字心傳」為中心點。最有意思的是，魏偉森認為周汝登把自己定位為「調解人」，有意調解朱熹和陸九淵的後學及隨從者。周汝登對朱熹的想法不完全否定，展露了「多元思想」的信念[10]。縱然如此，事實上在晚明時期，《聖學宗傳》已備受一些儒者批評，其中一個例子，便是黃宗羲尖銳的批評。黃宗羲指說：「周海門作《聖學宗傳》，多將先儒宗旨湊合己意」[11]，又說它是「擾金銀銅鐵為一器」[12]的書。黃宗羲的觀點，影響了後世人們對《聖學宗傳》的評價及看待周汝登的眼光，把《聖學宗傳》定位為一部欲為王學學脈建立學

7 對於這場論辯，當時學者其實給予頗高的評價，如周汝登好友之一鄒元標，不僅認為許孚遠與周汝登「二公良工苦心」，更把兩人比喻為宋代的朱熹與陸九淵的關係。其曰：「昔人云：新安亦無朱元晦，青田亦無陸子靜，今浙中寧有許與周乎？」鄒元標，〈柬許敬庵司馬〉，《願學集》卷三，《景印文淵閣四庫全書》第一二九四冊（台北：臺灣商務印書館，一九八三），頁七三。

8 黃宗羲亦認為周汝登之「無善無惡」即釋氏之所謂空也，見〈尚寶周海門先生汝登〉，《明儒學案．泰州學案五》（台北：里仁書局，一九八七），頁一一二。

9 周汝登，〈越中會語〉，《東越證學錄》卷四（台北：文海出版社，一九七〇），頁二六七。

10 Thomas A. Wilson, *Genealogy of the Way: the Construction and Uses of the Confucian Tradition in Late Imperial China* (California: Stanford University Press, 1995), p. 173.

11 黃宗羲，〈教諭王一庵先生棟〉，《明儒學案》卷三十二，頁八五五。

12 黃宗羲，《明儒學案》發凡，頁一七。

宗，抵抗朱子學者影響勢力的「有意之作」，而書中的思想觀點無不偏頗與偏袒陽明學術的意圖。不過後人受到黃宗羲更大的影響，恐是有關周汝登的學派歸屬。黃宗羲在《明儒學案》將周汝登列入羅汝芳門下的〈泰州學案〉，引起後來學者不少的爭議，還有學者為文力證周汝登為王畿而非羅汝芳的門人[13]。其實有關師門傳承，周汝登在字裡行間表現出來的師門認同是很清楚的。他曾說自己「及門而未受業，受業而非及門」，初期親炙王畿聽其演講，未能有所領略，後讀其書逐漸有悟，但那時王畿已逝世，遂有感而發[14]。後來學者重新檢視黃宗羲的思想立場，重溯周汝登的師承以正其學承[15]。

此外，周汝登特別關心友道，他不但熱中於同道間的論學，每月固定舉辦講會，甚至把「一日會講」視為人在諸事沉溺時，得以迴光一照的「靈丹」[16]。在一篇有名的〈三一窩冊序〉中，周汝登以邵季躬、查汝定與蕭伯谷為例，指說三人雖然身為布衣或宰官，可是彼此的身分不會成為他們四處訪學求善知識的障礙。他以此證明，唯有打破身分階級的差別，才能交得「真朋友」[17]。他把「師」之恩比喻為天地，把「友」之恩比喻為日月，兩者沒有權威上的高低，彼此更像是一種相互授受的關係[18]。

從以上的簡述，大致可了解學術界對周汝登關注的面向。可是對於他的三教觀，實尚未能結合周汝登本身的問題意識，以及晚明特殊的三教語境，加以把握他作為一名儒者的真實性命。學界大多因為他提倡無善無惡，便將他判入「狂禪」一派，導致他很自然的成為晚明三教合一重要的提倡者之一[19]。這無疑也暴露了把主張三教融合者與狂禪等同起來的思想誤區，忽略了儒者援佛道入儒

13 關於《明儒學案》的編纂標準，後人早已多有警覺，不以其作為唯一的標準本。先師古清美撰〈從明儒學案談黃梨洲思想上的幾個問題〉，針對黃宗羲對江右與王畿與羅汝芳「二溪」的褒貶態度的游移，討論了黃宗羲對學術創新與援禪入儒兩者間拉鋸的矛盾心理。彭國翔更進一步指陳黃宗羲「乾坤挪法」的證明，在〈周海門的學派歸屬《明儒學案》相關問題之檢討〉中指出黃宗羲以師門授受與學術思想為據，將周汝登作為羅汝芳弟子，將之歸入泰州學派是大有問題的。他認為以思想義理的關聯性而言，加上從周汝登個人的思想內涵及同時代友人的評說，甚至是《明史》中〈儒林傳〉，周汝登的傳也是附在王畿而非羅汝芳之後。直接或間接的史料證據都在說明，周汝登應是師承王畿而非羅汝芳。彭國翔在另一篇論文中，點出黃宗羲真正的意圖，其寫道：「黃宗羲扭曲海門的學派歸屬本身非其目的，維護浙東陽明學的聲譽，盡可能弱化流入於禪的非議才是其意圖。」〈周海門的學派師歸屬與《明儒學案》相關問題之檢討〉，《近世儒學史的辨正與鉤沉》，頁二九四。

14 周汝登，〈剡中會語〉，《東越證學錄》卷五，頁四三一—四三二。

15 可參彭國翔，〈周海門學派歸屬辨〉，《浙江社會科學》，二〇〇二年第四期，頁一〇四—一〇九。又或Jie Zhao, *Chou Ju-Teng (1547-1629) At Nanking: Reassessing A Confucian Scholar In The Late Ming Intellectual World*, Ph.D Dissertation of Princeton Universuty, Department of East Asian Studies, 1995.

16 周汝登，〈南都會語〉，《周海門先生文錄》卷二，頁一七九。又曾言：「學固須與莫離，而教亦不必為師，即友朋間一言相發皆是也。」〈學的教衡序〉，《東越證學錄》卷六，頁四五四。

17 周汝登，〈三一窩冊序〉，《周海門先生文錄》卷七，《四庫全書存目叢書．集部．別集類》第一六五冊，頁二六七。

18 周汝登，〈題友人書箚〉，《周海門先生文錄》卷四，《四庫全書存目叢書．集部．別集類》第一六五冊，頁二一三。

19 鄒元標也曾指出，晚明時期不少學者認為周汝登的學問乃承自陸象山。兩人之學乃為「禪學」，實際上卻是「未嘗以身研兩家情狀，先以意見橫入。」見鄒元標〈王學宗旨序〉，收錄於周汝登，《王學宗旨》，《續修四庫全書》第九四二冊（上海：上海古籍出版社，一九九五），頁二六一—二六二。

時，不一定完全是「毫無規範」或無「自覺意識」。從前幾章的討論，我們已可了解在援引佛道時，如何謹守自我思想的倫理規範，已經成為許多提倡三教融合者主要的反省課題。

荒木見悟曾評說周汝登注重「素位安分」[20]，常以階層安定為前提，是即有體制的維護者，故又稱之為「保守的正統思想家」[21]，再度暴露了晚明儒者別於一般思想史所描述的學者形象。周汝登和管志道、楊起元縱然思想特色有很大差別，但三人對階層或體制的擁護，恰恰反映出晚明儒學的另一種面貌——在思想上雖為激進，在政治與身分階層上，又脫離不了舊秩序的囿限。

本章之主旨，即接續前兩章的討論，進一步檢視周汝登的三教論述。特別是其突出的道統觀，如何影響他看待三教與君師之間的關係。如此一來，結合對管志道與楊起元的討論，周汝登亦可作為兩人的「參照對象」，進一步勾勒有關三教合一論述的另一個層面。

第一節　周汝登對「良知」的信仰

周汝登，字繼元，謨之子，生於明世宗嘉靖二十六年（一五四七），卒於明思宗崇禎二年（一六二九），享年八十二歲。《嵊縣誌．人物志》曰：「讀書過目不忘，年十四而孤，十八為諸生，二十四師山陰王畿。示以文成之學，輒領悟。」[22]按《嵊縣誌》的描述，周汝登是個體恤老百姓的地方官。萬曆丁丑時期，任職為授工部屯田，主要負責百姓徵稅事務。當時恰逢稅額倍增，汝登不忍橫徵，結果被謫官。後來又遇見有商民不習禮、愛訟訴，他便講鄉約、刻四禮圖，推行教育與教化工作。他甚至捐出自己的俸祿與土地，供設立社學的費用，《嵊縣誌》記載說：「汝登為政，以教化為先，不事刑罰。」[23]清代學者邵廷采（一六四八－一七一一）亦評價汝登說：「居官廉慎，循績可稱。」[24]在隆慶四年（一五七〇）王畿抵剡，周汝登的叔父周震邀請王畿到慈湖學院講學，周汝登隨其堂兄周夢秀（生卒年不詳）前往聆聽良知之學[25]。周夢秀編有《知儒編》，其在該書序中曾言：「欲通儒脈借禪宗」[26]，選編準則乃依循張九韶（生卒年不詳）「學佛知儒」的看法，所擇取皇帝、居士、宰官等參證的文字。不過，雖然有周夢秀的引領，周汝登最初聽到良知學說卻未能有悟，後來讀王畿書方覺有味。惜後來王畿已逝，因此周汝登雖受業卻未真正及其門下，然其一生仍以王畿弟子自居。

20　荒木見悟，《明代思想研究：明代における儒教と佛教の交流》，頁二四四。
21　荒木見悟，《明代思想研究：明代における儒教と佛教の交流》，頁二四五。
22　周汝登，〈人物志〉，《嵊縣誌》卷十四；嚴思忠修、蔡以常纂，《中國方志叢書》第一八八號（台北：成文出版社，一九七四），頁九八七。
23　周汝登，〈人物志〉，《嵊縣誌》卷十四，頁九八七。
24　邵念魯，〈王門弟子所知傳〉，《思復堂文集碑傳》，頁一一二。
25　有關周夢秀生平，請參《嵊縣誌．人物志．鄉賢類》卷十三，頁一二〇八。
26　周夢秀，〈序〉，《知儒編》，日本內閣文庫藏明崇禎九年原刊本，頁三。

在與陽明後學交往當中，周汝登和楊起元的感情最為密切，兩人無論在私人交情抑或知識情感上，都有著相知相惜的情誼[27]。周汝登曾著〈題楊太史四書並稿〉，同時也曾輯楊起元的文章，選最精者數十加以評論。按其所言，集輯的目的是要糾正當時的「文弊」，以楊起元的文章為「正文」典範。周汝登在〈重刻評選楊太史公時義引〉文中，不僅表露深契於楊起元的文章，而楊起元也坦言不會介意周汝登的批評「以示吾兩人之相信也」[28]，足見兩人深厚的信任基礎。羅汝芳也曾指出，當時的學者也曾集輯楊起元之經義，以制浮靡的文風，他曾為此集子作序。可知楊起元之文，確為不少學者所認可[29]。周汝登和楊起元的情感聯繫，也反映在學派認同上，特別是在維繫東浙道脈，兩人都自覺背負著重大的責任，透露出深沉的憂患意識，周汝登就曾曰：

> 復所公為示《天關會語》，深見苦心。東浙道脈，奄奄如線。目下錦旋，亦有同志可相激發否？惟德成隣，當感召不少，闡陽明之旨，以淑我父母之邦。[30]

另外，周汝登也曾對楊起元的書不廣為流傳感到費解，其曰：

> 今天下談名理者，蓋有長者李卓吾、太史楊復所二先生。長者所論著，予聞其大都而不及炙其行事，相傳以為多逆行莫測。久之掛彈，章斃於獄。……長者既死，而其遺書猶禁格不行，人莫敢道。太史之書，不在禁例，而人亦鮮頌述之者，又不可知。歙之生有余常吉者，游二先生

門，追慕於既沒，口時娓娓頌，長者語不休。若不知有禁例者，而又將類次太史之語，付梓以廣其傳，其中殆有深契乎？二先生之旨，而不與俗同者，如余常吉所見，蓋不可知矣。或者曰：太史者，羅南城之門人也。相隨七日之師，終身敬慕，補報無方。昔南城曾傾家貲以出其師於難，以故食其報於太史。由此推之，太史食報於門人，當未有艾。繼常吉而善發太史之蘊者，他日更不可數。[31]

李贄在晚明的評價向來很兩極化。像陶望齡（一五六二—一六〇九）雖評論說「卓吾先生雖非真悟正見」，又極讚賞他「氣雄行潔，生平學道之志甚堅」，可惜最終卻因為「多口好奇，遂構此

27 周汝登道說：「翁丈分位尊矣，問學深矣。宜眼中無可當情，而於弟乃獨崇。年雅重念道情，若無若虛，謙謙以意下之，斯不知何取焉？年丈斗望在世，人人知企而至於明開道眼處，則弟竊謂獨窺之深。我丈亦若謂弟為能獨知之也者，此非有夙期之至願，何能偶遭不有相對之針鋒？烏容強合，弟於丈分義極深，又何敘焉。叨冒大邦時望教言，彼此以常常不斷魚雁為期耳。」〈與楊少宗伯復所年丈〉，《周海門先生文錄》卷十，頁三五二。

28 周汝登，〈題重刻評選楊太史公時義〉，《東越證學錄》卷九，頁七一七。

29 羅汝芳，〈楊復所經義序〉，《羅明德公文集》卷一，頁九。

30 周汝登，〈與周憲副鼎石〉，《周海門先生文錄》卷十，《四庫全書存目叢書．集部．別集類》第一六五冊，頁三五二—三五三。

31 周汝登，〈秣陵紀聞題詞〉，《周海門先生文錄》卷六，《四庫全書存目叢書．集部．別集類》第一六五冊，頁二五四。

禍」，遂有「卓老之學，似佛似魔，吾輩所不能定」的看法[32]。對於該如何評價李贄及其學問，無法立即遽下判斷。然在周汝登眼中，李贄與楊起元都是精究於名理的學者，常能見人之所不見，對二人之書最為注意。從以上這番話，亦顯露了當時嚴峻的思想氛圍，李贄死於獄中，《焚書》成為禁書不得流傳，在文人與士大夫群中，猶如投下一顆足以讓人產生心理戒嚴的炸彈。不過讓周汝登最為納悶的是，楊起元的書不在禁書名單內，可是卻鮮少被傳誦，對此深表可惜。文中也再度提及楊起元與羅汝芳的師生情，相隨七日，終身為師。周汝登雖不曾正式拜羅汝芳為師，可是羅汝芳曾示之《法苑珠林》，使之有悟。後來羅汝芳逝世後，周汝登行弟子禮般「供近溪像，節日必祭，事之終身。」[33]而楊起元逝世後，周汝登曾作詩二首悼念之，詩中情真意切，透露出思念與不捨。楊起元逝世時才五十二歲，在理學家當中，算是英年早逝。

> 忽聞消息不勝悲，白首論交更有誰。脫劍無從心掛樹，援琴不鼓淚盈絲。難忘密語香焚處，一望慈顏月上時。獨恨玄經空自草，生前寂寞幾人知。[34]
>
> 別來已愧二毛侵，客裡思君夢獨深。瀛海樓頭詢古道，弦歌渡口憶知音。風吹碧柳長途色，月照清江永夜心。欲寄相思無一字，坐看魚鳥自飛沈。[35]

短短二首詩，道盡論學道友間相知相惜之情。周汝登和楊起元的交情，從許多書信往復中皆可印證，而他與管志道交集則比較少。在他眼中，管志道是屬於有「大辯才」[36]的人，讀以下這段評語，可知悉一二：

> 前損之過吳下，見東溟先生，知損之已大自敬服。此老博綜經藏，具大辨才，矯矯風節，懇懇真修，非特損之敬佩，即僕亦敬之服之。近世之泰山喬岳，此老當之真無愧者。至於學問，則須另作商量。[37]

稱其為「泰山喬嶽」，可見在周汝登心目中，對管志道的辯才氣魄評價很高。

---

32 陶望齡，〈辛丑入都寄君奭弟書〉，《歇庵集》卷十二，《續修四庫全書．集部．別集類》，頁四三五。

33 黃宗羲，〈泰州學案五〉、〈尚寶周海門先生汝登〉，《明儒學案》卷三十五，頁一一二。

34 周汝登，〈哭楊復所〉，《周海門先生文錄》卷十一，《四庫全書存目叢書．集部．別集類》第一六五冊，頁四〇五。

35 周汝登，〈途中寄楊太史復所年丈〉，《周海門先生文錄》卷十二，《四庫全書存目叢書．集部．別集類》第一六五冊，頁四〇三。

36 周汝登在〈書覺音卷〉曾記述一位僧人覺音，因為無法回答東溟居士（即管志道）的辨難，因而向他請教。豈知時過已久，周汝登仍未有應對的答案，可知管志道的辯詰確讓人難招架。《東越證學錄》卷十三，頁一〇〇四—一〇〇五。

37 周汝登，〈與范損之〉，《東越證學錄》卷十，《明人文集叢刊》，頁七七五。

周汝登被喻為陽明後學的第二代學者，他對陽明學派的信仰，比起楊起元或管志道，擁有更堅定的意志，包括對「心」和「良知」的信任以及其「心學」立場。周汝登雖未能親炙陽明，卻視「陽明良知二字是千聖真血脈」[38]，對陽明思想推崇十分，曾曰：「蓋近自陽明先生以良知之旨，開世眼目，而旋轉之業，即從此出。後龍溪先生益為闡發，播之四方，宛陵水西之會，尤所專注，以故其他人士，興起彬彬。」[39]在他看來，陽明拈出良知的說法，旨在開人耳目，後來得王畿的傳承才傳播四方。因此周汝登頗有欲接續王畿之志，使陽明之學不墜，陶望齡便說：「越自龍溪先生既沒，微言將賴海門丈復起而續之。」[40]鄒元標也嘗擔憂陽明學因王畿逝世而失傳，後感有幸「天復挺生吾友嵊縣周子繼元」[41]，使陽明學得以傳續。

周汝登對陽明追念的文字，充斥在他的文集，其中最令人印象深刻，是他記述與五十餘人設宴於陽明證道處——天泉橋的碧霞池。眾人飲酒唱歌，遙想當年陽明與諸生同樂之光景[42]。他雖然曾把王陽明、王畿和王艮三人喻為「三王」，並稱王艮為「東海聖人」[43]，但他對王艮自創的「淮南格物」卻頗有微言。周汝登認為，王艮應當遵從王陽明的格物之說，「不必別立新奇」[44]。有此反應，必然是對王艮「格物」的講法有不認同的地方。島田虔次曾指說，王艮「**雖然是庶人，可是又有為『道』之師的自覺，所以他自信具有不屈服於為政者之權威的權威**」[45]。島田虔次也認為，這是何以王艮比王陽明能更徹底的自由，主要是陽明雖然也認為要在「內」中去尋找權威成立的根據，可是他仍過於承認傳統在「外」的權威，所以才要求「遯世不見知而不悔」[46]。反之，王艮的格物說法，把己身與天下國家連結一起，又述格有本末，吾身是本，家國天下是末，展露大無畏的個人氣魄。再加上他的「大成之學」所展現的自我信心，疾呼「我命雖在天，造命卻在我」[47]，實有意擺落外在權威的束縛，回到自我自立的境地。因此，周汝登雖未明言何以不須「別立新奇」，但從這樣的脈絡尋跡，或可知曉一二。除了王艮別立權威以外，關鍵恐怕是在於踰越了陽明的本意。周汝登在為王艮語錄重刻出版序文便說道：「而欲自信，則必遡統。……，此為以求信，非漫

38 周汝登，〈寄贈李樁山先生〉，《周海門先生文錄》卷五，《四庫全書存目叢書．集部．別集類》第一六五冊，頁二三三。

39 周汝登，〈郡守拙齋蕭侯崇祀記〉，《周海門先生文錄》卷七，《四庫全書存目叢書．集部．別集類》第一六五冊，頁二九六。

40 陶望齡，〈與蕭若拙廣文〉，《歇庵集》卷十二，頁四二六—四二七。

41 鄒元標，〈壽海門周公七十年〉，《願學集》卷四，頁一五九。

42 周汝登，〈越中會語〉，《周海門先生文錄》卷二，《四庫全書存目叢書．集部．別集類》第一六五冊，頁一七四。

43 周汝登，〈重刻心齋王先生語錄序〉，《周海門先生文錄》卷四，《四庫全書存目叢書．集部．別集類》第一六五冊，頁二二八。

44 周汝登曰：「心齋格物之說，自是歸根之旨，然亦不能捨卻家國天下心意，另求一物。陽明子所謂致吾心之知，在事事物物之間，吾知非虛，即是事物工夫。即格即致，本末難分，如此修證於孔門博約中和之訓，無不合轍。故區區謂惟當遵陽明子之說，著實做去，不必別立新奇也。」〈與趙學博懷蓮〉，《周海門先生文錄》卷十，《四庫全書存目叢書．集部．別集類》第一六五冊，頁三五五。

45 島田虔次著，甘萬萍譯，《中國近代思維的挫折》（南京：江蘇人民出版社，二〇〇五），頁四五。

46 島田虔次著，甘萬萍譯，《中國近代思維的挫折》，頁四五。

47 王艮，〈與徐子直〉，《王心齋全集》卷五，頁一五。

信也。」[48]周汝登很注重師門傳承，他編《王學宗旨》的目的，就是要重建陽明學說的學統，也旨在回應當時學界對陽明後學的兩點批評：一、良知之學的「知」已落情識；二、致良知工夫過於直截疏闊[49]。在編纂《聖學宗傳》時，故特別強調說：「學問不知聖宗，而強制盲修以為極則，則究竟無成。」[50]

此外，周汝登與弟子陶望齡共組「證修會」，訂月會講學之期。並以孝弟忠信為根基，教人知致良知之旨，便旨在繼承陽明與王畿二人講學之志[51]。《東越證學錄》記：

己亥季秋，先生同石匱陶公及郡友數十人，共祭告陽明之祠，定為月會之期，務相與發明其遺教。先生語諸友曰：「我輩去陽明先生之世，幾八十年矣。陽明先生初倡此學時，不知經多少風浪，後賴龍溪先生嗣續，亦不知受多少屈抑。今日我輩得此路頭，坦然趨步，可忘前人之恩力耶？[52]

周汝登在逝世前，曾留下遺書給門人陶望齡，希望他和弟弟陶奭齡，能夠繼續在陽明書院的講會，以確保越中一脈不斷[53]。對於講會，有所謂「大會」和「小會」之別，「大會」動輒百人，「小會」則以七八人為準。他也指說，大會「為期更密，辨證更詳，催趨更緊」[54]。可是後世者看待周汝登，不是把他視為三教合一主張的狂禪者，忽略他對陽明良知學說的推崇，另則是集中於「無善無惡」思想，依循黃宗羲對他的指責，進一步批評他轉化了陽明的學說。特別提指氣寂靜時湛然獨知的「無善無惡心之體」，扭轉成為「性」之內涵，導致人們滑入釋氏的空無論[55]，由是把他定位在一個著重本體工夫的陽明學者。這樣的說法，其實不盡公允。被稱為陽明殿軍的劉宗周（一五七八—一六四五），也曾疑周汝登的學說近禪，可是對他甚感欽佩，似乎說明了周汝登較為人所忽略

---

48 周汝登，〈重刻心齋王先生語錄序〉，《東越證學錄》卷六，頁四七二。

49 周汝登，〈王學宗旨序〉，《東越證學錄》卷六，頁四六三。

50 周汝登，〈剡中會語〉，《東越證學錄》卷四，頁二六八。

51 周汝登，〈人物志〉，《嵊縣誌》卷十四，頁九八八。

52 周汝登，〈越中會語〉，《東越證學錄》卷四，頁二五八—二五九。

53 周汝登，〈人物志〉，《嵊縣誌》卷十五，頁一五〇一。

54 周汝登，〈小會題詞〉，《東越證學錄》卷九，頁七四六。

55 有關這方面的詳論，見岡田武彥，《王陽明與明末儒學》（上海：上海古籍出版社，二〇〇〇），頁一九一。又如黃宗羲曰：「陽明言『無善無惡心之體』，原與性無善無不善之意不同。性以理言，理無不善，安得云無善？心以氣言，氣之動有善有不善，而當其藏體於寂之時，獨知湛然而已，亦安得謂之有善有惡乎？且陽明之必為是言者，因後世格物窮理之學，有先乎善者而立也。乃先生建立宗旨，竟以性為無善無惡，失卻陽明之意。而曰『無善無惡，斯為至善』，多費分疏，增此轉轆。善一也，有有善之善，有無善之善，求直截而反支離矣。先生《九解》，只解得人為一邊。善源於性，是有根者也，故雖戕賊之久，而忽然髮露。惡生於染，是無根者也，故雖動勝之時，而忽然銷隕。若果無善，是堯不必存，桀亦可亡矣。儒釋之判，端在於此。先生之無善無惡，即釋氏之所謂空也。後來顧涇陽、馮少墟皆以無善無惡一言，排摘陽明，豈知與陽明絕無干與！故學陽明者，與議陽明者，均失陽明立言之旨，可謂之繭絲牛毛乎！」黃宗羲，〈尚寶周海門先生汝登〉，《明儒學案．泰州學案五》卷三十六，頁一一二—一一三。

的思想側面，劉宗周曰：

> 嗚呼！斯道之不傳於世，蓋千有餘年，而吾越陽明子以「良知」之說啟天下。及門之士，於吾越最著者為龍溪先生；又百年，龍溪之門於吾越最著者為先生。先生於陽明之學，篤信而謹守之。由禰而祖，一嫡相承。讀其書，宗旨有述，宗傳有編。一時學士大夫，又相與維持左右、底於無弊。懿哉先生！其於道也，可謂辰星之麗宇、鐘鼓之在序，凡有耳目者，皆得而聞且見，而況其閔閔焉望道而趨之者乎！[56]

這是何等崇高的禮讚。劉宗周作為一個反對晚明空疏學風，以及抨擊陽明後學援佛道入儒的混雜現象的有力者，在祭文中對周汝登謹守良知之學讚賞有加。可知他乃立足在對陽明良知信仰基礎上，進而肯定周汝登的學問。他甚至以不及向他學習而覺心中有憾，是真正敬佩他的學問。據祭文所透露，那時也正逢周汝登遭遇「學禁」時期。因此，須重新思考的是，周汝登對「心」和「良知」所持的立場，背後究竟是以怎樣的思想世界為依據，這兩者之間的關係，又如何影響他看待「無善無惡」，以及三教之間的關係？故在未進入探討周汝登的三教觀時，有必要先了解他對「良知」和「心」的把握。

一、悟「良知」與「一心」

周汝登究竟怎樣認知陽明的致良知呢？他曾提出把握良知的關鍵在於「悟與不悟」：

> 問「致良知」。只從知是知非上著力，恐非最上一乘事也？先生曰：此徹上徹下語。下根者，知是知非，而隨覺隨改，於此持循，亦與義外之學不同。上根者，一般知是知非，隨覺隨改。只是他悟得知是知非時，雖知是非，而未嘗有知也。無是無非時，雖無是非，而未嘗無知也。如此謂之良知，悟與不悟，存乎其人良知之教。[57]

簡單而言，周汝登依循陽明在天泉證道所指說，上根人和下根人擁有兩種不同的稟性，而下根人需有一對應之境，藉此把握良知發揮知是知非的功能。上根人則不滯於「知是非」抑或「無是非」境上，超越「有知」和「無知」的認知，進一步把握良知無時無刻所發揮的「知」（明覺審

56 劉宗周，〈祭周海門先生文〉，《劉宗周全集》第三冊下；戴璉璋、吳光主編，《劉宗周全集》第三冊下（台北：中央研究院中國文哲研究所，一九九七），頁一〇六〇。

57 周汝登，〈剡中會語〉，《周海門先生文錄》卷三，《四庫全書存目叢書．集部．別集類》第一六五冊，頁一八五。

察）。正因為他強調以「悟」來把握良知，使後人認為，恐把王陽明的良知，轉向更空靈的現成良知。不過以下這番話顯示周汝登並非沒有警惕「空談」的流弊，強調要老實做工夫：

先生曰：致良知須是下老實做工夫，如家庭日用間，有不妥處，便須於此知非，知得更改。知要真知，不可自放出路，這個學問再不許空談。空談得良知活靈靈，成甚用？有成曰：心中見得有不安處，極力克治，到得妥當時，是良知否？先生曰：若說到妥當時，方是良知，即今是什麼，只如此去，且莫分別，若分別，知便不良。[58]

周汝登堅守陽明「歸本自心」[59]之意，不為外境所影響。此外還提供了檢視良知有無發揮作用的方式，即是看自己的心是否妥當。岡田武彥曾批評周汝登，過於強調「自得」與「成聖」之間的關係[60]。其實這正是周汝登的「心法」，他把性、命、才、情等種種名目，看作是「一心」的別號，曰：

有志於學者，但當信此一心，力自反求，隨事隨時察識磨練，遇聲色貨利，莫隨之而去。倫理上率踐，性情上調理，不要好高務奇。虛其心，不先主一物。莫落情識窠臼。廓之聞見，以觸發此心。資之師友，以夾持此心。有過即覺，一覺便改，綿綿密密，如此做去，總不離心。若此心一刻自得，便是一刻聖賢；一日自得，便是一日聖賢。常常如是，便是終身聖賢。聖賢原

> 非絕德，太阿之柄，具在我手。信此心法，更何堯舜不可為？孔子不可學哉？是故聖賢立言處，凡曰性、曰命、曰才、曰情等，以至種種百千名目，皆是一心之別號。[61]

「察識磨練」、「廓之聞見」、「資之師友」等都是心上的輔助工夫。周汝登強調「一心之別號」，是旨在打破經由「心」所分別的名目。種種由心所反映出來的現象，皆為心所投射。正是持「一心」的立場，使他得以衝破儒釋玄之間的藩籬，如他在《佛法正輪》說：「教雖有三，則惟一心。一是實名，三是虛名。」[62]又說：「真儒之妙，乃玄門之極，則即佛法之正輪。」[63]

---

58 周汝登，〈剡中會語〉，《周海門先生文錄》卷三，《四庫全書存目叢書．集部．別集類》第一六五冊，頁一八五。

59 周汝登，〈剡中會語〉，《周海門先生文錄》卷三，《四庫全書存目叢書．集部．別集類》第一六五冊，頁一九二。

60 岡田武彥指出：「海門提倡自得的重要，那是因為在他看來，宇宙的存立充盈、天地的包涵遍覆，全都是基於吾心自得而成就的。若吾心自得，則處處皆真，一切皆道，即所謂『三十六宮都是春』。海門認為，聖賢亦是基於吾心自得而直下至得的。……如上所述，海門過高地看重了自得之效驗。」岡田武彥著，吳光、錢明、屠承先譯，《王陽明與明末儒學》，頁一八八。

61 周汝登，〈新安會語〉，《周海門先生文錄》卷三，《四庫全書存目叢書．集部．別集類》第一六五冊，頁二〇一。

62 周汝登，〈玄門諸語〉，《佛法正輪》，頁一三一。

63 周汝登，〈玄門諸語〉，《佛法正輪》，頁一三一。（詳論見下節）《佛法正輪》又名《直心編》，實為周汝登闡發儒禪之間關係的一部書。卷上為佛門諸語，計十八則。卷下為儒門諸語十八則，玄門諸語四則，又別附三則。正文前，又有方如騏讀是書心得十條。此部書算是最具體印證了周汝登儒釋不二的思想，他巧妙借用前人對儒釋之間關係的探討，說出

二、萬法總是調心

周汝登重視打理「自我之心」，不時勸人「調理自心」，不熱中於做功德。當有人詢及若持齋念佛不合於家人父兄之心，該如何應對時，以下這番回答，便清楚表明他的態度。其曰：

> 學術不外尋常，捨了家庭，更無所謂學者，故吾儒以堯舜之道盡孝弟。六祖謂心平何勞持戒，行直不用修禪，可見所重有在，豈徒吃一口齋，便足為究竟法耶！因吃齋素，使父兄家人盡成乖戾，是何佛法？此雖謂之尊佛法，實是背佛門也，可深思之。古德云：萬法無過方寸，此心不明，終靠佛力不得。已而先生又示之曰：「萬法總是調心，如釋門中教人佈施所以破慳心，禮拜所以破慢心，持齋所以破殺心。種種方便，總不出調理自心，豈外有功德可希冀耶？」[64]

拈出「萬法總是調心」的說法，說明「心」是認識世界和萬物的基礎，儒釋下工夫處亦在此[65]。如上所述，周汝登要人們警惕「名目」的拘限，否則便容易困鎖在各種為「破心」而衍生出來的各種慈行或戒律，如佈施、禮拜、持齋等儀式[66]。故其曾言：「莫擬外跡，但看自心」[67]，除心平行直以外，便無他事。周汝登雖敬佩雲谷禪師，也曾效法袁黃的功過格而作日過格，熱情於功過格，可是他卻不喜勸人做功德，認為持吃齋拜佛，不但會導人執於「著外」和「落空」的境地[68]，恐還迷失自性，其曰：

了「孔心即佛心」的心底話。可是他是否如楊起元乃是站在「佛可助儒」立場上援佛入儒，有待進一步理清。不過我們可以發現，周汝登也是試圖打破眾人對佛教不治生，以及儒教不出世的刻板看法。甚至是從「素位」的角度，把儒釋玄放在一種相對平等的互為關係裡，而這種關係其實也是他在無善無惡論裡的思想主調。

64 周汝登，〈越中會語〉，《周海門先生文錄》卷二，《四庫全書存目叢書．集部．別集類》第一六五冊，頁一七〇。

65 周汝登曾經編彙一本《類選唐詩助道微機》，鮮為學界所注意。在這部選集裡，他列出十二種詩的類別，分別是：卷一上〈心學〉、下〈家庭〉；卷二上〈君道〉、下〈臣道〉；卷三上〈交友〉、下〈邊塞〉；卷四上〈飲酒〉、下〈靜趣〉；卷五上〈感策〉、下〈對治〉；卷六上〈禪門〉、下〈玄門〉。在每一種類別詩前，都撰有詩評，可了解周汝登的詩歌標準與文學觀念。有趣的是，處於明代詩壇復古與反復古的角力氛圍當中，周汝登所關心的，不是執固於主唐詩派的「重」或主宋詩派的「重理」，在「情」與「理」對峙情勢中打轉。相反的，周汝登特意拈出國風的「淺言恆語」，述其與聖人之言並無分別，標榜回歸到以「心」為基礎的詩歌觀念，藉此反撥獨尊五經之意。詳論請參拙作，〈助道微機：周海門「心學」與「詩觀」之關係〉，《中國古典文學國際學術會論文集》（馬來西亞：新紀元學院中國語言文學系，二〇〇九），頁五六—八四。

66 有關晚明布施、持齋等做功德的情況，可參 Jennifer Lynn Eichman, *Spiritual Seekers in Fluid Landscape: A Chinese Buddhist Network in Wanli Period*（*1573-1620*）, Ph.D. Dissertation of Princeton University, Department of Religion, 2005. pp. 101-163.

67 周汝登，〈越中會語〉，《周海門先生文錄》卷二，《四庫全書存目叢書．集部．別集類》第一六五冊，頁一七〇。

68 周汝登，〈與陶我明〉，《周海門先生文錄》卷十，《四庫全書存目叢書．集部．別集類》第一六五冊，頁三六〇。

布施常行普敬，豈有虧供養？蓋得本則不愁末，而務末必至迷本。梁武不反求自心自性，而專務持齋、捨身、施僧、造寺以奉佛，反以釀佛之禍。以治天下國家，卒以召天下國家之亂儒教，深斥佛祖大呵顛倒之弊，一至於此，學佛者於本末可不審哉？六祖深推原本以明功德，其言與帝王精一執中、永言命之旨相為合轍，蓋不特傳佛心印而已。[69]

周汝登指出梁武帝過於重「末」，專務持齋捨身，又施僧造寺以奉佛，最終卻得不償失，釀成佛的災難。吸取了這個歷史教訓，為避免本末倒置[70]，他更相信「功德在心，精進非外」[71]。而所謂「返求自心自性」並非只是傳佛教心印，它與儒家帝王的「精一執中」有異曲同工之意。周汝登對佛教教義產生進一步的興趣，主要是一五七九年在真州遇見袁黃以後，對其立命的說法甚為認同，因而作了〈立命文序〉，序中記錄了這一段經歷：

一日會袁公於真州，一夜之語而我心豁然，始知世間有此正經一大事。皈依自始，余迄今，不能一日忘此公之恩。公於接引人，固有緣也，茲文之行，利益必廣。[72]

又因受了袁黃功過格影響而作「日記錄」：

余覽了凡公立命之言，因以勸二三子共發積善之願，而予以身先焉。為錄以記月系，以日日系以事，雖纖小弗遺，雖冗遝弗廢也。[73]

王汎森曾指出，明末清初學者因為面對內在道德的緊張感，故具有嚴格道德主義的傾向，修身成為日常的功課，每天記錄日常行為，這從不少宋明理學家的日記研究中可窺知一二[74]。周汝登的日記錄，也透露對自己行為的嚴格監督，如他所說，就纖小的事，也不能苟且與輕易放過，而這一些都需要個人發願，才能在積善之路上，鍥而不捨。

69 周汝登，〈佛門諸語〉，《佛法正輪》卷上，頁一一五。

70 周汝登讀六祖釋功德品文，遂悟「蓋得本則不愁本，而務末必至迷本。」《佛法正輪》卷上，頁一一五。

71 周汝登，〈秀州興善庵懷松禪師塔銘〉，《周海門先生文錄》卷八，《四庫全書存目叢書．集部．別集類》第一六五冊，頁三二〇。

72 周汝登，〈立命文序〉，《東越證學錄》卷七，頁五六九。

73 周汝登，〈日記錄序〉，《東越證學錄》卷七，頁五七〇。

74 請參王汎森，〈明末清初的一種道德嚴格主義〉、〈日譜與明末清初思想家——以顏李學派為主的討論〉，收錄於《晚明清初思想十論》（上海：復旦大學出版社，二〇〇四），頁八九—一〇六、一一七—一八六。

第二節　「一心」為三教之統體

一、心無對治

晚明儒者與僧道交遊頻繁，乃是晚明學界普遍的風氣，周汝登亦然。特別是他活躍的時間點，正是佛教復興的重要時機，所以他與憨山德清、紫柏真可以及湛然圓澄都有密切的互動關係[75]。周汝登曾在一五九三年和紫柏真可有一次徹夜長談的經驗[76]。他十分尊敬達觀，向紫柏真可請教諸多問題，卻又懊惱自己未能達到他的思想高度，透露出誠惶誠恐的心情。周汝登對紫柏真可的遭遇具有理解的同情，曾叩問：「何以故大明國內容不得這漢。」[77]另外，周汝登和憨山德清來往更加密切，兩人不但時常「焚香啜茗以坐」[78]，更常交換對性命之學的看法。在萬曆二十四年（一五九六）周汝登在廣東任職鹽官時，聽說憨山德清要來，特地帶領數十門生前往拜訪。在席座談說間，周汝登舉陽明《傳習錄》中的難題——「通乎晝夜之道而知」向憨山德清請教。憨山德清則以「佛性」為內涵回答說：「此聖人指示人，要悟不屬生死的一著」，眾人聽了，大感嘆服，〈憨山老人自序年譜實錄上〉記這一段事蹟：

> 大參周海門公，率門生數十人過訪。坐間，周公舉「通乎晝夜之道而知」發問。眾中有一稱老

道長者，答云：人人知覺，日閑應事時是如此知。夜閑作夢時亦是此知，故曰：「通乎晝夜之道而知。」周公云：大眾也都是這等說，我心中未必然。乃問予曰：老禪師請見教。予曰：此語出何典？公曰：《易》之《繫辭》。公連念幾句，予曰：此聖人指示人，要悟不屬生死的一著。周公擊節曰：直是老禪師，指示親切。眾皆罔然，再問，周公曰：死生者，晝夜之道也。通晝夜，則不屬晝夜耳。一座歎服。[79]

自此之後，兩人時有來往。周汝登知憨山德清有欲振興叢林之志，故邀其撰寫《曹溪通志》四卷，當時在官友好者如楊起元皆為之作序。憨山德清對周汝登也很看重，曾邀請周汝登檢訂已梓行的《楞嚴經》、《楞伽經》與《法華經》，其曰：

75 彭國翔曾對周汝登和僧人的交往有十分翔實的考察，參〈周海門與佛教——歷史與思想〉，《近世儒學史的辨正與鉤沉》，頁三〇三—三七二。
76 周汝登形容紫柏真可來訪時「手持拄杖，闊步長趨，數徒擁掖而至，盤桓至暮始別」，頗可見其氣象，〈達觀大師像贊〉，《東越證學錄》卷十三，頁九七二。
77 周汝登，〈達觀大師像贊〉，《東越證學錄》卷十三，頁九六九。
78 周汝登，〈書覺音卷〉，《東越證學錄》卷十三，頁一〇〇四。
79 憨山德清，〈憨山老人自序年譜實錄下〉，《憨山大師夢遊全集》卷五十四，《卍續藏經》第一二七冊，頁九六六。

別來忽忽二十年矣。音問不通者，亦十餘年。精神固無閒然，不若承顏接響之為快也。去春之雲棲，準擬奉教於湖上，久候不至，悵然還山。貧道天假餘生，得待死於匡盧，深為厚幸。念此末法，獨老居士一人為光明幢。貧道老矣，無復奉教之日，所期當來龍華三會耳。貧道荷蒙聖恩，假以萬里之行，於法門無補纖毫，即向上一著，亦不堪舉似向人。所幸於教眼發明直指之宗，若《楞伽》、《楞嚴》、《法華》三經，大翻文字窠臼，皆已梓行，托汝定請證。[80]

不過，憨山德清對周汝登最大的影響，是在於「無對治」的想法，憨山德清曰：

從憨公處問訊，書役來，接手札甚慰。札中自陳謂：近惟息機攝念，以此消彼，熾然足見勇猛精進，但恐息之、攝之、消之，如石壓草，根株不除，終無了期。說個息機，息亦是機，說個攝念，攝亦是念，以此消彼，皆對治法耳，非究竟之旨。若要究竟，須將機與念所從來處，一一識破。識破後，方知亦無來、亦無處、亦無此、亦無彼、亦無機、亦無念，則亦何息、何攝、何消之有，亦何不息、不攝、不消之有，到此方是實功。[81]

又曰：

別久渴仰，忽拜法音，兼領新刻，心目豁朗，喜可知已。邇知甘露時普飯依不少，然最堪入室者何人？必得一二大法器，輾轉化導，乃為快耳。楊少宰未晤（按：即是楊起元），恐猶是未了之案。然既在一方，邂逅自有期，非比業浪蹤蓬跡，此生莫必也。業乞休未幾，躑躅間又有滇中之命。雞足山中，非不一願尋訪，然而母老難違，恐終不能就道。早晚又復陳情，得蒙賜允，便自萬幸。露地之牛，豐林茂草，足自適矣。《曹溪志》序：僕舉管如山，不能就一字，容日另報。[82]

楊起元站在佛道可助儒的務實立場上，援佛道仙入儒，可是對周汝登而言，援佛道的立場是和他的「無」的思維概念有關。如前所言，為避免人們在看待事物現象時過度受「名言」的影響，他常希望能打破對名象與言說產生的依賴和攀緣心，避免把事物置於二元對立的狀態。這樣一種思維模式，恰恰成為他破除三教門戶的關鍵因素：

或問象山、陽明之學雜禪是否？先生曰：子還體認見之，抑隨聲和之者？夫禪與儒，名言耳。一碗飯在前，可以充饑、可以養生，只管吃便了，又要問是和尚家煮的，百姓家煮的。或曰：

80 憨山德清，〈與周海門太僕〉，《憨山大師夢遊全集》卷十八，《卍續藏經》第一二七冊，頁四七四。
81 周汝登，〈答柯孝廉時復〉，《周海門先生文錄》卷十，《四庫全書存目叢書．集部．別集類》第一六五冊，頁三五九。
82 周汝登，〈與憨山上人〉，《周海門先生文錄》卷十，《四庫全書存目叢書．集部．別集類》第一六五冊，頁三四四。

是飯便吃，將無傷人而不覺乎？先生曰：傷人者，祇恐不是飯耳；若是飯，豈得傷人爾。欲別其是飯非飯，須眼看口嘗始得，不可懸度。二公之學。若是棄君臣、離父子，一切與人不同，這便害人，不是飯矣。今二公所舉者孝、弟、忠、信，所扶者倫理綱常，朝饔夕飧，家常無改，試受用之，便自知味。何得隨聲妄度，只在門面上較量，不思自己性命，求箇實落安頓處，真為可憫、可悲之甚已。[83]

這一段話常為當代學者所援用，例如溝口雄三曾指出周汝登這番話，實涉及一個境界的層次。周汝登把思想視為解決身體需求的物資，非僅屬於精神需求，關乎到生理需求，如其又曾曰：「忠信篤教，飲食也，日用自不可少。」[84]縱然如此，在飲食之間，周汝登也強調不能隨意擇選以致消化不良，否則「脾胃吃食不消，病從食生」[85]。對照以上這番話，可發現周汝登在選擇採取怎樣的「飲食」，仍有一定的判準依據，例如提到「若是棄君臣、離父子，一切與人不同，這便害人，不是飯矣。」可見「此飯」也不是嗟來之食，而是已經過思慮以不違反倫理綱常為前提。周汝登也認為，在「看」之餘，也必須「口嘗」，才可體會「飯」的真正滋味。換言之，倘若人能從性命上去把握它的受用處，懂得「飲食」只是初步行為，如何使之「知味」與「受用」才是所謂的上達，故曰：「下學如飲食，上達如知味，味固不離飲食，則必知味。」[86]職是之故，是佛是儒其實就沒有差別，周汝登在〈曹溪舊志序〉文中便明確說出「儒佛相即」的看法：

夫人試觀新州百姓，而知佛祖即是凡夫也。觀安置毋宜，而知出家即是在族也。觀隱身避難而知神通，即是見用也。觀平直頌偈而知法語，即是恆言也。觀問難請益而知機鋒，即是唯諾也。觀香泉寶嶺，而知西天即是東土也。上智上根，一毫不得馳騁；愚夫愚婦，隨人可以與能。闢佛者，足自相忘無言。崇佛者，庶幾不入岐路。下學上達，與孔同旨；承先啟後，與孔同功。以曹溪擬洙泗，豈不庶幾近之哉？[87]

佛祖與孔子沒有相分，像在下學上達與承先啟後，都與孔子一樣有所貢獻。佛祖與凡夫，出家與在族，隱身與見用，西天與東土等對應，看似對立的兩個層面，在他眼裡卻不存在差異。另一方面，周汝登對所謂的「闢佛者」持有不滿。他甚至以朱熹闢佛為例，批評那些隨意且漫無目的詆毀佛教之人，其曰：

一友不喜聞佛，先生曰：闢佛須自有安身處，不可茫然隨俗詆毀，如朱晦翁闢佛，其自身如泰

83　周汝登，〈南都會語〉，《周海門先生文錄》卷二，《四庫全書存目叢書．集部．別集類》第一六五冊，頁一七七。
84　周汝登，〈南都會語〉，《周海門先生文錄》卷二，《四庫全書存目叢書．集部．別集類》第一六五冊，頁一七七。
85　周汝登，〈南都會語〉，《周海門先生文錄》卷二，《四庫全書存目叢書．集部．別集類》第一六五冊，頁一七七。
86　周汝登，〈南中會語〉，《周海門先生文錄》卷二，《四庫全書存目叢書．集部．別集類》第一六五冊，頁一八一。
87　周汝登，〈曹溪舊志序〉，《中國佛教叢書．禪宗篇》，頁六二三—六二四。

山喬嶽，有安頓處，不如今人茫茫然隨人口轉也。然其所闢，亦皆二乘之學，遊定夫所謂「彼不自以為然者」，世間若盡作二乘見解，亦不成世界。能知如此，闢佛者，亦不可無，吾亦不敢不敬承之也。[88]

以上其實也反映了周汝登對闢佛者持有的寬容態度。他縱然不否定闢佛或帶來制衡的力量，所以才會說「不敢不敬承」，可是他卻認為闢佛也必須具有批判基礎，讓人知悉批判者的思想立場[89]。所以他在《佛法正輪》中，曾提及形跡明理之闢佛行為，其實並不以廢佛為真宗[90]。周汝登雖包容佛道，卻不認為世間僅以佛道為其立足點，對他而言「辨釋氏同異不是急務」[91]，重要是在儒門中辨異同：

公曰：謂儒釋無異，以悟為宗，竊恐於孔門道脈，稍隔一指。先生曰：悟之一字，前云即知、即明、知知止明善為孔門道脈，則避卻悟字亦得。至於儒釋同異，後來辯論已多，不必重舉。今日所辨在儒門中之異同，如所謂由仁義行與行仁義，同一仁義，而真偽迥殊，不可不知學術之辨為此而已。[92]

按周汝登所言，儒釋同異的問題，已有很多的辯論，不必再糾纏在這點上。倒是有關仁義的真偽問題，特別是「由仁義」或「行仁義」所涉及「心」的「內」和「外」問題，才是他所關心的。

如王襞曾清楚的指出：「由仁義行，自是良知天性生機流出，不假聞見安排。行仁義者，遵依仁義道理，而行不由心生者也。一是生息於中，一是襲取於外，二者王霸聖凡之別。」[93]顯然的，如果把一切判斷的基準回歸到「心本體」上，才不會犯上「襲外」的問題。周汝登又曰：

> 儒佛之辨，不諍為是，兩者是非不自今日矣。前人辨之已不知多少，驅闢異端，亦不自今日矣。前時斥逐，亦不知幾變。有能真為自己性命者，究到精微去處，自然曉得同異。不然浮游之徒，與言何益。沖倩但只如此去，只照管自身，一切付之東流可也。我前有「心明練境」四

88 周汝登，〈南中會語〉，《周海門先生文錄》卷二，《四庫全書存目叢書．集部．別集類》第一六五冊，頁一七七。

89 有關儒者的「闢佛史」實由來已久，如陶望齡所言說，很多時候是「名叛而實近」，又或「陽抑而陰扶」，其曰：「儒者之闢佛久矣，最淺者如昌黎者，深如明道者，既昌言闢之矣。即最深如陽明、龍溪之流，恐人之議其禪也，而亦闢之，又何恠今之俗士哉？然必如明道而後許其闢，何者？以其名叛而實近也。如陽明龍溪而後許其闢，何者？以其陽抑而陰扶也。使陽明不借言闢佛，則儒生輩斷斷無佛種矣？今之學佛者，皆因良知二字誘之也。」陶望齡，〈辛丑入都寄君奭弟書〉，《歇庵集》卷十二，《續修四庫全書．集部．別集類》第一三六五冊，頁四三六。

90 周汝登，〈儒門諸語〉，《佛法正輪》卷下，頁一三一。

91 周汝登，〈剡中會語〉，《周海門先生文錄》卷三，《四庫全書存目叢書．集部．別集類》第一六五冊，頁一八七。

92 周汝登，〈南中會語〉，《周海門先生文錄》卷二，《四庫全書存目叢書．集部．別集類》第一六五冊，頁一八一。

93 周汝登，〈王一庵〉，《聖學宗傳》卷十八（山東：友誼書社，一九八九），頁一三九五。

字，心不明白，對境捱排，謂之「瞎練盲脩」；境打不過，冒言心明，謂之掠虛捉影。[94]夫闢佛元自程朱，何怪吾丈？但孔子朝聞夕死，知生知死之言，丈於此作何解？切不可以文字訓詁虛領過，須實了了於心，而後可言儒。佛不足學，儒亦當朦朧已耶。願丈無堅己是，人生止此一事，虛過可惜。[95]

周汝登覺察到晚明的逃禪風氣，關鍵不在於儒者不通禪，而是不知孔子。孔子言「朝聞夕死」，正有如周敦頤《周易》太極之旨，都在究生死大事，悟之則無異於禪。若能悟之，無論是逃禪或闢佛都將失去其正當性。至於禪者之過，也並非在於不通儒的因素，而是未曾領悟如來也言治生產業。而《維摩》、《華嚴》之旨，也可以用世。若能對此有所了解，則儒釋之間就不存在出世與經世的隔閡[96]。周汝登曾和湛然和尚討論戒殺與酒問題時，指說：「因緣在釋，則守釋之戒；因緣在儒，則守儒之教」，因此「不必捨儒而徇釋，亦不必處釋以病儒」[97]，兩者各適其位。大致能看出周汝登欲回到各自「本位」基礎上，來考慮三教之間的關係。

二、三教統體

周汝登對三教的寬容，並非執於在「跡」上的分合論，主要還是來自他「三教統體」觀念相關：

問：「北溪陳氏謂太極如大塊水銀，恁地圓。散而為萬萬小塊，個個皆圓。合萬萬小塊，復為一大塊，依舊又恁地圓，何如？」

曰：「吾不知太極何物，可以分而合、合而分如此。」

喻中卿問曰：「周子言一物各具一太極，萬物統體一太極，其義云何？」

曰：「一物各具一太極者，非分而與之之謂。如一室千燈，自有一燈之光，彼此不相假借，是為各具；萬物統體一太極者，非還而合之之謂，如千燈雖異，共此一燈之光，彼此毫無間異，是為統體。」[98]

周汝登的回答，透露他獨特的語言思維方式。首先，他不認為把「太極」比喻為「水銀」，或

94 周汝登，〈劉沖倩〉，《周海門先生文錄》卷十，《四庫全書存目叢書．集部．別集類》第一六五冊，頁三六四。

95 周汝登，〈與董侍御貞復〉，《周海門先生文錄》卷十，《四庫全書存目叢書．集部．別集類》第一六五冊，頁三三八。又見於〈與董侍御貞復〉，《東越證學錄》卷十，頁七九一。

96 周汝登，〈序〉，《佛法正輪》，頁一一三。

97 周汝登，〈郯中會語〉，《周海門先生文錄》卷三，《四庫全書存目叢書．集部．別集類》第一六五冊，頁一九八。

98 周汝登，〈武林會語〉，《東越證學錄》卷三，頁一八八。

以水銀的「散」、「合」來表述太極「分而合」、「合而分」狀態是恰當的。因此，他不認可「分而還之」抑或「還而合之」的分合論。比如他說「一室千燈」，強調「自有一燈之光，彼此不相假借，是為各具」；又說「千燈雖異」，但「共此一燈之光，彼此毫無間異，是為統體」。這樣的「統體」和「各具」的思維放到儒釋關係，甚至是三教問題，都可窺見其欲強調的不在於「道一教三」或「理一分殊」的觀念。因此他的關注點不是「一室千燈」或「千燈之光」，而是以「一燈之光」為主體論說，再繼而從「一燈之光」彼此之間「功能」雖「同」，但各具「獨立性」；「一燈之光」雖「異」，但實際上從其「共構」的層面，實是「無間異性」，這樣便說明「共性中有殊性，殊性中有共性」。此和他在《佛法正論》所援引江河比喻，提出屬性和功能不二的觀點實是一致。換言之，可延伸理解，三教雖同，但又「自性具足」；三教雖異，但功能無間異。由此可知，「彼此不相假借」和「彼此毫無間異」是他打破分合論以後建立的原則判準。此外，周汝登把「萬物統體」的意義，收攝到「一心」，故又言：

> 可見術不必從人傳，道不必向人問，皆在自心而已。故曰：學道者從一針、一草上降伏其心，匪求在外也。玄門如此，儒佛亦然。故予以此附於玄門之後，又以見財色諸根之難化。學道者，無易言之也。[99]

只要能把握「自心」，就可拋開學術傳承和問道的工夫，一切修為只專注在「降伏其心」即可，是儒是佛是玄，儼然已不重要。甚至是在忠孝問題上，周汝登也持以「一盞燈光」的思維，把忠孝視為一體：

一生問：孝者所以事君，孝即是忠，抑移孝可以為忠？先生曰：如一盞燈光，處處照見，無非此燈之用。曾子論孝，凡處友戰陣以至殺禽、伐木，事事皆是，不但事君。曰：若是則衣可以為食，食可以為衣乎？先生曰：衣食不同，而衣衣食食之心，曾有二乎？[100]

周汝登論忠孝，仍從統體義來進行解讀，建立在心性基礎上，以此說明孝之心與忠之心並無兩樣。又例如他曾以「大日輪升天」為例，說明孔子十五志學到七十從心而不踰，乃是一個從初心到心之分的一貫過程[101]。從這裡也可驗證在面對三教問題，周汝登和管志道、楊起元不一樣的「合一」思維。管志道從《周易》乾元入手，而楊起元從《孝經》的感應說著手，對周汝登而言，只要能把握「一心」，藉由打破「名言」差異，便可自由出入三教。由此可知，周汝登言所謂的「合一」，

99 周汝登，〈玄門諸語〉，《佛法正輪》卷下，頁一三三。
100 周汝登，〈東粵會語〉，《東越證學錄》卷二，頁一七七。
101 周汝登，〈南中會語〉，《東越證學錄》卷一，頁一三八。

是一種「知歸」與「歸一」的意思，最終導向歸於「一心」[102]之意。可是周汝登甚至認為「致中和」亦「皆從心轉」，素位之君子，無入而不得此心，而此本心便是大道。周汝登的「統體」，凡事收攝於「一」觀念，呈現了「吾身即乾元即太極即吾心」的多重意義。這也是何以周汝登自立於「自我」的信心基礎，認為以「自我」為主宰，便是把握《易》之「乾元」（亦是道統之真宗），或《中庸》所謂「致中和」，如他所說：

> 問《易》乾元、坤元之義？先生曰：《易》之旨備於《中庸》。大哉乾元，萬物資始，即中也者，天下之大本也。至哉坤元，萬物資生，即和也者，天下之達道也。統天、御天、順承天，首出庶物，品物咸亨。主之自我，即致中和而天地位、萬物育也。曰：《西銘》乾父、坤母，同否？曰（汝登）：《西銘》以宗子、家相歸之大君、大臣，自身看來，只是庶官、庶民，聽命處多，主張處少，微有不同。曰：然則如何？曰：乾坤一身而已，無極太極，是稱父母，為天地立心。吾之氣，塞於兩間。民吾肢體，物吾皮毛。大君，吾之元首；大臣，吾之手眼；天下之疲、癃、殘、疾，鰥、寡、孤、獨，皆吾身之痿痹而疾苦也。存，吾晝作；沒，吾夜息也。孟子曰：萬物皆備於我，我外無物也。程子曰：我在天壤間，真是孤立，我無有對也。周子言立極在我，天地、日月、四時，鬼神不能違。[103]

又曰：

> 太極自為太極，今知吾身自有太極矣。昔也。乾元自為乾元，今知吾身即乾元矣。[104]

周汝登特別強調「乾元」和「坤元」和《西銘》的關係，同時拈出「乾元」為「中」的主導原則。張載的《西銘》具有「萬物一體」的思想基礎，鋪展出天人及人間秩序的安排。周汝登認為「吾身自有太極」，而「吾身即乾元」，亦是以「身」指涉「心」，把乾元之道收攝於「心」。

另外，我們可以發現，在哲學思想層面，周汝登甚重「調心」。他把「心」視為廣大無垠的包容之體，衝破三教藩籬，並提供一個跨越各種名言差異的正當性。可是一旦回歸到現實社會實踐面時，他卻十分看重所謂的「職業功能本位」的問題。例如，他指出「宰官身、居士身、比丘身，各各隨緣，不相混濫」[105]，〈新安會語〉記：

> 有友問：儒生有深信佛法出家者如何？先生曰：此等毋論，儒道不許，即佛法未之許也。佛原

102 鄒元標亦持類似的看法，曰：「昔有友欲折三教者，余曰：虛空之中，何所不有。各自為宗，虛不可割也。又有友欲合三教者，余曰：天下之道，原貞夫一，一分為三，三歸於一，此自然之理，太虛原自合也。」〈聖學象教圖序〉，《願學集》卷四，《景印文淵閣四庫全書》第一二九四冊，頁一〇九。

103 周汝登，〈武林會語〉，《東越證學錄》卷三，頁一八五—一八六。

104 周汝登，〈武林會語〉，《東越證學錄》卷三，頁一八七。

105 周汝登，〈新安會語〉，《周海門先生文錄》卷三，《四庫全書存目叢書．集部．別集類》第一六五冊，頁二〇七。

> 說治生產業不相違背，宰官身、居士身、比丘身，各各隨緣，不相混濫，此如來之教也。《壇經》言若欲修行，在家亦得。故其偈云：恩則孝養父母，義則上下相憐，心平何勞持戒，行直何用修，此祖師之教也。大慧言學道，就從塵勞中打出，不須毀形易姓，棄妻子滅宗祀，作名教中罪人。佛不教人如此，此大善知識之教也。然則必欲出家，豈真知佛教者哉。凡一切做作，棄此就彼，俱是取捨心、奇特心。此心調伏消化不去，更說其皈依佛法，凡此皆是初入門時導師所誤，故師承不可不審慎之哉。」[106]

周汝登認同於「學問無他，素位而已」的觀念，以為「出仕者以官常為職業，習舉者以文課為職業，布衣之士亦隨常有當盡之事，俱是職業。各從本等樸實修舉，盡分安心不生妄想，便是實學。」[107]簡單而言，只要在自己工作崗位上盡心便可安，不必強求居士為比丘，抑或比丘為居士。所謂的「居士」、「比丘」、「宰官」也是命名之異而已。他警覺於「所說之法本無異同，而所見之身不須混濫」[108]，把作為思想的三教，以及作為社會身分的標誌嚴格區別，避免後來的人把「道學」和「禪學」混為一談。然而周汝登作為朝廷官員兼道學家的身分，他的學說一直被抨擊為禪學，究竟禪門中人又如何看待他的學問呢？

> 問：周海門相會否？師曰：嘗會。曰：他是道學耶？禪宗耶？師曰：道學。曰：恁麼則不合也？師曰：在天則天，在人而人。[109]

以上為湛然圓澄與學生簡短的對話，可知湛然圓澄把周汝登視為一名「道學家」而非「禪學者」。這也說明了，在禪門當中也清楚認知，儒者可學禪，禪者可學儒，但不一定就要從儒者變成禪者，或從禪者變成儒者。「在天則天，在人而人」這句話，也與周汝登「素位」觀念不謀而合。而「素位」乃和個人「因緣」息息相關，如周汝登曰：「因緣在釋，則守釋之戒，不食肉、不飲酒、不茹葷，不可言孰重而孰輕，孰可犯而孰不可犯也。因緣在儒，則守儒之教，不近庖廚，不為酒困，齋必變食，不必捨儒而徇釋，亦不必處釋以病儒也。故戒者心戒，不求諸心，而以罪福感應為言，小乘之見解，去至道遠矣。」[110]這樣的思考方式，致使他面對棘手的出世法與世間法，也採取「不二」的角度思考。以下這兩句話便是最好的注腳：

人是世間法，即是出世法。是玄學，即是聖學。足下發揮時文中妙義，正須今日體驗。近世文自文、政自政、我自我，分作兩三截。此俗學之弊，宜透脫不落此窠窟，方成一大人品也。[111]

106 同上注。
107 周汝登，〈修職業〉，《東越證學錄》卷六，頁四五二。
108 周汝登，〈渭水仙舟冊序〉，《東越證學錄》卷六，頁五二三。
109 湛然圓澄，《湛然圓澄禪師語錄》，《卍續藏經》第一二七冊，頁二三〇。
110 周汝登，〈郯中會語〉，《周海門先生文錄》卷三，《四庫全書存目叢書．集部．別集類》第一六五冊，頁一九八。
111 周汝登，〈與喻中鄉〉，《周海門先生文錄》卷十，《四庫全書存目叢書．集部．別集類》第一六五冊，頁三五九。

出世須知即世間，那分朝市與雲山，隨緣莫問逢誰話，終日無心長自閑。[112]

在周汝登與友人的對談當中，可發現當時儒者極關心因「舉業」所衍生出來的種種問題。比如舉業會否妨道與奪志的問題，另外則是如以上所謂「素位安分」這樣一種職業本位與倫理的課題。針對「溺舉業奪志」[113]的問題，周汝登則採以另一個角度來看待，他認為「舉業即是德業」，只要各素其位，各安其心即好，因此說道：「吾人各安其遇，見在為士，則當素士之位而行，不可復萌出位之想。」[114]吳震曾舉出王畿很早便關注「業」與「道」，以及「業」與「學」的關係。按其所言，王畿乃繼承王陽明「四民異業同道」的觀點，繼而提出「素位而行」的想法，並指出「業」和「道」、「學」並不相悖。因此後來在陽明後學的講學活動當中，「各安其分」、「各勤其業」、「隨緣涉世」、「各遇而安」等觀念，便成為講學的主要內容之一[115]。

誠如吳震所指出，無論是王陽明或王畿，乃是建立在良知是「性分所固有」的前提上，而周汝登則從「一心之法」中立論，認為只要認知到一心之同，在各自本位上調心，即可達道成學。由此可知，「此心」已成為周汝登的最高指道原則，所以他才會說：「學問之道不必他求，各各在當人之心。千聖相傳，只傳此心而已。」[116]周汝登對「心」的廣大與歸一的看法，其實受到陸九淵及其弟子楊簡的影響，其曰：

蠡測[117]曰：象山言本心，所謂管歸一路。晦翁曰：陸子靜之學，只管說一個心，本來是好底物事，上面著不得一個字，只是人被私欲遮了。若識得一個心了，萬法流出，更都無許多事。他卻是實見得個道理恁地，所以不怕天、不怕地，一向胡叫胡喊。觀晦翁之言，句句說著。夫心外更有何物，心外更有何事哉！孟子而後，要個能不怕，能叫喊者，陸子一人而已。[118]

蠡測曰：古今論學之言，撒手懸崖，無絲毫粘掛，道人所不敢道，蓋惟慈湖一人而已。誦其言，真自痛快。末後數條，自信無前。摘抉前哲，如禪門中所謂喝佛罵祖，是真學佛祖者，尤難與拘攣者道也。[119]

112 周汝登，〈正唐詩一十五首〉，《周海門先生文錄》卷十二，《四庫全書存目叢書．集部．別集類》第一六五冊，頁三八〇。
113 周汝登，〈題一脈關情卷〉，《東越證學錄》卷九，頁七五五。
114 周汝登，〈剡中會語〉，《東越證學錄》卷五，頁三三八。
115 吳震，〈陽明後學與講學運動〉，《陽明後學研究》第九章（上海：人民出版社，二〇〇三），頁四三一。
116 周汝登，〈新安會語〉，《周海門先生文錄》卷三，《四庫全書存目叢書．集部．別集類》第一六五冊，頁二〇一。
117 在《聖學宗傳》，除錄有人物的生平與語錄以外，周汝登時會對人物言論作出回應，其評點意見多以「蠡測」一語標出。
118 周汝登，〈陸象山〉，《聖學宗傳》卷十，頁七六一。
119 周汝登，〈楊簡〉，《聖學宗傳》卷十一，頁八六六。

由此可見，周汝登從朱陸二人對心的理解有所反省，其認為陸九淵的「心」，缺乏了一種形上原則的引導，而朱熹雖然對「心」多有解析，但又教人格物，導致「心外有物」的弊病。反之，他對楊簡自信其心頗為欣賞，可知周汝登以一心為萬法，首要必先自信其心。

第三節　宗譜意識與君師道

一、傳心道統譜系的建構

周汝登、楊起元和管志道，曾被當代學者歸類為「會通派」。而一般學者認為主張會通的學者，師道觀念較為薄弱，這連帶也將使儒家的道統地位受到影響。倘若把管志道視為君師道合一者，而楊起元則為君師道的折衷派，那要從周汝登的無分合論的三教觀念，來說明他同樣以「一心」去看待聖人與君主之道，其中要論證的層面顯然複雜得多了。誠然，我們亦可發現管志道重「位」、楊起元重「德」，周汝登卻是強調「心」，而最能代表周汝登的道統觀念的《聖學宗傳》一書，是一部「傳心道統錄」。鄒元標在〈聖學宗傳序〉就寫道：

名曰《聖學宗傳》，蓋其意曰：帝之與王，聖之與賢；隱之與顯，微之與彰。雖異位而人同，人同而此心同，此心同通之千百萬也。[120]

無論從社會上的職業而言，抑或是在不同的政治權位，周汝登似乎是把「心」看作是「萬能匙」。對他而言，他並沒有如管志道般對階層秩序有所執著，或認為王艮以師道自任已經形成以師道抗衡君道的做法。這不能說周汝登對身分階層的權力意識較不敏感，只能說周汝登更在意的，是學術思想裡頭的「宗派」問題，或可喻之為「宗譜意識」。像鄒元標亦曾叩問：「沔彼流水，朝宗於海，海水之宗也。子孫枝葉繁碩，有大宗，有小宗，而後其統系不淆，謂道有宗乎？」[121]鄒元標指出的「大宗」與「小宗」都在強調學術須有「宗主」，意味著「學有宗，道有統」，方能讓人信服。

前文曾提及魏偉森的看法，他認為《聖學宗傳》不只是一部有關儒家傳統的選集，而作者也有意提供一套正確的「道」的承傳方式。魏偉森曾經針對不同儒者的不同「選集」，分析歸納出四點看法，或可作為我們的檢視標準：第一、他認為有關儒家選集的編纂始於南宋，並一直延續至清代，它提供了歷史分析的文本；第二、這些選集讓我們得以了解，從宋以來的儒者如何了解儒家的傳統，並且通過對某些儒家人物的「傳記」與「記言」的篩選，可一窺它們如何符合「道」標準；第三、通過儒者們對秩序的制定與工夫實踐，讓我們看見重構後的「傳統」面貌；第四、不同選集

120 鄒元標，〈聖學宗傳序〉，《願學集》卷四，《景印文淵閣四庫全書》第一二九四冊，頁一〇八。
121 鄒元標，〈宗儒語略序〉，《願學集》卷四，《景印文淵閣四庫全書》第一二九四冊，頁一一三。

具有不同的前提與假設，可供後人辨明重新詮釋傳統所可能出現的矛盾[122]。總括而言，這些選集最主要的目的是在確認「宗派」與「嫡派」，有關一個學派的「正統教義」以及「道的嫡傳」，也即是所謂「道統」的奠定[123]。這種經過有意識篩選的選集裡頭所呈現的道統，已非只是一種對「道」的傳播的責任承擔，在一種「系譜化」情況底下，那些被選擇的「話語」，無疑透露了編者背後的意圖與心思。

周汝登注重宗派問題，因此可以理解為何他對維護陽明師門表現得很落力，編輯《王門宗旨》與《聖學宗傳》也旨在構造一個王門學說的道統系譜。周汝登甚至把學問的傳承，用父傳子、子承父方式來說明，彷彿在形塑一種追宗認祖的「宗族學術」觀念，鼓吹師門的真嫡傳人，如他在〈南臯鄒先生語義合編序〉曰：「聖人真脈相傳，即陽明子所謂認祖宗之滴骨血，雖經千百載，猶能滲入。」[124]又曾曰：

> 我越陽明子崛起群聖之後，首倡致良知之旨，祖洙泗而父濂洛，源流不爽。其言曰：吾所示良知，乃認祖父之滴骨血也。斯不益信矣乎？嗣陽明者，則吾師龍溪，夫子曰：我是師門一唯參，又曰：師門致良知三字，誰人不聞，惟我信得及。蓋當時及陽明之門者，不知凡幾，而稱嫡骨子者，惟師一人。師之道近且彌久，彌尊為天下宗。然畢竟宜有所付託嗣師者，又誰歸乎？宗谿兄者，師之季嗣也。[125]

學若無師承，則學乃不「正」，此正是強調師門與宗派的關係。從《聖學宗傳》裡被歸納的人物而言，基本上有兩個很顯著的特點，一是自信本心，二則是信得及良知，構成了人物之間的思想關聯。亦可看見這兩個觀念，如何隨著時代的變遷被賦予不同的詮釋。周汝登通過對人物生平與其語錄的揀選，演繹出所謂的「道」是如何被承傳，逐漸發展成一套有關「道統譜系」的認知。而在決定誰握有道統這問題上，是否像管志道般把匹夫與天子放在一個競爭的位置上？管志道對那些「師心自用」[126]的儒者深感不滿，認為他們動輒宣稱掌握了「萬世」的道統，導致「**匹夫有道統，而天子無道統**」[127]，這些倡狂的心態，恐危脅到階層秩序的穩定性。因此在周汝登的道統系譜當中，他如何看待「師」與「師道」，便值得關注。有趣的是，周汝登是強調貫徹「友道」的儒者，曾說

---

122 Thomas A. Wilson, *Genealogy of the Way: The Construction and Uses of the Confucian Tradition in Late Imperial China*, p. 6.

123 Thomas A.Wilson, *Genealogy of the Way: The Construction and Uses of the Confucian Tradition in Late Imperial China*, p. 9.

124 鄒元標，〈序〉，《南皐鄒先生語義合編》，《續修四庫全書．子部儒家類》第九四二冊，頁一三〇。

125 周汝登，〈司馬大夫宗溪王公壽言〉，《周海門先生文錄》卷七，《四庫全書存目叢書．集部．別集類》第一六五冊，頁二八四。

126 管志道，〈追求國學鄉學社學家塾本來正額以訂書院旁議〉，《從先維俗議》卷二，《四庫全書存目叢書．子部．雜家類》第八八冊，頁二九二。

127 管志道，〈追求國學鄉學社學家塾本來正額以訂書院旁議〉，《從先維俗議》卷二，《四庫全書存目叢書．子部．雜家類》第八八冊，頁二九四。

出「我貫始終友道之至也。世有真朋友，而後見真學」[128]肺腑的話，朋友在他學習過程中占了十分重要的位置，導致他不認為「師」一定是比「友」更具有權威地位。縱然如此，我們也知周汝登是積極復興「社學」的有力提倡者之一。對他而言，「教職有師道，與其他稗官不同」[129]，仍說明了他賦予「師」這個職業特殊的意義。周汝登曾曰：

職師儒者，體尚尊嚴，功收坐鎮，是故先行而後藝，重品而輕能，何也？師之職以造士也。師於士，如金之範，如器之型，惟行修品卓，取其可以漸摩涵育而已。是故有澹然無欲之趣，則可使士知廉；有介然不狗之槩，則可使士知節；有懇懇然不欺之實，則可使士知誠。夫惟此三行之不虧，則足以列於師儒之林。[130]

自嘉靖末年，社學一度廢弛，鑑於「各家弟子，多不務為對句攻書而學抄狀詞；多不習為灑掃應對而談什一興販，養就刁頑之氣習，成悍訟之風」[131]，周汝登決定在泰州安豐場恢復社學以「崇風教事」，並要求學行兼優者為師。也特別擬出「社學教規」[132]，於教規中羅列了許多項規則，其中包括遴選社師與學生的準則、社師的薪資、學校的維修費用以及所須備有的教材等等。他也特別提出必須教授《聖祖六諭》，以期能達到興教化移風俗的目的[133]。許多晚明儒者都曾投入地方社學的規劃工作，楊起元也曾經指說，社師「專以教化為事，擇儒生之醇謹，有行義者，使往各社而為之師，講授聖諭六言。」[134]可知《聖祖六諭》已然成為偏僻鄉區重要的道德教育範本。周汝登就認為《六論》內容當已具儒佛二者的道理，故不須再向佛理求[135]。除了《六論》以外，管志道也曾指出有必要熟讀明太祖的《教民榜文》、《大誥》與《大明律》等書[136]。管志道曾抨擊書院講學的氾濫，但他個人不否定共聯聚論學，只是認為不必濫書院之額。基本上，他也認同民間社學之師扮演了教習職責，對地方的教化有著舉足輕重的角色。

對周汝登而言，欲恢復社學之志，關鍵人物在於「師」的職責。因此社師必須以品德教人，是為「造士」，並具有「典範」與「模仿」的效用。與此同時，不能過於著重於「藝能」，以免培養

128 周汝登，〈三一窩冊序〉，《東越證學錄》卷七，頁五六三。

129 周汝登，〈先府君行狀〉，《周海門先生文錄》卷八，《四庫全書存目叢書．集部．別集類》第一六五冊，頁三〇〇。

130 周汝登，〈贈司訓誠軒趙公擢德府〉，《周海門先生文錄》卷七，《四庫全書存目叢書．集部．別集類》第一六五冊，頁二八七。

131 周汝登，〈建社學文移〉，《東越證學錄》卷十三，頁一〇一六。

132 周汝登，〈社學教規〉，《東越證學錄》卷十三，頁一〇一七。

133 Sarah Schneewind曾指出，雖然社學是實行道德教育的重要場所，但它也是明代官員試圖控制地方民眾的一種手段。這是因為地方社學必須向中央教育單位呈報社師的全名，以及就讀的學生的名字與人數等。詳論見 *Community Schools and the State in Ming China*, (California: Stanford University Press, 2006), pp. 99-100.

134 楊起元，〈迂語〉，《太史楊復所先生證學編》卷四，《續修四庫全書存目叢書．集部．別集類》第一六七冊，頁四七九。

135 周汝登，〈題明親社規〉，《東越證學錄》卷九，頁七六三。

136 管志道，〈御制大誥大明律議〉，《從先維俗議》卷二，《四庫全書存目叢書．子部．雜家類》第八八冊，頁二九八。

出浮誇的士人，故曾曰：「以藝能論儒職，藝能猶非儒職之所先。」周汝登提出對「師」最基本的要求，是希望社師的品德能涵育莘莘學子。從這裡我們不難發現，周汝登對「師」的認知，較多是置於師門與宗派底下的意義，認為「師」必須知道如何傳授正確的知識。反而是比較少論及管志道或楊起元所關注的「道權」或「教化權」，而這兩項也往往是「道德權威」的合法來源。換句話說，周汝登是從「職業功能」而非「職業倫理」的層面，來審視「師」的角色的功能與意義。

二、帝王之治與君師道

楊起元曾寫信給周汝登曰：「高皇御制文集，手自謄釋乃見千百年道統集於高皇。其前後諸儒種種論說，皆難為言矣。今不自量其力之小，摘而章分之位，明一經刻之敝，署脫稿十篇。」[137]但我們在周汝登的集子中，卻沒有看見他對高皇掌握道統的回應。他也不像一般泰州人喜歡以道統者自居，溯其原因，與他較為獨特的「三教合一」觀實是有緊密關係。周汝登的「合一」論，實際上即是「無分合論」。這出自於他的「各具」和「統體」不二的觀念，並以「一心」為思想基礎。回歸到道統與治統的問題，周汝登明顯的不著眼於「權位」抑或「德行」這兩個先決條件，他乃是從「吾心」角度出發。周汝登沒有很直接說出，他對師道與君道的看法，可是在《聖學宗傳》裡，他如何整理、摘錄他人的言論，也可作為窺探他的治道觀的「間接證據」。如他著錄朱熹弟子蔡沉（一一六七—一二三〇）作書集傳之序，道出了自己對帝王之道的看法，該序曰：

帝王之治本於道，帝王之道本於心。得其心則治與道固可得而言矣。何者？精一執中，堯、舜、禹相傳之心法也。曰德、曰仁、曰敬、曰誠，言雖殊而理則一，無非所以明此心之妙也。至於言天則嚴其心之所自出，言民則謹其心之所由。施禮樂教化，心之法也；典章文物，心之著也，家齊國治而天下平，心之推也，二帝三王，存此心者也。[138]

〈箕子〉蠡測曰：

皇極，即太極之謂，錫極者，愚夫愚婦，可以與能也。《洪範》與《易》皆備言天下之事物，以明宇宙間無一事一物不在吾心之中，亦無一事一物足為吾心之礙。二書之旨，一而已矣。[139]

周汝登認為政治與道德權威的建立，乃訴諸於一己之「心」，表現出是一個更廣闊卻縹緲的普遍準則。也即是說，聖人與天子的心，聖人與凡人的心都是沒有差異的。因此當世人把王道的合法

137 楊起元，〈周海門〉，《續時刻楊復所先生家藏文集》卷七，《續修四庫全書存目叢書．集部．別集類》第一六七冊，頁三二七。

138 周汝登，〈蔡沉〉，《聖學宗傳》卷十，頁七八八—七八九。

139 周汝登，〈箕子〉，《聖學宗傳》卷二，頁一五四—一五五。

性賦予三代之治，周汝登卻以為此王道見之在心，不必全屬三代時事。他認為所謂的「王道」即在「忠信」二字，故言：「忠信施於家，則家人孚，則王道在一家。忠信施於邑，則邑人孚，則王道在一邑。忠信施於郡國天下，則郡國天下之人孚，而王道在郡國天下。」[140]可知他不把「王道」視為一種具有某種合法性內容的權力，反之將它收攝於心，而此心所顯現的王道即是忠孝，它可以在家、邑或群國天下產生作用，故其又言「率帝臣王佐之典刑，守尼山之家法，以畢陽明未竟之用，為千古一快。」[141]

小結

如果說王畿是良知信仰的堅者，周汝登即是自信本心的信仰者。受到陸九淵與楊簡，以及佛教思維的影響，周汝登秉持「心生萬法」的觀念，把一些外在的事物都看成是內心的呈現，認為「吾心」自然而然能產生道德與規範價值。而源自於「一心」，他試圖破除三教之間的「分合」，並以「各具」和「統體」之間的原則規範，來說明三教實出自「一體」，故無分合可言。但此無分合的狀態，實際上乃立基於一個更高的心本體的哲學意義而言。相反的，周汝登鮮少著墨於三教的實踐功能，這點和楊起元的務實做法不同。此外，他沒有如管志道般特別執著於三教的詮釋權，對於治道與道統之間的關係，它只說明權威的來源乃取自內在的「心」，並不試圖去檢驗權威來源的合法性，是否可調解治道與道統之間的競爭性，頗可再議。但從其編輯《王學宗旨》與《聖學宗傳》的動機而言，他倒是有意為陽明學在當時學術地位上爭取得宗派地位，顯示他對朱子後學蠢蠢欲動的復興勢力更為擔憂。另外，周汝登予人印象最為深刻的恐是他在不同職業上所採取「素位安分」的觀念，強調「本位」與「本分」的觀念有助於體制穩定的持續性，這也許就能解釋何以荒木見悟認為他是一個保守的正統思想家。

140 周汝登，〈贈別駕繼泉徐公還郡序〉，《周海門先生文錄》卷七，《四庫全書存目叢書・集部・別集類》第一六五冊，頁二九〇。

141 周汝登，〈天真講學圖序贈紫亭甘公〉，《東越證學錄》卷七，頁五三四。

第六章
結論

在晚明時期，學術界所面對的兩大思想競爭，一是朱王後學的較勁，二是三教思想勢力的消長，處於這樣一種多元氛圍裡頭，如何面對自我的儒者身分與知識資源的揀選與吸收，無疑是值得關注的。而晚明儒者如陽明後學社群，尤其是泰州學者或和其親近的學人，一般予人狂禪的形象，或被視為王學末流的禍首。誠然，出入三教已成為他們最主要的特徵，可是學界似乎較少回到他們的三教論述，檢視論述的立論點以及論據，同時追溯「三教話語」的形成過程。換句話說，他們到底試圖通過三教合一論述傳達怎樣一種訊息？這些論述到底包含怎樣的問題意識？在思辯著怎樣的課題？這也是為何我認為重構「三教合一」問題意識，是最能夠具體把握論述的「內在動力」和「思想立場」，並進一步追問這些動力的來源基礎。管志道、楊起元與周汝登，在中文學界的相關研究仍有很大的開拓空間，加上目前針對陽明學或泰州一脈的研究受到既定研究框架的拘限，導致他們的身影與思想不容易被看見[1]。因此重新把「三教合一」問題化，用更寬廣的思想史視野來加以解釋，或許可以發現一些被遮蔽或被忽略的命題，扼要而言，有以下幾點：

（一）三教思維邏輯中的圓融與規範意識

本書並非著重於分析與歸納晚明儒者的「三教合一」模式，而是梳理晚明儒者，特別是王陽明以及其後學對「三教」和「合一」的認知觀念，並從思想歷史脈絡檢視不同合一觀的立論基礎所產生的爭議。經由此，我們除了可以了解儒者對「合一」判準的多元認知，特別是針對如何合一或合流的分歧，提供我們回應時下對syncretism的看法，究竟是屬於調和、折衷或合流之意，而其和「合一」的邊界分際究竟該如何拿捏。我們亦可發現，這些觀念認知分歧背後所涉及的，是個人對三種不同思想的價值與功能，產生認知與詮釋上的差異。雖然大多數儒者認同三教之間具有互補作用，可是他們也認為三者仍發揮其獨立價值功能。其次，不少儒者在援引佛道時，已具嚴辨儒佛的思想自覺[2]，他們進一步思考的是有關三教思想的「邊界」問題，這些邊界往往具有必要遵守的規範與倫理意識，以避免三教合流「越界」之餘，違反自身的思想與身分立場。這也說明管志道等人認為三教思想可互相融合，可是各自在社會崗位上的責任擔當卻不容混淆。

例如晚明儒佛會通最大的爭議，是不少儒者認為出家乃是棄絕人倫的行為，對家庭和社會道德秩序有深刻的影響。所以後來主張三教合一的學者，特別強調合中之「別」，謹守不同儒者身分和思想立場的責任邊界，如周汝登所說：「宰官身、居士身、比丘身，各各隨緣，不相混濫」[3]；管

---

1 請參拙作的討論，〈回到思想胎盤？——論思想史研究的主體思想〉，《中國思想文化史研究的新視野》（北京：中華書局，二〇一五），頁一九八—二一二。

2 林月惠曾一針見血指出「探究理學家對佛道思想與工夫的吸納，其重點應在於理學家如何把佛道思想與工夫予以儒家式的轉化或創造性的詮釋。畢竟，理學家的儒家自我認同與嚴辨儒釋的思想自覺，從未混淆過，龍溪亦然。故宋明理學家與佛道思想與工夫的交涉，仍有其主從之分。」參〈本體與工夫合一：陽明學的展開與轉折〉，《中國文哲研究集刊》第二六期，二〇〇五年三月，頁三八四。

3 周汝登，〈新安會語〉，《周海門先生文錄》卷三，《四庫全書存目叢書．集部．別集類》第一六五冊，頁二〇七。

志道也不時強調說：「釋氏以出世為教體，必不使比丘畜妻子以從俗；孔子以經世為教體，必不使儒流棄妻子以從僧，此便是方也。方中有圓，自不待言」[4]，要人相信教體「即圓即方」，在三教合流中秉守「以方判教體」的原則，又以「孔矩」為訓。這一些都凸顯鮮明的「身分醒覺」與「主體意識」，顯示在援用三教資源問題上，不是毫無規範或判準。於是，無論是從合一概念、合一的範圍，又或合一的原則性問題上，如何確立規範意識，反思圓融性等問題，開始進入晚明儒者的視野，但類似的思維邏輯較少為當今學者所注意。

（二）君道與師道的統合關係

管志道提出三教的根源來自《易》之「乾元」，除了是為了抑制儒者對佛道出世法的過度迷信，以其作為可收攝佛道的基礎，建立一套「儒家的出世法」[5]。不過在另一方面，「乾元」又成為君主政治權力與道德權威建構的哲學理論。由此可知，「乾元」一方面作為宇宙本體，一方面又是三教合一思想的收攝基礎，藉此推展君師道合的思想。這顯然呈現兩種迴然不同的形態：其一方面吸收佛道來重構能包容佛道的儒家思想體系；而另一方面，拈出明太祖三教政策的正當性，並進一步確立三教和君師分合相關聯的內在關係。管志道所呈現的二重思想個性，不時形成張力和頡頏的情勢，例如其主要學旨「群龍无首」，本有破除獨尊一師的要義，使三教聖人能處於平等的地位。此外，援入華嚴之義，亦旨在說明無論以哪一教義為門徑，皆可通往真理之路。但解決了三教對真理壟斷權的爭論，管志道卻轉而從三代的歷史經驗，來肯定和確立天子統合三教和君師權的合法性，把教化權收攝到政治權力的範圍，似有意制止民間逐日擴張的道統意識。

管志道的「君師道合」思想，具有鞏固君道的意圖，並旨在批判泰州學者鼓吹的「師道觀」與「見龍意識」。他提出「群龍旡首」，乃針對王艮「萬世師」的觀念。王艮的「大成學」教人印證「隨言隨悟隨時，只此心中便是聖說，此與人便是師」[6]，使人自信可成為「道」的承擔者。不僅如此，王艮的大成學對師道復興有很大的推動力，不少布衣學者自證自得，積極參與中央政府事務。對管志道而言，那已是踰越布衣階層的「本位」和「本分」，會影響階層秩序的穩定。因此，他呼籲應

4 管志道，〈答吳縣令君又損袁父母書〉，《惕若齋集》卷二，頁五一。

5 晚明儒者因應佛道挑戰的方法，其實是在一種即抵抗又相容狀態中進行。不約而同的，他們都試圖從孔子與孟子思想裡尋求對應的資源，像管志道的「乾元」，是三教的根源，也是儒家的生死根本，如此而言，「乾元」也即是儒家的出世法。楊起元談佛教的「悟」即孟子的「著察」，而「孝」即含有與神明感應與溝通能力，這一切莫不顯示要能從內部增加人們對孔孟思想的信心，以能解決當時許多儒者認為相比於儒家，佛道更能提供他們解決性命窒礙的資源。這也是為何周汝登不再認為辨別異端是首要解決的問題，這裡反映出晚明儒者對儒釋道之間可以互通的價值已具備更多的理解基礎。

6 王艮，〈雜著〉，《王心齋全集》卷四，頁八。對於王艮以師道自居受到別人的質疑，王棟曾替其師辯護說：「問遺錄出入為師之說，曰：先師此說，本無可疑。出則必為帝者師，言人不可輕出，必君相信之，果有尊師其道之意，方可言出，否則恐有辱身之悔，非止至善之道也。處則必為天下萬世師，言當以興起斯文為己任，講學明道以淑斯人，惹息交絕遊徒為無用之隱，非大人不襲時位之學也。」王棟，〈會語正集〉，《王一庵先生遺集》卷一，頁一一。

效法「潛龍」與「惕龍」的姿態，實行中庸遯世之道。鄒元標曾指出：「泰州以師道提衡君道」[7]，「提衡」二字，就具有「抗衡」的意思，可見明中葉以後泰州內部師道觀念的高昂氣勢，對於復興師道，態度公開，姿態很高。

相較於管志道關注三教的詮釋權競爭和權力意識，楊起元乃扣緊倫理，從《孝經》發揮孝感的宗教性內涵，使孝論一方面可發揮綱常秩序的作用，另一方面也具天人感應的神秘色彩。此外，通過忠孝二者可相互轉換價值意義上，進一步推動「忠孝」成為一種公共意識，把忠孝價值從個人領域推進公共領域。楊起元最讓後人質疑的是，他不僅大量注釋和評說佛道典藉，同時刊刻明太祖的《訓行錄》，在評注中表明認同明太祖的三教政策，且多溢美之言。雖然楊起元有意借助明太祖的三教觀點，反駁佛道遺失倫理與不可治天下的指責，還認為明太祖集君師於一身，統合了治統和道統。尤其是提出「德統君師」的觀念，認為必須在「德位相輔」的條件底下，才能建立一個「統紀合一，法度可明」的皇極世界。由此可知其極重視統一的制度規範，但須指出的是，「德」是作為制度規範主要的思想內涵。

至於周汝登對君道與師道態度則較迂迴，雖然以「一心」打破三教之間的壁壘。在面對佛道，周汝登一再強調沒有分合可言，採取一種普遍主義的視角來看待三教的「心」。他認為佛道的心所反映出來的樣子，其實與儒家的心便沒有兩樣。對他而言，孔心即是佛心。這樣的想法，乃是以「萬物統體」為思想基礎。甚至是帝王與聖賢，或聖賢與凡人之間的差異，亦可通過「此心」來破除差別。從《聖學宗傳》個別人物的語錄，也可知其認為治道與道統的權威來源本於心。他對明太祖的態度，可從他對楊起元《訓行錄》[8]出版的認同，把握他的君師道合的看法。有意思的是，從他「素位安分」的觀念，說明他注重階層本位，謹守隸屬於社會階層「職業身分」的倫理規範。可知在試圖拆掉三教藩籬時，職業倫理規範並沒有一併被拆除。

（三）制衡師道與世俗化的保守力量

經由管志道、楊起元與周汝登三教合一論述的重構與比較，除了可知「合一」可視為遏制儒者對佛家出世法過度迷信的策略以外，比較重要的是，在他們的論述裡，呈現出顯著的「政教化」傾向。在這個問題脈絡底下，「三教合一」比較脫離「宗教思想」對應「哲學思想」這樣一種關係。相反的，三教之間與政治權力（君道）與道德權威（師道）的建構產生了緊密的內在邏輯關係。這內在邏輯關係的來源，源自於晚明儒者對明太祖三教政策與《聖祖六諭》的「追憶」[9]與「認

7 鄒元標，〈別文臺先生序〉，《願學集》卷四，《景印文淵閣四庫全書》第一二九四冊，頁一五〇。

8 周汝登，〈答楊太史復所年丈〉，《周海門先生文錄》卷十，《四庫全書存目叢書．集部．別集類》第一六五冊，頁三四三。

9 鄒元標曰：「憶自有元以來，教化廢弛，大道晦而弗彰。賴我聖祖皇統，再整日月，重新為生民立，即堯、舜、禹、湯，當為揖讓。仁孝衛道之訓，炳若日星。萬物並育而不相害，道並行而不相悖。」〈正學書院記〉，《願學集》卷五上，《景印文淵閣四庫全書》第一二九四冊，頁一九一。

可」[10]，這也意味著管志道等人認同於把政治權力與道德倫理統合在國家體制，使君主取得更大的統治與教化的權力。這種想法如果出現在高度受到中央控制的明初政治環境底下，一點也不會讓人驚訝，可是它偏偏出現在地方勢力興起，民間展現多元與蓬勃思想與文化力量的晚明社會，像余英時曾提及「十六世紀以後，部分地由於陽明學（或王學）的影響，仍然有不少的士人關懷著合理秩序的重建，但是他們的實踐方向已從朝廷轉移到社會」[11]，究竟要如何理解？這種信仰著體制穩定與階層秩序的保守力量，顯示他們並沒有完全轉移對朝廷的目光，特別是這種想法，出現在較勇於衝破政治和社會規範，並以「異端」聞名的泰州一脈，或與之有密切論學關係的學者當中，就別具探討意義。

明初的三教政策，乃是從上而下實施的官方政策，它是出於明太祖作為一個「政治家」的統治手段。但從管志道等人身上，可發現作為「思想家」的「政治理想」，竟然和明太祖的想法高度契合，甚至是三教合一論述的問題意識，也加強君道的力量，這無疑衝擊了我們對晚明師道復興抑或是世俗化的想像。特別是在三教合一論述裡，牽涉到究竟誰為「師」，「師道」價值如何體現的問題；另外則是有關誰可掌握「道統」，道統的權力是什麼，以及道統與治統如何競爭而取得合法性與正當性等複雜問題，暴露了晚明出現制衡師道與世俗化的保守力量。管志道、楊起元與周汝登，三人作為維護「體制穩定」與「學說正統」的政府官員，在在表現出一種即保守又激進的二重個性。他們與民間布衣學者，往往在道統掌握權問題上，呈現隱或顯的緊張與衝突關係。不過也許仍須區別的是，作為「思想家」的「政教合一」的政治文化理想，與作為「政治家」的政治統治手段應還是有所區別。對於思想家或道學家而言，「秩序」與「規範」問題，是他們首要關心的問題，所以不難理解為何管志道十分捍衛「士」階層利益與權益，在退休隱居以後，仍勤於筆耕，提出各種可作為國家制度發展的「藍圖」與「條例」，描繪出其政治與道德理想。可是引發思考的是，在政治上失勢後的聲音，究竟可以產生多大的迴響？這些想法具有怎樣的思想和制度影響？這也說明了儒者在喪失政治地位後，並不消減其政治熱情，反而以文字論述積極介入社會的政治與公共事務。

很明顯的，在晚明的三教合一論述裡，仍然無法脫離長久以來的儒家傳統，對「治統」與「道統」，以及「德」與「位」之間的糾葛。特別是對士大夫而言，自春秋以來，「士」握有道統已為政權所認可，而道統後來也成為限制君權一道有力的防範。但「師」作為教化意義的職業，是否就

10 吳震曾以羅汝芳對《聖諭六條》的支持，認為其在推行通俗化教育之餘，仍必須借助於「官方意識形態」的政治力量，使自己的思想觀點獲得某種權威的形式。因此他認為在羅汝芳的思想意識中，不僅須依靠內心的良知來行事，也必須服從外在的權威，用外在的規範來約束自己。參《羅汝芳評傳》，頁四九八—五〇二。類似的言論又見於吳震另一部著作——《明代知識界講學活動繫年：一五二二—一六〇二》（上海：學林出版社，二〇〇三），頁一八九（注釋部分）。本人則認為，羅汝芳是從「化俗」角度出發，並不像管志道等人，把《聖祖六諭》視為天子扮演君師角色的一部分，把對君道的認同視為一種「先行意識」，而非僅僅只是一種「輔助的權威」而已，同時亦在理論上進一步確立其權威的合法性。平心而論，在羅汝芳身上，仍可見很強的「民間個性」。

11 余英時，〈新版序〉，《士與中國文化》（上海：人民出版社，二〇〇三），頁三。

握有道統，在晚明出現多元的想法。

特別是經師、人師、社師等的劃分，各有不同的職責，但唯有「君師」才被承認握有「師道」。由此可知，前者乃依職業功能而言，後者才屬於文化傳統的繼承者，而具有師道者，才真正具有承傳「道」或文化傳統的合法資格。

由此不難理解，為何必須正視與重新探索晚明所衍生的問題意識，尤其是三教合一論述所牽涉的各種問題，其固然沿襲長時段中思想歷史的發展規律，但又展現出晚明特有的思想與文化形態，以及晚明儒者獨特的憂患與生命情懷，萬萬不可以一句「末流」，遮掩其豐富的思想意涵。

參考文獻

(1) 中文書目

(i) 傳統文獻

丁賓，《丁清惠公遺集》，《四庫禁毀書叢刊．集部》第四四冊（北京：北京出版社，二〇〇〇）。

王守仁，《王陽明全集》（上海：上海古籍出版社，一九九二）。

王艮，《王心齋先生全集》（上海：神州國光社，一九一一）。

王艮，《王心齋全集》（台北：廣文書局，一九八七）。

王艮，《重鐫心齋王先生全集》（美國普林斯頓大學東亞圖書館藏，據日本內閣文庫藏明萬曆四十三年序刊本影印）。

王棟，《王一庵先生遺集》，收錄於《王心齋先生全集》第三冊（上海：神州國光社，一九一一）。

王畿，《王龍溪全集》（台北：華文出版社，一九七〇）。

王畿，《王龍溪語錄》，（台北：廣文書局，一九九三）。

王襞，《王東崖先生遺集》，收錄於《王心齋先生全集》第四冊（上海：神州國光社，一九一二）。

王世貞，《弇山堂別集》（台北：臺灣商務印書館，一九八三）。

王祖畬等纂，《中國方志叢書》，《太倉志州志》（台北：成文出版社，一九七五）。

方以智著，龐朴注釋，《東西均》（北京：中華書局，二〇〇一）。

方祖猷、梁一群、李慶龍等編校整理，《羅汝芳集》（上下冊）（南京：鳳凰出版社，二〇〇七）。

朱子集注，蔣伯潛廣解，《四書讀本》（台北：黎明文化事業公司，一九八九）。

朱元璋，《明太祖御制文集》（台北：臺灣學生書局，一九六六）。

李材，《觀我堂稿》（美國普林斯頓大學東亞圖書館藏，據日本內閣文庫藏明萬曆間愛成堂刊本影印）。

李贄，《續焚書．續焚書》（台北：漢京文化事業有限公司，一九八四）。

李顒著，陳俊民點校，《二曲集》（北京：中華書局，一九九六）。

何心隱著，容肇祖整理，《何心隱集》（北京：中華書局，一九八一）。

吳道南，《吳文恪公文集》，《四庫禁毀叢書刊．集部》第三一冊（北京：北京出版社，二〇〇〇）。

沈佳撰，周駿富輯，《明儒言行錄》（台北：明文書局，一九九一）。

沈德符，《萬曆野獲篇》，《歷代筆記小說．明代筆記小說》（石家莊：河北教育出版社，一九九五）。

沈懋學，《郊居遺稿》，《四庫全書存目叢書．集部．別集類》第一六三冊（濟南：齊魯書社，一九九七）。

谷應泰，《明史紀事本末》（台北：中華書局，一九七七）。

汪縉，《汪子文錄》，《續修四庫全書．集部．別集類》第一四三七冊（上海：上海古籍出版社，一九九五）。

屈大均，《廣東新語》，《筆記小說大觀》第二四冊（台北：新興書局影印，一九八六）。
紀昀，《欽定四庫全書總目》（台北：藝文印書館，一九七九）。
林兆恩，《林子三教正宗統論》，《四庫禁毀書叢刊．子部》，第一七—一九冊（北京：北京出版社，二〇〇〇）。
林春，《林東城文集》（台北國家圖書館藏明嘉靖丙午二十五年孔文谷浙江刊本縮微資料）。
周汝登，《王學宗旨》，《續修四庫全書》第九四二冊（上海：上海古籍出版社，一九九五）。
周汝登，《佛法正輪》，《中國古籍海外珍本叢刊．美國哈佛大學哈佛燕京圖書館藏中文善本彙刊》（桂林：廣西師範大學出版社，二〇〇三）。
周汝登，《周海門先生文錄》，《四庫全書存目叢書．集部．別集類》第一六五冊（台南：莊嚴文化，一九九五）。
周汝登，《東越證學錄》（台北：文海出版社，一九七〇）。
周汝登，《聖學宗傳》（山東：友誼出版社，一九八九）。
周汝登，《類選唐詩助道微機》（臺灣大學圖書館藏，據哈佛大學藏明崇禎間縮微資料）。
周夢秀，《知儒篇》（日本內閣文庫藏明崇禎九年原刊本）。
邵念魯，《思復堂文集碑傳》，收錄於周駿富輯，《明代傳記叢刊》（台北：明文書局，一九九五）。
孫奇逢，《理學宗傳》（台北：藝文印書館，一九六九）。
孫星衍撰，陳抗、盛冬鈴點校，《尚書今古文注疏》（北京：中華書局，二〇〇四）。
姚舜牧，《性理指歸》，《續修四庫全書．子部儒家類》第九四二冊（上海：上海古籍出版社，一九九五）。
胡直，《胡子衡齊》（上海：上海古籍出版社，一九九五）。
唐鶴徵輯，《憲世編》，《續修四庫全書．子部．儒家類》第九四一冊（上海：上海古籍出版社，一九九五）。

郭慶藩輯，《莊子集釋》（台北：華正書局，一九八四）。
徐堅，《初學記》（北京：中華書局，一九六二）。
徐階，《少湖先生文集》，《四庫全書存目叢書．集部．別集類》第八〇冊（濟南：齊魯書社，一九九七）。
耿定向，《耿天臺先生文集》（台北：文海出版社，一九七〇）。
耿定向，《耿天臺先生文集》，《四庫全書存目叢書．集部．別集類》第一三一冊（台南：莊嚴文化，一九九七）。
袁中道著，錢伯城點校，《珂雪齋集》（上海：上海古籍出版社，一九八九）。
袁中道，《珂雪齋外集》，《續修四庫全書．集部別．集類》第一三七五／一三七六冊（上海：上海古籍出版社，一九九五）。
袁宏道，《袁中郎全集》，《四庫全書存目叢書．集部．別集類》第七四冊（濟南：齊魯書社，一九九七）。
袁承業編纂，《明儒王心齋先生弟子師承表》（上海：神州國光社，一九一一）。
袁黃，《袁了凡先生兩行齋集》（台北漢學研究中心藏，據天啓四年嘉興袁氏家刊本微縮資料）。
袁黃，《增訂二三場群書備考》《明大觀堂刊本．子部．類書類》（線裝本）。
高攀龍，《高子遺書》（上海：上海古籍出版社，一九九三）。
陶望齡，《歇庵集》，《續修四庫全書．集部．別集類》第一三六五冊（上海：上海古籍出版社，一九九五）。
陶弘景著，王京州校注，《陶弘景集校注》（上海：上海古籍出版社，二〇〇九）。
莊昶，《定山集．補遺》，《景印文淵閣四庫全書》第一二五四冊（台北：臺灣商務印書館，一九八三）。
過庭訓，《聖學嫡派》，《四庫全書存目叢書．史部．傳記類》第一〇八冊（濟南：齊魯書社，一九九七）。
鄒元標，《南皋鄒先生語義合編》，《續修四庫全書．子部儒家類》第九四二冊（上海：上海古籍出版社，一九九五）。
鄒元標，《願學集》，《景印文淵閣四庫全書》第一二九四冊（台北：臺灣商務印書館，一九八三）。
陳建，《學部通辨》（台北：廣文書局，一九七一）。
陳獻章，《白沙子全集》（台北：河洛圖書出版社，一九七四）。
陳獻章，《陳獻章集》（北京：中華書局，一九八七）。
許孚遠，《敬和堂集》，《四庫全書存目叢書．集部．別集類》第一三六冊（台南：莊嚴文化，一九九七）。
馮從吾，《子墟集》，《景印文淵閣四庫全書》第一二九三冊（台北：臺灣商務印書館，一九八三）。
陸九淵，《陸象山全集》（台北：世界書局，一九六二）。
陸世儀，《思辨錄輯要》，《景印文淵閣四庫全書》第七二四冊（台北：臺灣商務印書館，一九八三）。
陸隴其，《讀朱隨筆》，《景印文淵閣四庫全書．子部．儒家類》第七五二冊（台北：臺灣商務印書館，一九八三）。
章壽彭，《中國方志叢書》，《歸善縣誌》（台北：成文出版社，一九六六）。
黃宗羲，《黃宗羲全集》第八冊《明儒學案》（台北：里仁書局，一九八七）。
黃宗羲，《明文海》（台北：中華書局影印本，一九八七）。
管志道，《周易六龍解》，《無求備齋易經求成》（台北：成文出版社，一九七六）。
管志道，《管子惕若齋集》（台北國家圖書館藏，據日本內閣文庫藏明萬曆二十四年序刊本縮影資料）。
管志道，《管東溟先生文集》（台灣中央研究院中國文哲研究所圖書館藏，據日本尊經閣藏明萬曆刊本影印本）。
管志道，《從先維俗議》，《四庫全書存目叢書．子部．雜家類》第八八冊（台南：莊嚴文化，一九九五）。
管志道，《續問辨牘》，《四庫全書存目叢書．子部．雜家類》第八八冊（台南：莊嚴文化，一九九五）。

管志道，《覺迷蠡測》，《四庫全書存目叢書補編》第九六冊（濟南：齊魯書社，二〇〇一）。
葛洪，《抱朴子內篇》《景印文淵閣四庫全書》第一〇五九冊（台北：臺灣商務印書館，一九八三）。
焦竑，《焦氏筆乘正續》，《筆記小說大觀》第六冊（台北：新興書局影印，一九八七）。
焦竑，李劍雄點校，《澹園集》（北京：中華書局，一九九九）。
程頤、程顥，《二程集》（台北：里仁書局，一九八二）。
紫柏真可，《紫柏尊者全集》，《卍續藏經》第一二六冊（台北：新文豐出版公司，一九九七）。
湯顯祖著，徐朔芳箋校，《湯顯祖詩文集》（上海：上海古籍出版社，一九九二）。
張元忭，《張陽和先生不二齋文選》，《四庫全書存目叢書．集部．別集類》第一五四冊（台南：莊嚴文化，一九九七）。
張廷玉等，《明史》（台北：鼎文書局，一九七五）。
張建業主編，《李贄文集》（北京：社會科學文獻出版社，二〇〇〇）。
張烈撰，陸隴敘評，《王學質疑》（台北：廣文書局，一九八二）。
張載，《張子正蒙．太和篇》（上海：上海古籍出版社，二〇〇〇）。
彭紹昇，《居士傳》，《續修四庫全書．子部．宗教類》第一二八六冊（上海：上海古籍出版社，一九九五）。
彭紹昇撰，張培鋒校注，《居士傳校注》（北京：中華書局，二〇一四）。
湛然圓澄，《湛然圓澄禪師語錄》，《卍續藏經》第一二七冊（台北：新文豐出版公司，一九九七）。
楊起元，《太史楊復所證學篇》，《續修四庫全書存目叢書．子部．雜家類》第七四冊（濟南：齊魯書社，一九九七）。

楊起元，《老子道德經品節》，《無求備齋老子集成初編》（台北：藝文印書館，一九六五）。
楊起元，《孝經引證》，《百部叢書集成．寶顏堂秘笈》（台北：藝文印書館，一九六五）。
楊起元，《楊復所全集》（台灣中央研究院傅斯年圖書館藏，據日本內閣文庫藏明刊本影印）。
楊起元，《續刻楊復所先生家藏文集》，《四庫全書存目叢書．集部．別集類》第一六七冊（濟南：齊魯書社，一九九七）。
楊起元，《諸經品節》，《四庫全書存目叢書．子部．雜家類》第一三〇—一三一冊（台南：莊嚴文化，一九九五）。
楊起元評注，明太祖撰，《訓行錄》（據日本內閣文庫藏明萬曆二十五年序刊本）。
憨山德清，《憨山大師夢遊全集》，《卍續藏經》（台北：新文豐出版公司，一九九七）。
趙貞吉，《趙文肅公集》，《四庫全書存目叢書．集部．別集類》第一〇〇冊（台南：莊嚴文化，一九九五））。
趙南星，《趙忠毅公詩文集》，《四庫禁毀叢書刊．集部》第六八冊（北京：北京出版社，二〇〇〇）。
僧佑譯，《弘明集》（台北：新文豐出版公司，二〇〇一）。
鄧豁渠著，鄧紅校注，《南詢錄》（武漢：理工大學出版社，二〇〇八）。
虞淳熙輯，《虞子集靈節略》，《叢書集成新篇》第二五冊（台北：新文豐出版公司，一九八四）。
劉廷焜，《閩學宗傳》（美國普林斯頓大學東亞圖書館藏，據日本內閣文庫藏明崇禎十年跋刊本影印）。
劉禺生，《世載堂雜憶．嶺南學派述略》，《清代史料筆記叢刊》（北京：中華書局，一九九七）。
劉聲木，《萇楚齋隨筆》（北京：中華書局，一九九八）。
劉紹攽，《衛道篇》，《四庫全書未收書輯刊》（北京：北京出版社，二〇〇〇）。
鄭曉，《端簡鄭公文集》，《北京圖書館古籍珍本叢刊．史部．地理類》第一〇九冊（北京：書目文獻出版社，一九八八）。
顏鈞著，黃宣民點校，《顏鈞集》（北京：中國社會科學出版社，一九九六）。
錢謙益，《牧齋初學集》，《續修四庫全書．集部．別集》第一三八九冊（上海：上海古籍出版社，一九九五）。
鍾惺著，李先耕、崔重慶標校，《隱秀軒集》（上海：上海古籍出版社，一九九二）。
薛侃，《研幾錄》，《續修四庫全書．子部．儒家類》第九三九冊（台南：莊嚴文化，一九九五）。
戴璉璋、吳光主編，《劉宗周全集》（台北：中央研究院中國文哲研究所，一九九七）。
瞿元立，《瞿冏卿集》，《四庫全書存目叢書．集部．別集類》第一八七冊（台南：莊嚴文化，一九九七）。
嚴靈峰，《無求備齋莊子集成續編》（台北：藝文印書館，一九七四）。
嚴思忠修、蔡以常纂，《嵊縣誌》，《中國方志叢書》第一八八號（台北：成文出版社）。
羅汝芳，《盱壇直詮》（台北：廣文書局，一九九六）。
羅汝芳，《羅明德公文集》（美國普林斯頓大學東亞圖書館藏，據日本內閣文庫藏明崇禎五年序刊本影印）。
羅汝芳，《羅近溪先生全集》（台北國家圖書館藏，據明萬曆戊午四十六年劉一焜浙江刊本縮微資料）。
羅汝芳，《羅近溪先生明道錄》（台北：廣文書局，一九九七）。
聶豹，《聶雙江先生文集》，《四庫全書存目叢書．集部．別集類》第七二冊（台南：莊嚴文化，一九九七）。
韓貞，《樂吾韓先生遺稿序》（台北國家圖書館微卷）。
顧炎武，《日知錄》（台北：明倫出版社，一九七九）。
顧憲成撰，馮從吾、高攀龍校，《小心齋箚記》（台北：廣文書局，一九七五）。
釋印光著，張育英校注，《印光法師文鈔（上）》（北京：宗教文化出版社，二〇〇〇）。

釋道宣撰，《廣弘明集》（台北：新文豐出版公司，一九八六）。

（ii）近人著作

小林正美著，王皓月譯，《六朝佛教思想研究》（濟南：齊魯書社，二〇一三）。
孔令宏，《宋明道教思想研究》（北京：宗教文化出版社，二〇〇二）。
方祖猷，《王畿評傳》，《中國思想家評傳叢書》（南京：南京大學出版社，二〇〇一）。
王汎森，《晚明清初思想十論》（上海：復旦大學出版社，二〇〇四）。
王汎森，《中國近代思想與學術的系譜》（台北：聯經出版公司，二〇〇三）。
王紅蕾，《憨山德清與晚明士林》（北京：中國社會科學出版社，二〇一〇）。
田浩編，《宋代思想史論》（北京：社會科學文獻出版社，二〇〇三）。
中央研究院歷史語言研究所輯校，《明實錄》（台北：中央研究院，一九六四）。
左東嶺，《王學與中晚明士人心態》（北京：人民出版社，二〇〇〇）。
艾爾曼著，趙剛譯，《經學、政治和宗族——中華帝國晚期常州今文學派研究》（南京：江蘇人民出版社，一九九八）。
朱伯昆，《易學哲學史》（台北：藍燈文化事業股份有限公司，一九九〇）。
朱鴻林，《中國近世儒學實質的思辨與習學》（北京：北京大學出版社，二〇〇五）。
任繼愈，《中國哲學發展史：秦漢篇》（北京：人民出版社，一九八三）。
任文利，《心學的形上問題探本》（河南：中州古籍出版社，二〇〇五）。

任文利，《治道的歷史之維》（北京：中央編譯出版社，二〇一四）。

江燦騰，《晚明佛教叢林改革與佛學諍辯之研究——以憨山德清的改革生涯為中心》（台北：新文豐出版公司，一九九〇）。

江燦騰，《曹溪之願》（台北：新文豐出版公司，二〇〇五）。

牟宗三，《中國哲學十九講》（台北：臺灣學生書局，一九八九）。

牟宗三，《中國哲學的特質》（台北：臺灣學生書局，一九七五）。

牟宗三，《周易哲學演講錄》，《牟宗三先生全集》第三一冊（台北：聯經出版公司，二〇〇三）。

牟宗三，《從陸象山到劉蕺山》（台北：臺灣學生書局，一九七九，一九九三年再版）。

李明輝、葉海煙、鄭宗義合編，《儒學、文化與宗教——劉述先先生七秩壽慶論文集》（台北：臺灣學生書局，二〇〇六）。

李焯然，《明史散論》（台北：允晨文化，一九八六）。

李霞，《道家與中國哲學》（明清卷）（北京：人民出版社，二〇〇四）。

余英時，《現代儒學論》（香港：八方文化企業公司，一九九六）。

余英時，《士與中國文化》（上海：人民出版社，二〇〇三）。

余英時，《朱熹的歷史世界——宋代士大夫政治文化的研究》上下冊（台北：允晨文化，二〇〇三）。

余英時，《宋明理學與政治文化》（台北：允晨文化，二〇〇四）。

余英時，《知識人與中國文化的價值》（台北：時報出版，二〇〇七）。

余英時，《論天人之際：中國古代思想起源試探》（台北：聯經出版公司，二〇一四）。

呂妙芬，《陽明學士人社群——歷史、思想與實踐》（台北：中央研究院近代史研究所，二〇〇三）。
呂妙芬，《孝治天下：《孝經》與近世中國的政治與文化》（台北：聯經出版公司，二〇一一）。
吳光主編，《陽明學研究》（上海：上海古籍出版社，二〇〇〇）。
吳震，《明代知識界講學活動繫年：一五二二—一六〇二》（上海：學林出版社，二〇〇三）。
吳震，《羅汝芳評傳》，《中國思想家評傳叢書一八一》（南京：南京大學出版社，二〇〇五）。
吳震，《陽明後學研究》（上海：人民出版社，二〇〇三）。
季芳桐，《泰州學派新論》（四川：四川出版集團，二〇〇五）。
周志文，《晚明學術與知識份子論叢》（台北：大安出版社，一九九九）。
周振鶴撰，顧美華點校，《聖諭廣訓集解與研究》（上海：上海書局出版，二〇〇六）。
周琪主編，《泰州學派國際學術研討會論文集》（南京：江蘇古籍出版社，二〇〇一）。
洪修平，《中國儒佛道三教關係研究》（北京：中國社會科學出版社，二〇一一）。
荒木見悟著，廖肇亨譯，《明末清初的思想與佛教》（台北：聯經出版公司，二〇〇六）。
韋政通編，《中國思想史方法論文集》（台北：大林出版社，一九八〇）。
洪淑芬，《儒佛交涉與宋代儒學復興》（台北：里仁書局，二〇〇八）。
范佳玲，《紫柏大師生平及其思想研究》（台北：法鼓文化，二〇〇一）。
柳存仁，《和風堂文集》（上海：上海古籍出版社，一九九一）。
香港城市大學中國文化中心編，《明代政治與文化變遷》（香港：城市大學出版，二〇〇六）。
侯外廬，《中國思想通史》（北京：人民出版社，一九九二）。

侯外廬，《宋明理學史》（北京：人民出版社，一九九四）。
侯外廬等著作，《宋明理學史》（北京：人民出版社，一九九五）。
容肇祖，《明代思想史》（台北：開明書局，一九三〇）。
容肇祖，《容肇祖集》（山東：齊魯書社，一九八九）。
徐復觀，《儒家政治思想與民主自由人權》（台北：臺灣學生書局，一九七九）。
淡江大中文系主編，《晚明思潮與社會變動》（台北：弘化文化事業股份有限公司，一九八六）。
徐聖心，《青天無處不同霞——明末清初三教會通管窺》（台北：國立臺灣大學出版中心，二〇一〇）。
唐大潮，《明清之際道教「三教合一」思想論》（北京：宗教文化出版社，二〇〇〇）。
勞思光，《中國哲學史》（台北：三民書局，一九九三）。
馮友蘭，《中國哲學史新編》（台北：藍燈文化事業股份有限公司，一九九一）。
岡田武彥著，吳光、錢明、屠承先譯，《王陽明與明末儒學》（上海：上海古籍出版社，二〇〇〇）。
島田虔次著，甘萬萍譯，《中國近代思維的挫折》（南京：江蘇人民出版社，二〇〇五）。
湯用彤，《漢魏兩晉南北朝佛教史》（台北：臺灣商務印書館，一九六二）。
陳鼓應注譯，《莊子今注今譯》（香港：中華書局，一九九五）。
陳弱水，《唐代文士與中國思想的轉型》（桂林：廣西師範大學出版社，二〇〇九）。
陳保良，《明代儒學生員與地方社會》（北京：社會科學文獻出版社，二〇〇五）。
陳祖武主編，《明清浙東學術文化研究》（北京：中國社會科學出版社，二〇〇四）。
陳祖武，《中國學案史》（台北：文津出版社，一九九四）。

陳寅恪，《金明館叢稿初編》（上海：上海古籍出版社，一九八〇）。
陳時龍，《明代中晚期講學運動（一五二二—一六二六）》（上海：復旦大學出版社，二〇〇五）。
陳來，《中國近世思想史研究》（北京：商務印書館，二〇〇三）。
陳來，《有無之境——王陽明哲學的精神》（北京：人民出版社，一九九一）。
陳來，《宋明理學》（台北：洪葉文化，一九九三）。
陳榮捷，《王陽明與禪》（台北：臺灣學生書局，一九八四）。
陳榮捷，《王陽明傳習錄詳注集評》（台北：臺灣學生書局，一九九二）。
陳運寧，《中國佛教與宋明理學》（湖南：人民出版社，二〇〇二）。
黃進興，《優入聖域——權力、信仰與正當性》（台北：允晨文化，一九九四）。
張汝倫，《現代中國思想研究》（上海：人民出版社，二〇〇一）。
張崑將，《德川日本：「忠」「孝」概念的形成與發展——以兵學與陽明學為中心》（台北：國立臺灣大學出版中心，二〇〇四）。
張學智，《明代哲學史》（北京：北京大學出版社，二〇〇〇）。
張豈之編，《中國思想史論集——中國思想史研究回顧與展望》（廣西：師範大學出版社，二〇〇〇）。
賀照田主編，《並非自明的知識與思想》，《學術評論》第九輯（長春：吉林人民出版社，二〇〇三）。
卿希泰，《道教與中國文化》（福建：人民出版社，一九九〇）。
嵇文甫，《左派王學》（台北：國文天地出版社，一九九〇）。
嵇文甫，《晚明思想史論》（北京：東方出版社，一九九六）。

葛兆光，《中國思想史——中國的知識、思想與信仰——七世紀至十九世紀》（上海：復旦大學出版社，二〇〇〇）。

葛兆光，《域外中國學十論》（上海：復旦大學出版社，二〇〇二）。

蔡金昌，《憨山大師的三教會通思想》（台北：文津出版社，二〇〇六）。

彭國翔，《良知學的展開——王龍溪與中晚明的陽明學》（台北：臺灣學生書局，二〇〇三）。

彭國翔，《儒家傳統——宗教與人文主義之間》（北京：北京大學出版社，二〇〇七）。

彭國翔，《近世儒學史的辨正與鉤沉》（台北：允晨文化，二〇一三）。

程玉瑛，《晚明被遺忘的思想家——羅汝芳詩文事蹟編年》（台北：廣文書局，一九九五）。

慈怡主編，《佛光大辭典（中）》（台北：佛光出版社，一九八八年二版）。

楊天石，《泰州學派》（北京：中華書局，一九八〇）。

溝口雄三著，趙士林譯，《中國的思想》（北京：中國社會科學出版社，一九九五）。

溝口雄三著，龔穎譯，《中國前近代思想的演變》（北京：中華書局，一九九七）。

熊十力，《乾坤衍》（台北：臺灣學生書局，一九八三）。

趙克生，《明朝嘉靖時期國家祭禮改制》（北京：社會科學文獻出版社，二〇〇六）。

趙書廉，《中國人思想之源——儒釋道思想的鬥爭與融合》（長春：吉林文史出版社，一九九二）。

蔣義斌，《宋代儒釋調和論及排佛論之演進——王安石之融通儒釋及程朱學派之排佛反王》（台北：臺灣商務印書館，一九九七）。

鄧志峰，《王學與晚明的師道復興運動》（北京：社會科學文獻出版社，二〇〇四）。

鄭志明，《中國善書與宗教》（台北：臺灣學生書局，一九九三）。
鄭志明，《明代三一教主研究》（台北：臺灣學生書局，一九八八）。
鄭宗義，《明清儒學轉型探析——從劉蕺山到戴東原》（香港：香港中文大學，二〇〇〇）。
鄭曉江主編，《江右思想家研究》（北京：中國社會科學社出版社，二〇〇三）。
劉海濱，《焦竑與晚明會通思潮》（上海：華東師範大學出版社，二〇一〇）。
潘富恩、徐洪業，《中國理學》（上海：東方出版社，二〇〇二）。
謝國禎，《晚明史籍考》（台北：廣文書局，一九六八）。
鮑世斌，《明代王學研究》（成都：巴蜀書社，二〇〇四）。
錢穆，《宋明理學概述》（台北：臺灣學生書局，一九七七）。
錢新祖，《思想與文化論集》（台北：國立臺灣大學出版中心，二〇一三）。
錢新祖著，宋家復譯，《焦竑與晚明新儒思想的重構》（台北：國立臺灣大學出版中心，二〇一四）。
錢新祖，《中國思想史》（台北：國立臺灣大學出版中心，二〇一三）。
鍾彩鈞、楊晉龍主編，《明代文學與思想中之主體意識與社會——學術思想篇》（台北：中央研究院文哲研究所，二〇〇四）。
羅永吉，《良知與佛性：陽明心學與真常佛教之比較研究》（台北：萬卷樓，二〇〇六）。
龔鵬程，《晚明思潮》（台北：里仁書局，一九九四）。
釋聖嚴，《明末佛教研究》（台北：東初出版社，一九九二）。

（iii）單篇論文

水野、永富青地和三澤三知夫校注，張文朝譯，〈《陽明先生言錄》：解題〉，《中國文哲研究通訊》，一九九九。

子安宣邦撰，朱秋而譯，〈作為事件的徂徠學——思想史方法的再思考〉，《臺大歷史學報》第二九期，二〇〇二。

方祖猷，〈從《王龍溪先生全集》等書探討王畿哲學的兩重性及時人的兩種非難〉，「明人文集與明代研究學術研討會」論文發表，二〇〇〇。

方國根，〈王艮心學發微——兼論王艮與王陽明、王畿心學的異同〉，《中國哲學史》，一九九九。

王汎森，〈「心即理」說的動搖及明末清初學風之轉變〉，《中央研究院歷史語言研究所集刊》，第六十五本，第二分，一九九四。

王汎森，〈明末清初的一種道德嚴格主義〉，《近世中國之傳統與蛻變》（劉廣京院士七十五歲祝壽論文集），台北：中央研究院近代史研究所，一九九八。

王汎森，〈明末清初儒家的宗教化——以許三禮的告天之學為例〉，《新史學》，九：二，一九九八。

古清美，〈從曾點之樂到狂禪之風——略談明代心學與禪學的關係〉，收錄於黃俊傑、町田三郎、柴田篤主編，《東亞文化的探索——傳統文化的發展》（台北：正中書局，一九九六）。

古清美，〈羅近溪「打破光景」義之疏釋及其與佛教思想之交涉〉，收錄於釋聖嚴、釋恆清等編，《思想與文化——印順導師八秩晉六壽慶祝文論文集》（台北：法光出版社，一九九一）。

古清美，〈羅近溪悟道之義涵及其工夫〉，《臺大中文學報》，二〇〇三。

甘懷真，〈中國中古時期制禮觀念初探〉，《史學：傳承與變遷學術研討會論文集》（台北：國立臺灣大學歷史學系出版，一九九八）。
任文利，〈何心隱的思想及其定位〉，《中國哲學史》，二〇〇二。
朱鴻，〈明太祖與僧道──兼論太祖的宗教政策〉，《國立臺灣師範大學歷史學報》第一八期，一九九〇。
朱鴻林，〈明人文集利用上的問題舉說：以陳白沙文集為例〉，「明人文集與明代研究學術研討會」論文發表，二〇〇〇。
朱鴻林〈明太祖的孔子崇拜〉，《中央研究院歷史語言研究所集刊》（台北：中央研究院，一九九九）。
余英時，〈士商互動與儒學轉向──明清社會史與思想史之一面向〉，郝延平編，《近世中國之傳統與蛻變》（劉廣京院士七十五歲祝壽論文集）（台北：中央研究院近代史研究所，一九九八）。
宋家復，〈思想史研究中的主體與結構：認真考慮《焦竑與晚明新儒家之重構》中「與」的意義〉，《臺灣社會研究季刊》第二十九期的主題，「認同與主體：錢新祖先生紀念專號」，一九九八。
岑溢成，〈王心齋安身論今詮〉，《鵝湖雜誌》，一九九五。
李大華，〈陽明後學的異端品格與道家風骨──從李贄的「童心說」說起〉，《廣東社會科學》，一九九四。
李承貴，〈顏鈞的平實之學〉，《中國哲學史》，二〇〇二。
李慶龍，〈鄧豁渠妙明真心與二王學之批判〉，收錄於《明清浙東學術文化研究》（北京：中國社會科學出版社，二〇〇四）。
嚴耀中，〈論「三教」到「三教合一」〉，《歷史教學》第一一期，二〇〇二。
劉振華，〈泰州學派的人學啟蒙思想〉，《江蘇行政學院學報》，二〇〇二。
呂妙芬，〈釋交融的聖人觀：從晚明聖人與菩薩相似處及對生死議題的關注談起〉，《中央研究院近代史研究院集刊》第三二期，一九九九。

呂妙芬，〈晚明《孝經》論述的宗教性意涵：虞淳熙的孝論及其文化脈絡〉，《中央研究院近代史研究所集刊》第四八期，二〇〇五。

季芳桐，〈論泰州學派的性質、分化和消亡〉，《南京理工大學學報》（社會科學版），二〇〇〇。

吳震，〈泰州學案芻議〉，《浙江社會科學》，二〇〇四。

林子秋，〈泰州學派和晚明的啟蒙思潮——紀念王艮逝世四六〇週年〉，《鹽城師範學院學報》（哲學社會科學版），二〇〇〇。

林月惠，〈本體與工夫合一：陽明學的展開與轉折〉，《中國文哲研究集刊》第二六期，二〇〇五。

荒木見悟，〈鄧豁渠的出現及其背景〉，《中國哲學》第十九輯（湖南：嶽麓書社，一九九八）。

荒木見悟著，張崑將譯，〈陽明學者的頓悟與漸修之爭〉，載於《當代》，二〇〇六。

荒木見悟撰，廖肇亨譯，〈趙大洲的思想〉，《中國文哲通訊》（明代學術思想研究特輯），二〇〇三。

祝平次，〈社會人倫與道德自我——論明代泰州平民儒者思想的社會性〉，收錄於鍾彩鈞主編，《明清文學與思想史的主體意識與社會》（台北：中央研究院中國文哲研究所，二〇〇四）。

胡迎建，〈略述泰州學派中的江西學人〉，《江西社會科學》，一九九五。

胡維定，〈從王艮的「大成仁學」到顏鈞的「大成仁道」〉，《南京師大學報》（社會科學版），一九九七。

梅廣，〈錢新祖教授與焦竑的再發現〉，《臺灣社會研究季刊》第二十九期的主題，「認同與主體：錢新祖先生紀念專號」專論，一九九八。

梁洪生，〈江右王門學者的鄉族建設——以流坑村為例〉，《新史學》，一九九七。

陳受頤，〈三百年前的建立孔教論——跋王啟元的《清署經談》〉，《歷史語言研究所集刊》，第六本第二分，一九三六。
陳永革，〈晚明心學的流變與居士佛教〉，收錄於吳光主編，《陽明學研究》（上海：上海古籍出版社，二〇〇〇）。
陳保良，〈明代儒佛道的合流及其世俗化〉，《浙江學刊》，二〇〇二。
陳郁夫，〈心齋學述評〉，《東吳中文學報》，一九九六。
陳寒鳴，〈《顏鈞集》與明代中後葉的平民儒學〉，《中州學刊》，一九九五。
陳寒鳴，〈王艮、何心隱世俗化的儒學政治思想〉，《晉陽學刊》，一九九五。
陳來，〈中國宋明儒學研究的方法、視點與趨向〉，《浙江學刊》，二〇〇一。
陳來，〈王龍溪、鄒東廓等集所見王陽明言行錄佚文輯錄〉，《中國哲學史》，二〇〇一。
陳來，〈明代的民間儒學與民間宗教——顏山農思想的特色〉，《中國近世思想史研究》（北京：商務印書館，二〇〇三）。
陳來，〈儒學的普遍性與地域性〉，《天津社會科學》第三期，二〇〇五。
黃文樹，〈泰州學派的教育思想及其影響〉，《漢學研究》，一九九八。
黃文樹，〈簡述史家對泰州學派之研究〉，《孔孟月刊》，一九九七。
黃卓越，〈泰州學派平民主義思想之演進〉，《中國文化研究》，二〇〇二。
黃俊傑，〈試論儒學的宗教性內涵〉，《臺大歷史學報》，一九九九。
黃宣民，〈明代平民儒者顏鈞的大中哲學〉，《哲學研究》，一九九五。
黃宣民，〈顏鈞及其「大成之道」〉，《中國哲學》第十六輯，一九九三。

黃宣明，〈明代永新賀氏傳世文獻略述〉，「明人文集與明代研究學術研討會」論文發表，二〇〇〇。
黃進興，〈作為宗教的儒教：一個比較宗教的初步探討〉，《亞洲研究》，一九九七。
張亨，〈朱子的志業——建立道統意義之探討〉，《臺大中文學報》，一九九二。
張克偉，〈何心隱理學思想片段〉，《中國哲學》第十九輯，一九九八。
張顯清，〈要重視明清之際人士文集的研究與整理——以孫奇逢文集為例〉，「明人文集與明代研究學術研討會」論文發表，二〇〇〇。
張璉，〈從《心齋王先生全集》論王艮的新人倫觀〉，「明人文集與明代研究學術研討會」論文發表，二〇〇〇。
張璉，〈何心隱的社會思想論析〉，《史學集刊》，一九九八。
葛兆光，〈思想史：既做加法也做減法〉，《讀書》，二〇〇三。
張藝曦，〈飛昇出世的期待——明中晚期士人與龍沙讖〉，《新史學》第二三卷第一期，二〇一一。
張藝曦，〈明中晚期江右儒學士人與淨明道的交涉——兼論《淨明忠孝全書》的影響〉，《明代研究》第二〇期，二〇一三。
彭國翔，〈周海門的學派歸屬《明儒學案》相關問題之檢討〉，《清華學報》，二〇〇一。
彭國翔，〈錢緒山語錄輯逸與校注〉，《中國文哲所研究通訊》，二〇〇三。
蔡仁厚，〈王學的最後境界——羅近溪〉，收錄於《儒家心性之學論要》（台北：文津出版社，一九九〇）。
蔡振豐，〈方以智三教道一論的特色及其體知意義〉，邢益海編，《冬煉三時傳舊火——港臺學人論方以智》（北京：華夏出版社，二〇一二）。
蔡彥仁，〈中國宗教研究——定義、範疇與方法芻議〉，收錄《新史學》，一九九九。

楊國榮，〈心物之辯與天人之際〉，《孔孟學報》第七四期，一九九七。

楊國榮，〈晚明心學的衍化〉，《孔孟學報》第七五期，一九九二。

楊晉龍主編，《明代文學與思想中之主體意識與社會——學術思想篇》（台北：中央研究院文哲研究所，二〇〇四）。

劉仁衍，〈試論何心隱的政治理想及其思想基礎〉，《井岡山師範學院學報》，一九九五。

鄭宗義，〈明末王學的三教合一論及其現代迴響〉，「國際明清學術思想研討會暨紀念蕭萐父先生誕辰八十五週年」會議論文。

鍾彩鈞，〈泰州學者顏山農的思想與講學——儒學的民間化與宗教化〉，《中國哲學》第十九輯（湖南：嶽麓書社，一九九八）。

鍾彩鈞，〈耿天臺與孔孟之學〉，《孔子學術國際會議——跨越世紀的回顧與前瞻》，論文發表一九九九年六月。

鍾彩鈞，〈錢緒山及其整理陽明文獻的貢獻〉，《中國文哲所研究通訊》，一九九八。

鍾彩鈞，〈顏山農的思想與講學〉，《中國哲學》第十九輯（湖南：嶽麓書社，一九九八）。

鍾彩鈞，〈王龍溪的工夫論〉，錢明主編，《陽明學派研究——陽明學派國際學術研討會論文集》（杭州：杭州出版社，二〇一一）。

魏偉森（Thomas Wilson），“The Indelible Mark of an Overlooked Scholar: Toward a Restructuring of Sinological Hermeneutics”，李朝津譯，〈一個被忽略學者所留下之不可磨滅印記：漢學詮釋學之重構〉等，《臺灣社會研究季刊》第二十九期的主題，「認同與主體：錢新祖先生紀念專號」，一九九八。

魏月萍，〈從「良知」到「孔矩」：論陽明後學三教合一觀之衍變〉，《中國哲學史》第四期（北京：中國哲學史學會，二〇〇八）。

魏月萍，〈助道微機：周海門「心學」與「詩觀」之關係〉，《中國古典文學國際學術會論文集》（馬來西亞：新紀元學院中國語言文學系，二〇〇九）。

魏月萍，〈「一貫圓宗」：管志道《石經大學測義》之詮釋〉，《中國文獻研究中心輯刊》第九輯（北京：北京大學中國古文獻研究中心，二〇一〇）。

魏月萍，〈三教交涉的詮釋法則難題——評《青天無處不同霞——明末清初三教會通管窺》〉，《東吳哲學學報》（台北：東吳大學哲學系，二〇一二）。

魏月萍，〈回到思想胎盤？——論思想史研究的主體思想〉，《中國思想文化史研究的新視野》（北京：中華書局，二〇一五）。

釋恆清、李志夫、藍吉富、楊惠南編，《思想與文化——印順導師八秩晉六壽慶論文集》（台北：法光出版社，一九九一）。

（iv）學位論文

吳孟謙，〈批判與融貫——晚明三教論者管東溟的思想及其時代〉，國立臺灣大學中國文學系博士論文，鍾彩鈞先生指導，二〇一四。

許馨元，〈周海門及其《聖學宗傳》研究〉，東吳大學碩士論文，陳郁夫先生指導，一九九九。

許齊雄，〈近五十年北美地區明代思想史研究之回顧〉，新加坡國立大學中文系碩士論文，李焯然先生指導，二〇〇一。

黃譔禧撰，〈王啟元《清署經談》在晚明思想史上的意義〉，國立清華大學歷史研究所碩士論文，王汎森、陳華先生指導，二〇〇五。
張藝曦，〈王學、家族與地方社會——以吉水、安福兩縣為例〉，國立臺灣大學歷史研究所博士論文，王汎森先生指導，二〇〇五。
張麗麗，〈紫柏真可易學思想研究〉，山東大學哲學碩士論文，張大鈞先生指導，二〇一三。
彭俊豪，〈方以智「三教合一」思想研究〉，新加坡國立大學中文系碩士論文，李焯然先生指導，二〇〇二。
曾光正，〈不離俗而證真——泰州學派倫理觀的研究〉，國立臺灣大學歷史研究所博士論文，黃進興先生指導，一九九六。
蔡淑閔，〈陽明學派遊學活動研究〉，國立政治大學中國文學系博士論文，董金裕先生指導，二〇〇四。
黎大偉，〈明儒楊起元生平及思想研究〉，上海復旦大學中國古代史碩士論文，鄧志峰先生指導，二〇一二。
劉哲浩，〈周海門哲學思想研究〉，台北輔仁大學博士論文，羅光先生指導，一九九〇。
魏月萍，〈羅近溪破光景義蘊〉，國立臺灣大學中國文學系碩士論文，先師古清美先生指導，二〇〇〇。
魏珮伶，〈管志道年譜〉，國立臺南大學國語文學系碩士論文，王琅先生指導，二〇一〇。

(2) 英日文書目

(i) Books

Berling, Judith A., *The Syncretic Religion of Lin Chao-en*, New York: Columbia University Press, 1980.

Bloom, Irene, *Knowledge Painful Acquired: The K'un-chin Chi by Lo Ch'in-shun*, translated edited by Irene Bloom, New York: Columbia University Press, 1987.

Bol, Peter K., *"This Culture of Ours": Intellectual Transitions in T'ang and Sung China*, California: Stanford University Press, 1992.

Brokaw, Cynthia J., *The Ledges of Merit and Demerit: Social Change and Moral Order In Late Imperial China*, Princeton, New York: Princeton University Press, 1991.

Brook, Timothy, *Praying for Power: Buddhism and the Formation of Gentry Society in Late-Ming China,* Cambridge, Mass.: Council on East Asian Studies, Harvard University and Harvard-Yenching Institute: Distributed by Harvard University Press, 1993.

Brook, A. Ziporyn, *Ironies of Oneness and Difference, Coherence in Early Chinese Thought: Prolegomena to The Study of Li*, Albany: State University of New York Press, 2012.

Brook, A. Ziporyn, Beyond Oneness and Difference: Li and Coherence in Chinese Buddhist Thought and Its Antecedents, Albany: State University of New York Press, 2013.

C'hien, Edward T., *Chiao Hung and the Restructuring of Neo-Confucianism in the Late Ming*, New York: Columbia University Press, 1986.

Chen, Yu-Yin, "The Ethics of the sphere Below (Hsia): The Life and Thought of Ho Hsin-yin (1517-1579)",《漢學研究》, 1993.

Chow, Kai Wing, *The Rise of Confucian Ritualism in Late Imperial China: Ethics, Classics and Lineage Discourse*, Stanford: Stanford University Press, 1994.

Cohen, Paul A. and Merle Goldman (ed.), *Ideas Across Cultures: essays on Chinese thought in honour of Benjamin Schwarz*, Massachusetts: Harvard University Press, 1990.

Collingwood, R.G., *The idea of history*, New York: Oxford University Press, 1993.

De Bary, Wm. Theodore (ed.) *Self and Ming Thought*, New York: Columbia University Press, 1970.

De Bary, Wm. Theodore and Bloom Irene (ed.), *Principle and Practicality*, New York: Columbia University Press, 1979.

De Bary, Wm. Theodore and John W. Chaffee de Bary, *Neo-Confucian Education: The Formative Stage*, California: University of California Press, 1989.

De Bary, Wm. Theodore, *Learning for One's Self: Essays on Individual in Neo-Confucian Thought,* New York: Columbia University Press, 1991.

De Bary, Wm. Theodore, *Self and Ming Thought*, edited by Wm. Theodore de Bary, New York: Columbia University Press, 1970.

De Bary, Wm. Theodore, *The Unfolding of Neo-Confucianism*, New York: Columbia University Press, 1975.

Dean, Kenneth, *Lord of the Three in One: The Spread of a Cult in Southeast China*, U.K.: Princeton University Press, 1998.

Ebrey, Patricia, *Confucianism and Family Rituals*, Princeton: Princeton University Press, 1991.

Elman, Benjamin A., *Classicism, Politics and Kinship: The Chang Chou School of New Text Confucianism in Late Imperial China*, Berkeley: University of California Press, 1990.

Elman, Benjamin A., From Philosophy to Philology: Intellectual and Social Aspects of Change in Late Imperial China, Cambridge: Council on East Studies, 1984.

Elman, Benjamin A. *A Cultural History of Civil Examinations in Late Imperial China*, Berkeley: University of California Press, 2000.

Esherick, Joseph W. and Mary Backus Rankin（ed.）, *Chinese Local Elites and Patterns of Dominance*, California: University of California Press, 1990.

Handlin, Joanna F., *Action in Late Ming Thought: The Reorientation of Lü K'un and Other Scholar-Officials*, California: University of California Press, 1983.

Ho, Ping-Ti, *The Ladder of Success in Imperial China: Aspect of Social Mobility, 1368-1911*, New York: Columbia University Press, 1962.

Hymes, Robert P. and Conrad Schirokauor（ed.）, *Ordering the World: Approaches to States and Society in Sung Dynasty China*, California: University of California Press, 1993.

Liu, James T.C, *China Turning Inward: Intellectual- Political Changes in the Early Twelfth Century*, Cambridge, Massachusetts: Council on East Asian Studies, Harvard University Press, 1988.

Liu, Kwang-Ching (ed.), *Orthodoxy in Late Imperial China*, California: University of California Press, 1990.

Lovejoy, Arthor O., *The Great Chain of Being: a Study of the History of an Idea*, Cambridge: Harvard University Press, 1950.

Michel, Foucault, *The Archaeology of Knowledge*, translated from the French by A.M. Smith Sheridan, London: Tavistock Publications, 1972.

Rudolph, K., Syncretism: From Theological Invective to a Concept in the Study of Religion. In A.M. Leopold & J.S. Jensen (eds), Syncretism in Religion: A Reader, New York: Routledge, 2005.

Schneewind, Sarah, *Community Schools and the State in Ming China*, California: Stanford University Press, 2006.

Schwartz, Benjamin I. "The Intellectual History of China," edited by John K. Fairbank, *Chinese Thought and Institutions*, Chicago: University of Chicago Press, 1957.

Tillman, Hoyt, *Confucian Discourse and Chu Hsi's Ascendancy*, Honolulu: University of Hawaii Press, 1992 & U.K.: Princeton University Press, 1988.

Weistogel, Jaret Wayne, A Late Ming Vision for Local Community — Ritual, Law and Social Ferment in the Proposals of Guan Zhidao, Minneapolis: Society for Ming Studied, 2010.

Wilson, Thomas A., *Genealogy of the Way: The Construction and Uses of the Confucian Tradition in Late Imperial China*, California: Stanford University Press, 1995.

久保田量遠，《中國儒道佛三教史論》（東京：國書刊行會，一九三二）。

三浦秀一，《中國心學の稜線——元朝の知識人と儒道仏三教》（東京：研文社，二〇〇三）。

小林正美，《中國の道教》（東京：創文社，一九九八）。
荒木見悟，《雲棲袾宏の研究》（東京：大藏出版株式會社，一九八四）。
荒木見悟，《佛教と陽明學》（東京：第三文明社，一九七九）。
荒木見悟，《陽明學の開展と佛教》（東京：研文社，一九七九）。
荒木見悟，《明代思想研究：明代における儒教と佛教の交流》（東京：創文社，一九七二）。
荒木見悟，《明末宗教思想研究——管東溟の生涯とその思想》（東京：創文社，一九七八）。
酒井忠夫，《中國善書の研究》（東京：國書刊行會，一九七二）。
間野潛龍，《明代文化史研究》（京都：同朋舍，一九七九）。
麥谷邦夫，《三教交涉論叢》（京都：京都大學人文科研究所，二〇〇五）。
麥谷邦夫，《三教交涉論叢續編》（京都：京都大學人文科研究所，二〇一一）。

（ii）Articles

Araki Kengo, "Confucianism and Buddhism in the Late Ming," edited by Wm. Theodore de Bary, *The Unfolding of Neo-Confucianism*, New York: Columbia University Press, 1975.

Berling, Judith A., "When They Go Their Separate Ways: The Collapse of The Unitary Vision of Chinese Religion In The Earlier Ch'ing," edited by Irene Bloom and Joshua A. Fogel, *Meeting of Mind: Intellectual and Religious Interaction In East Asian Traditions of Thought*, New York: Columbia University Press, 1966.

Bol, Peter K., "The 'Localist Turn' and 'Local Identity' in Late Imperial China," *Late Imperial China* Vol. 24, No. 2

（December 2003）.

Brook, Timothy, "Rethinking syncretism: The Unity of The Three Teachings and Their Joint Worship In Late Imperial China," *Journal of Chinese Religion*, No. 21（Fall 1993）.

C'hien, Edward T., "Neither Structuralism nor Lovejoy's history of Ideas: A Disidentification With Professor Ying-Shih Yu's Review As a Discourse," *Ming Studies*, No. 31（Spring 1991）.

Chen, Yu-Yin, "The Ethics of the sphere Below（Hsia）: The Life and Thought of Ho Hsin-yin（1517-1579）",《漢學研究》, 1993.

Chen, Yu-Yin, "Pursuing Sagehood Without Boundaries: The Tai-chou School's Message and Lo Ju-Fang's Intellectual Development, 1515-1553"，收錄於郝延平，魏秀梅主編，《近世中國之傳統與蛻變——劉廣京院士七十五歲祝壽論文集》（台北：中央研究院近代史研究所，一九九八）。

Hymes, Robert P. and Sarah Schneewind, "Jaret Weisfogel 1966-2005," *Ming Studies*, No. 50（Fall 2005）.

Langlois, John D. and Sun K'o-k'uan. "Three Teachings Syncretism and the Thought of Ming T'ai-tsu," *Harvard Journal of Asiatic Studies* 43.1, 1983.

Tillman, Hoyt, "A New Turn in Sung Intellectual History," *Journal of Sung-Yuan Studies*, No. 24, 1994.

Weisfogel, Jaret Wayne, "Invoking Zhu Yuanzhang: Guan Zhidao's Adaptations of the Ming Founder's Ritual Statues to Late-Ming Jiangnan Society," *Ming Studies*, No. 50, 2004.

Willard Peterson, "another Look at Li," *The Bulletin of Sung-Yuan Studies*, Princeton University, 1986.

Yu, Ying-shi, "The Intellectual World of Chiao Hung Revisited," *Ming Studies*, No. 25（Spring 1988）.

Zhao, Jie, "Reassessing The Place of Chou Ju-Teng（1547-1629）in Late Ming Thought," *Ming Studies*, No. 33（August 1994）.

（iii）Doctoral Dissertation

Eichman, Jennifer Lynn, *Spiritual Seekers in Fluid Landscape: A Chinese Buddhist Network in Wanli Period（1573-1620）,* Ph.D. Dissertation of Princeton University, Department of Religion, 2005.

Lu, Miaw-Fen, *Pratice as Knowledge: Yang-ming Learning and Chiang-hui in Sixteenth-Century China*, Ph.D. Dissertation, University of California, Los Angeles, 1997.

Weisfogel, Jaret Wayne, *Confucians, the Shih Class, and the Ming Imperium: Uses of Canonical and Dynastic Authority in Kuan Chih-tao's（1536-1608）Proposals for following the Men of Former Times to Safeguard Custorms（Ts'ung – hsien wei-su i）,* Ph.D. Dissertation of Columbia University, 2002.

Zhao, Jie, *Chou Ju-Teng（1547-1629）At Nanking: Reassessing A Confucian Scholar In The Late Ming Intellectual World*, Ph.D. Dissertation of Princeton University, Department of East Asian Studies, 1995.

後記

一九九六年在臺灣大學中文所碩班時期，受古清美師引領，得以窺探泰州學派諸子的思想與生命情懷，感受泰州學人的豐沛生命力，日常行道的實踐，如羅汝芳說「中庸只是個人」，不時覺得親切有味。從此以後，彷佛和泰州學人有著莫名的心印。理學世界予我，是一清朗生命宇宙，生生無限；而理學家也並非閉塞、張狂之人，僅緊咬著心氣性情等抽象問題。如何開闊而不籠統，如何有規模而不倨傲，如何踐履篤實而不高蹈，或在於相契相合的踐行，天機觸心。

在臺大的知識養成，悟學問與性情之相合，但始終仍困惑於晚明繁複多元的思想狀態，難以繪出明晰輪廓。晚明是三教合流的高峰時期，有關合流或合一問題，總予人「大雜燴」的想像，莫不冠上混雜、扭曲、失真的批評。如能先不帶任何主觀的預設，平實的看待三教合一者的思想判準、生命情調，或更能把握儒者「援佛道」或「資佛道」的原因。除了和自己生命相應以外，是否也是時節因緣的緣故，追尋著某種社會和思想的出路？每每在三教論者的思想文字中，真實感受他們的思想與時代關懷，字裡行間有種焦灼感，對於儒家思想失去應對當前現實問題的能力，或對於社會蕩然的禮法，又或對於宗教關懷和身分倫理之間的張力、衝突等問題，不一而足。

二〇〇五年冬天在寫博論時，曾到普林斯頓拜訪余英時先生，在下著白皚皚細雪的午後，於他的住處向他請教學問。他就曾提及像泰州學派顏鈞如此逼切提倡「急救心火」，必然是面對了極大的精神危機，因而產生了一些新的社會成分。當時大家認為儒家作為舊信仰已產生危機感，所以需要尋找新的精神信仰，而民間宗教的蓬勃，也是一個例證。另外還有一個例證，就是當時一些知識分子對西方知識與基督教不排斥，顯然也在尋找新的精神資源。誠然，在讀荒木見悟先生（**Araki Kengo**）的晚明三教研究時，也有類似的思考。荒木先生回到思想的胎盤，尋找思想動力和儒者救世情懷之間的連結，拷問思想和歷史文化脈絡的關係。荒木先生的書，一直是案頭最重要的指引燈。

除了叩問援佛道的動力以外，如何選擇適當的研究人物也有所挑戰。本書處理的幾個主要人物，過去以來其身影較少見於思想史或哲學史論著，原因何在，頗值得玩味。另外，也常被問到類似的問題：他們的思想在當時有影響力嗎？他們的思想是否有推動某一種重要思潮？我又聯想起余先生曾舉一位學者的話說——小作家反映時代，大作家超越時代，如果要重建社會的思想面貌，也許要多留心於地方上的讀書人、小作家；要挖掘新材料，就得往地方志、筆記小說及一些地方文人作品中去尋找。管志道、楊起元等雖不算是屬於小作家，例如管志道和不同學圈的名學者論辯甚多，而楊起元的文章，在讀書人之間頗具盛名，但他們仍備受一流、二流思想家的質疑。或許須回歸基本的叩問，究竟什麼是思想史研究的根本？在重建、重構思想的歷史演變之餘，又如何勾勒出一個思想社群之間共通的話語、論述，這些話語與論述如何推動某種思潮的演變？尤其有意思的是，在三教合流的背景底下，如何理解在學術思想上激進，在政治思想卻保守的思想者，兩種思想的格調其實可以互競互合，並進共存？

晚明思想實是一部大書，謹記吳震先生曾提及荒木先生的話：「不熟讀晚明諸家百人以上之書，則難窺明學之堂奧。」但許多問題需要時間的醞釀，縱然完成某一個階段的探討，不見得已有一個穩固的說法。這也是為何體悟參訪知識放行腳的必要，除了受到所在地古文獻材料的限制以外，參訪善本與古籍，發現新材料，與師友的交流請教，也是學問印證、檢視和拓展的方式。慶幸這些年在行腳中，遇到許多的善知識，不吝的分享想法，無論是提出批評意見，指正一二，抑或相互討論，都是悟道的觸機。

在新加坡南洋理工大學中文系任教後，到東京內閣文庫看書已成為每年的重要行程，在日本有緣獲得佐藤錬太郎先生（Sato Rentaro）、三浦秀一先生（Miura Shuichi）、永富青地先生（Nagatomi Aochi）的指教以及慷慨贈予資料，心裡很感激。尤其是三浦秀一先生贈送其研究生時期研讀的《龍谿會語》，文集中的批注嵌印著讀書人的細密心緒。再者，如齋藤智寬先生（Saito Tomohiro）每有新成果出版，必寄來一份著作。曾收到其寄來厚厚二冊《三教交涉論叢》以及《三教交涉論叢續篇》，心中慚愧勤勉不及，只能以小作回贈。這樣的學術因緣，莫不受廖肇亨學長提攜後輩之惠，若不有他事先引薦，無以開啟東洋訪學契機。韓國學長李慶龍，緣結於臺大念書時期，自碩士班起則不時分享研究泰州人物的各種心得，他是修行體驗的實踐者。

最感念的莫過於引領我走進理學世界的古清美師。二〇一三年是古老師逝世十週年，和眾師長前往中台禪寺追念，默念中告知老師此書或有出版的機會。這本書雖然只是階段性成果，也還有許多待深化的觀點，仍祈願能依循古老師清澈通透的思想文字，傳承理學恢宏的大公精神。在新加坡國立大學中文系念博士班時，李焯然師的寬和性情，每能小處見大，直中要害，讓我深悟歷史研究的嚴謹。呂妙芬學姐是學術途中重要的領路人，多年來的思考深受她的啟發和提醒。這本書從修訂到完稿，歷經多年，其中一些觀點，更是受益於葛兆光先生、王昌偉及許齊雄的看法，以及和新加坡南洋理工大學中文系、哲學系學生在儒學與宗教抑或宋明理學等課堂上的思想激盪，和他們在問學路上彼此精進、相長。也感謝本書兩位匿名評審的意見，使本書能以更紮實的內容面世。

深知學問不限於書桌，不限於行腳，是生活的某種形態，不能不感謝我的家人，在時間拉鋸中給予包容和體諒，讓自己能在問道志向中自在前行。

魏月萍　謹誌

二〇一五年十一月

君師道合：晚明儒者的三教合一論述

2016年7月初版　　定價：新臺幣550元

著者	魏月萍
總編輯	胡金倫
總經理	羅國俊
發行人	林載爵
叢書主編	沙淑芬
校對	吳淑芳
封面設計	李東記

出版者	聯經出版事業股份有限公司
地址	台北市基隆路一段180號4樓
編輯部地址	台北市基隆路一段180號4樓
叢書主編電話	(02)87876242轉212
台北聯經書房	台北市新生南路三段94號
電話	(02)23620308
台中分公司	台中市北區崇德路一段198號
暨門市電話	(04)22312023
台中電子信箱	e-mail：linking2@ms42.hinet.net
郵政劃撥	帳戶第0100559-3號
郵撥電話	(02)23620308
印刷者	世和印製企業有限公司
總經銷	聯合發行股份有限公司
發行所	新北市新店區寶橋路235巷6弄6號2樓
電話	(02)29178022

行政院新聞局出版事業登記證局版臺業字第0130號

本書如有缺頁，破損，倒裝請寄回台北聯經書房更換。　ISBN 978-957-08-4765-9 (精裝)
聯經網址：www.linkingbooks.com.tw
電子信箱：linking@udngroup.com

國家圖書館出版品預行編目資料

君師道合：晚明儒者的三教合一論述/
魏月萍著．初版．臺北市．聯經．2016年7月
（民105年）．368面．14.8×21公分
ISBN 978-957-08-4765-9（精裝）

1.儒學 2.明代哲學

121.2 105010109